本文库受到"中国社会科学院登峰战略中国哲学优势学科"经费资助

□ 匡钊／著

◎ 经史传统与中国哲学文库 ◎

先秦道家的心论与心术

中国社会科学出版社

图书在版编目（CIP）数据

先秦道家的心论与心术/匡钊著.—北京：中国社会科学出版社，2021.3（2021.12 重印）
（经史传统与中国哲学文库）
ISBN 978-7-5203-8017-1

Ⅰ.①先… Ⅱ.①匡… Ⅲ.①道家—哲学思想—研究—中国—先秦时代 Ⅳ.①B223.05

中国版本图书馆 CIP 数据核字（2021）第 038231 号

出 版 人	赵剑英
责任编辑	郝玉明
责任校对	张爱华
责任印制	张雪娇

出　　版	中国社会科学出版社
社　　址	北京鼓楼西大街甲 158 号
邮　　编	100720
网　　址	http://www.csspw.cn
发 行 部	010-84083685
门 市 部	010-84029450
经　　销	新华书店及其他书店
印刷装订	北京市十月印刷有限公司
版　　次	2021 年 3 月第 1 版
印　　次	2021 年 12 月第 2 次印刷
开　　本	710×1000　1/16
印　　张	15.5
插　　页	2
字　　数	227 千字
定　　价	89.00 元

凡购买中国社会科学出版社图书，如有质量问题请与本社营销中心联系调换
电话：010-84083683
版权所有　侵权必究

经史传统与中国哲学文库编辑委员会

主编：赵汀阳　张志强
委员：（按姓氏拼音为序）
　　　陈　霞　刘　丰　任蜜林　张利民　周贵华

经史传统与中国哲学文库总序

经史传统与中国哲学文库是中国社会科学院哲学研究所中国哲学学科集中展示本学科研究成果的平台。我们以"经史传统与中国哲学"作为本文库的主题，有三点考虑。

首先，近年来中国哲学研究的领域逐渐扩展，研究方法和研究范式日益多元，其中最为引人注目的是经学研究的兴盛。经学研究的兴盛，一方面是多年来传统复兴不断深化的结果，而另一方面更是当代中国自我意识的复杂反映。思想意识不仅仅是能动反映当下现实的产物，更是对未来不同想象的投射结果。这些都反映在经学研究的不同路径以及关于经学研究理趣的不同认识上。但不论经学研究复兴背后的思想文化肌理如何复杂，它都是由中国哲学学科自身研究的逻辑所推动的，它是中国哲学学科在适应时代需要中的一个发展领域。"经史传统与中国哲学"这样一个主题的凝练，既是我们对当前中国哲学学科发展现状的一个总结，更是对未来中国哲学研究领域扩展方向的一个预流。

其次，需要进一步阐明的是，我们用"经史传统"而不是"经学传统"来概括和总结当前中国哲学研究领域的新潮流，旨在表达我们"经史一体"的"经学观"。"六经皆史""史即新经"，这不是对"经"的地位的削弱或贬低，而是对"史"的文明价值内涵的高度肯认；六经是三代文明历史实践的产物，同时也是孔子对三代文明历史实践的价值原理化结果;"经史一体"所蕴含着的"道器合一""理事不二"的道理,旨在说明历史有道:道既在历史中创生同时又是创生历史的力量,并且也在历史的创生中不断展开自身。对历史之道的探寻构成了中国形而上学的基本形态,同时也构成了中华文明"日新日成"的根本特质。因此,"经史一体"的"经学观"必然是以中华文明的内在视野来理解中华文明道路实践的观点,而不是立足于所谓"经学"传统的教条批判中国历史的立场。也正因此,"经史传统与中国哲学"同时也意味着从一种中华文明史视野出发的中国哲学观。

最后,从中华文明史视野出发的中国哲学,是对中华文明价值的哲学自觉。经学、史学、义理学,是中华文明在适应不同历史条件中不得不然分化而出的学术形态,中国哲学也是适应历史的需要而不得不创生的学术形态。中国哲学是以理性反思、道理论证和源流互质的方式对中华文明的核心价值和历史发展进行高度理论概括的学术形态。中华文明是中国哲学的前提,中国哲学是对中华文明道路的哲学总结。中华文明的不断创生需要中国哲学的不断总结,中华文明也在中国哲学的不断总结中不断创生。因此,中国哲学史也是内在于中华文明史的,是对中华文明历史实践中不断进行的理论反思、道理总结在哲学意义上的自觉。从经、史、义理传统的整体出发,立足中华文明道路的未来发展,讲好中国哲学道理和中国哲学史,是新时代中国哲学学者的庄严使命,也是哲学研究所中国哲学学科需要自觉承担的学术责任。

哲学研究所中国哲学学科是 1955 年哲学所成立时最早建立的研究组之一,冯友兰先生是首任组长。在近 60 多年的发展中,中国哲学学科涌现出一大批国内外知名的大学者,中国哲学学科在中国哲学界具有十分特殊而且重要的地位。2017 年,中国哲学学科荣获了中国社会科学院的登峰计划优势学科的支持,学科发展获得极大动力,也取得了丰硕成果。本文库的设置,就得到了登峰战略优势学科经费的资助,借此机会,感谢中国社会科学院对哲学所中国哲学学科的支持!

党的十八以来，习近平总书记高度重视中国特色社会主义与中华文明的关系，高度重视中华传统文化的创造性转化和创新性发展，高度重视中国特色哲学知识体系建设，中国哲学学科迎来前所未有的发展机遇。我们期待中国哲学学科能够不辜负时代重托、不辜负学科传统，在社会主义文化强国建设中贡献自己的力量。

张志强

2021 年 2 月 25 日

序

　　当代中国哲学研究方法的复合性和视角的多样性，带来了一系列的成果和积累。这在东周哲学的研究中亦复如是。匡钊的这部著作——《先秦道家的心论和心术》作为其中之一值得注目。

　　从西周到东周，说起来还是周，但实际上前后发生的变化惊天动地。从西周的天下体系到东周的列国体系和诸侯力政，可以说是这一转变的主线。伴随着这一转变的主线，西周世袭性的士阶层到了东周变成了无固定职位的自由流动的士阶层（"游士"），西周的官学到了东周变成了人人可以立一家之言的私学；中国哲学和思想从前子学时代转变为了子学时代；中国哲学的认知、世界观、价值观、信仰从以宗教为中心变为了以哲学理性为中心；从主要认识超自然的天、神灵和实现神政合一走到了主要认识万物、认识人的自我和人的本性及实现天人合一。子学对人的自我和心性的认知从战国开始成为主题和显学。子学家们如此关心人的身心性命问题，这是他们对人类自身的独特性和主体性的第一次高度自觉。围绕一般所说的儒家的"心性论"我们已经进行了许多的研究。相对而言，我们对道家的身心性命这一主题研究比较少。从这种意义来说，匡钊的这一著作对此是一个强化和扩展。

　　对道家的身心性命论域进行研究，可以从不同的范围和视域入手。范围上它的时空跨度可以很大，视角上它可以侧重于其中的某一部分。这部著作研究的范围主要是东周时期的道家，其问题和视域主要是道家的心（"心智""心神"等）的哲学。匡钊用"心论"和"心术"这两个词汇分别表达这一概念的两个方面。他对前者探讨的主要是道家有关心的本性和不同层次，对后者探讨的主要是道家有关心的修炼方法和精神转化技艺。"心术"这一概念原是战国时期子学的固有概念，在道家和儒家的文本中都可以看到。由于"术"这一词汇在当时就有很强的方法、途径的意义，对于今天的我们来说，人们更容易如此来想；还有就是为了区分道家心之论域的两个层次，匡钊使用了"心论"与"心术"，将"心术"主要限定在方法和心艺上。这是一个恰当的划分。这部著作整体上就是围绕这两个方面展开的，其问题的范围和视角清晰明确。

人性具有复杂性和多重性，单一性的简化（或性善或性恶等）只不过是强调了其中的一部分东西而已；同样，人心也是复杂和多面的，不能对它进行单一性的简化。如，东周子学在"身心二分"图式中多以心为身之主导。这种意义上的心主要是指理性之心和善心，而不是人们所说的人心的全部。事实上，子学家们使用的心都不是单义的，孟子说的人"放其心"（《孟子·告子上》）和人"求其放心"（同上），显然不是一种意义上的心，前者是负面的心，后面是正面的心；庄子使用的心也是如此。如"机心"（《庄子·天地》）、"成心"（《庄子·齐物论》）是庄子否定的心；"心有天游"（《庄子·外物》，"游心于物之初"（《庄子·田子方》），"其心以为不然者，天门弗开"（《庄子·天运》）的心是庄子肯定的心。出土文献《凡物流形》中说的"心胜心"和"心不胜心"，显然也是正反两种不同的心。匡钊这部著作通过早期道家的人物和文本案例，探讨早期道家的"心论"之心，重点在于考察道家心论所说的心的构成和层次，而且侧重在积极的、正面的、肯定意义上的心。但就这方面的心而论，心也不是只有一种东西，如《管子》中所说的"心以藏心"（还有"心中有心"）就是明显的例子："治之者心也，安之者心也。心以藏心，心之中又有心焉。"（《管子·内业》）《管子》这一论题中的"两种心"分别指什么，不容易解释。可以肯定的是，它是层次和内涵不同的两种心。匡钊根据已有的研究和比较，认为两者分别是指感知之心和思虑之心，前者同人的感觉器官和形气密切相联，后者则是人的"精气"和神灵的妙能，其获得的东西则是道心。对这种"精气"之心，匡钊特别将之同《内业》中的一段著名话语结合起来讨论["思之思之，又重思之。思之而不通，鬼神将通之；非鬼神之力也，精气之极也。"（《管子·内业》）]，认为归根结底，这段话说的是"精气"才是思而能通的总根源。据此而言，这种"精气"似乎比所谓鬼斧神工的东西还高。说起来非常奇妙，可谓是超级灵气和灵感吧。匡钊这部著作探讨道家之心论有突出的特点和新颖之处。比如，他将"心"的概念同"气""精气""魄""魂""精神"等概念结合起来进行贯通性考察，颇多新意。他将道家的"心""魄""魂"等概念同希腊的身心和灵魂模式结合起来进行比较，得出了观念丛中的家族类似性结论，从中我们能够看到他对道家心之观念探讨的精细性和深刻性。细心阅读这一章的读者一定能从中感受到匡钊的慧眼卓识。

东周子学的身心哲学，从来就是同人的生活和个人身心的修养和修炼分不开的。或者正如匡钊所说，人们对身心之论的关心，最终都要落实到身心的转化和升华中，不管这是人的心智方面的闻道、悟道，还是人的德心的持守和道德自我的建立都是如此。在这两方面中，儒家的前者部分往往也多归属于后者中；道家的后者部分多被安排在前者之中，虽然黄老道家吸取了不少儒家的伦理价值。道家心术之精神修炼追求的"道德"，因是批评某些儒家的东西而来，而且又与气和"精气"相结合，这种修炼而获得的悟道，显得高超、玄妙、奇妙，这就有了所谓"思之不通，鬼神将通之"而最终是"精气之至"的绝妙，有了《庄子·天下》篇述说的庄子的"独与天地精神往来"的境界。这种心术最朴实地说是人的生活方式，但它却又不是一般所说的人的生活、它是人的精神生活，是人的智慧生活。生活智慧的最高境界是智慧生活。在亚里士多德那里它是最高的沉思智慧，在老子、庄子和《管子》那里它是"道智"。

作为一个自明的前提，对过去的各种哲学研究，我们既是同过去的哲学家进行对话，又是同学术共同体的同业者进行对话。在哲学史作为一门学术具有可公度性和学术需要不断积累的时代，缺乏同后者的对话能不能成为学术就是一个疑问。有多少地方和问题都还能让我们自己既不承前孤明先发而又竟然还能启后。哪怕是好的自言自语，也是被学术雨露滋养出来的，只是未言明而已。当今哲学史（其它门类类似）研究的一大难处，就是我们必须面对越来越多的学术积累（非穷尽然至少选取精要者）而又要有所发现和发明，不管是什么意义上的。原则上而言，它或者是新发现，或者是新结论（非单一的一成不变的定论），或者是新方法、新视角，或者是新材料（研究过去的学问），或者是新论证，等等。具其一者，已属不易；兼而有之，可谓善之善，但也难乎其难。这是以哲学史研究为天职的学者们同样一开始就有的心存向往之处。可以看出，作为对历史上道家哲学的研究，匡钊的这一著作，在同中国哲学共同体的学术对话中表现出了良好的实践，这是值得肯定和称道的。

自从在清华大学攻读博士学位开始，匡钊就一直致力于东周子学的心的哲学和思想研究，并且集中在儒道两家上面。这部著作是他研究道家"心智""心神"的结果；他对儒家的心的哲学和"为己之学"的研究，也有不少成果和积累，我期待他在这方面的著作不久也将问世。匡钊是一位有学术耐心的年轻学人，在这个时代保持学术耐心不容易。看到他在学术研究上的优秀成果出版，我非常高兴。匡钊以这部著作征序于我，披览之下，略述所感，以为之序。

王中江

2020 年 1 月 15 日

目 录

导言：心、修身与道家哲学 …………………………………………… 1

第一章　道家心观念的初期形态
　　——以《老子》为中心 ………………………………………… 17
　　第一节　"赤子之心"：心的具象与人的内在性 …………… 20
　　第二节　"愚人之心"、"圣人之心"与"民心" ………… 27
　　第三节　"守中""抱一"与"抟气"：心的修炼工夫 …… 30

第二章　《黄帝四经》中的心 ……………………………………… 37
　　第一节　《黄帝四经》中的心观念的基本线索 ……………… 37
　　第二节　承前启后的修身工夫 ………………………………… 40
　　第三节　作为境界与工夫的"一" …………………………… 45

第三章　《管子》"四篇"中的心论与心术 …………………… 49
　　第一节　《管子》"四篇"的问题意识 ……………………… 50
　　第二节　心论 …………………………………………………… 53
　　第三节　心术的创造 …………………………………………… 61
　　第四节　《管子》"四篇"中的"心形观" ………………… 75

第四章　庄子论心与精神修炼 ……………………………………… 83
　　第一节　《庄子》中心的三种用法 …………………………… 84
　　第二节　改变自己的正负工夫 ………………………………… 90

第三节　"蝴蝶梦"与精神修炼 ………………………………… 95
　　　第四节　卮言、死亡与丑怪 …………………………………… 114

第五章　杨朱思想的逻辑结构及其学派归属 ……………………… 131
　　　第一节　杨朱其人其说 ………………………………………… 132
　　　第二节　"理无不死"：杨朱思想的逻辑起点 ………………… 137
　　　第三节　杨朱或非道家 ………………………………………… 143
　　　第四节　"一毛"与"天下" …………………………………… 148

第六章　《吕氏春秋》中的心、身与道 …………………………… 153
　　　第一节　《吕氏春秋》的黄老学底色 ………………………… 154
　　　第二节　心与"心气" ………………………………………… 156
　　　第三节　杨朱思想的痕迹及其进化 …………………………… 160
　　　第四节　从心道关系与心身关系看杂家之"杂" …………… 164

第七章　专气、行气与食气
　　　　　——道家方士对气的不同理解及其后果 ………………… 166
　　　第一节　老子所谓"抟气" …………………………………… 167
　　　第二节　行气与食气 …………………………………………… 171
　　　第三节　从食气到内丹 ………………………………………… 178

第八章　心灵与魂魄
　　　　　——古希腊与先秦观念的比较及形而上学的可能性 …… 184
　　　第一节　以"精气"论魂魄 …………………………………… 185
　　　第二节　"Psuché"的构造 …………………………………… 195
　　　第三节　形而上学之所以可能 ………………………………… 206

结语：作为修身工夫的道家哲学 …………………………………… 214

参考文献 ……………………………………………………………… 222

后记：十年踪迹十年心 ……………………………………………… 229

导言：心、修身与道家哲学

一

作为以哲学为志业的中国研究者们，常常无可避免地面对一个颇为吊诡的局面，我们似乎在无限重复一些最为基本的问题，比如哲学或者加上一个地域性前缀的中国哲学究竟意味着什么，且应通过什么样的话语对其加以可靠的陈述。在某种程度上讲，这些问题都被怀疑为一些可能永远不会得到公认解答的"坏问题"，但对于这些问题的基本看法却势不可当地影响着我们对于其他一切相关问题的进一步探讨，决定着我们思考中的哪些内容才具有长久的价值。这种令人难堪的重复有时也不是没有特殊的优点，既然几乎每个研究哲学的人都对于上述问题进行过或痛苦或欣快的思考，那么后来者们也总有机会在先行者们的只言片语中寻求庇护。笔者个人很难想象自己能从类似如下简明的断言中获得安慰："什么是哲学？凡是对人性的活动所及，以理智及观念加以反省说明的，便是哲学。"[①]这个断言之所以缺乏吸引力，并不是因为其没有表现出足够的复杂与精细，也不是因为其流露出的偏于理智陈说的趣味带有太多的来自我们所熟悉的那

---

① 牟宗三：《中国哲学的特质》，上海古籍出版社1997年版，第4页。

种教科书形态的西方哲学的气息，而是从内容的角度定义哲学活动大概注定就是无效的努力。毫无疑问，通常意义上被称为哲学的追问必将涉及我们对于人性的理解及理智的反思，仅从上述角度出发我们或许能如张岱年先生所言那样在将哲学视为一个类称的意义上充分容纳不同起源的问题意识及其解答方案，但却无法清楚地判断这些问题与解答的边界何在，亦难免在多元包容的名义下实际上扭曲我们面对不同路径的哲学之时所感受的共性与差异。哲学史的研究工作为哲学是什么划定了边界，对哲学的形式化系统的元语言层次探讨，必应符合统一的、具有知识上的可公度性的规范性标准。① 对于这一点，或许希腊哲学的经典版本为我们提供了范例，但正如冯友兰先生所洞察到的，如何将中国哲学的内容上的系统重建为类似的形式上的系统恰是现代的任务。

但是，我们或许还可以再加追问，抵达上述边界的探索是否对于我们理解哲学或中国哲学已经足够？或者说，仅将哲学转换为哲学史所揭示出的知识系统是否可以支持我们对于中西之间一切异同的体会？将哲学视为某种流传于历史悠久的"学园"传统中的知识形态，肯定不是出现在西方近代的所谓"认识论转向"之后的新生事物，据说将哲学知识化的努力自从亚里士多德（Aristotle）就早已开始，根据西方哲学史的研究传统，人们坦然将哲学分解为形而上学、宇宙论、认识论、伦理学等，期待来自每一科目的知识能为我们带来只有闪光的真理才能创造出的安全感。与此相应，受到如是启发的国人，也开始尝试将存在于中国古代的一些文本加以适当切割后置于相应架构之中。

无论上述方案包含着何种现代学科意义上的优势与洞见，但长期以来学界就弥漫着对此努力的不满。这种不满大概自从"中国哲学"这个术语的诞生之日起就已经存在，在十数年前的"中国哲学合法性"讨论中发展到高潮，甚至使部分学者走向以伸张本土传统价值的方式与来自西方的"话语霸权"加以对抗的路径。抛开这种立场、态度与信念的差异，在

---

① 详细讨论参见李巍《中国哲学：从方法论的观点看》，《深圳大学学报》（人文社会科学版）2018年第5期，匡钊《"以西释中"何以成为问题——中国哲学史现代诠释的可接受标准判定》，《江汉论坛》2019年第2期。

学理陈述方面出现的可能性我们也已经非常熟悉，或者利用边缘模糊的思想来尝试取代哲学，或者以混同价值判断与知识描述的方式退回古典学的文本世界。就后一方面而言，中国古典学无疑有其自身的价值，其对未来中国哲学可能的新开展也有不可替代的意义，虽然其所提供的语文学知识将以何种方式发挥作用尚需继续思考；[1] 就前一方面而言，我们也绝不能轻易摒除哲学这个来自西方的字眼，这不但意味着放弃了现代学科意义上的后设层次的知识可公度性，同时也意味着摒除了中西之间某些有着共同起源的核心观念。从技术上讲，放弃哲学也就关闭了某一类型的深度对话的可能：这等于宣布，中国人无法寻找到一种特定的可以适当描述古人智慧且同时具有公共可理解性的现代话语；从思想的某些专门类型所涉及的内容来讲，我们也很难同意中西之间毫无共性可言——对于什么是优良的人性、什么是好生活的探索难道不是同时激励着孔子、苏格拉底与其他许多古今哲人对于哲学的探索？毫无疑问，在未加反思之时就已经被归入哲学领域之中的诸多问题，无论就其提问方式还是具体答案而言，中西之间展现出了巨大而鲜明的差异，对于这种差异我们已经讲得太多，甚至因此而忘记，在规范性的意义上，中西哲学知识必有其可公度性，在起源的意义上，中西哲学亦均是从若干共同的问题域出发的。因此，令人爱恨交织的西方哲学对于中国哲学而言在形式和起源上都是无从回避的参照，幻想以视而不见的方式拒绝对话向来只是掩耳盗铃的姿态。"对于西方哲学的全部，知道得愈多，愈通透，则对于中国哲学的层面、特性、意义与价值，也容易照察得出，而了解其分际。这不是附会。"[2] 本书的研究，将从中国哲学的特定内容出发，从起源的角度来透视中西之间某个共同的问题域，并以此作为对知识形式的可公度性之外的聚焦于特定问题的中西哲学的可对话性的探索。

这种探索面对的困难，不但来自说明中国古代文本时需要付出的努力，更来自教科书式的对于哲学的某些根深蒂固的根本看法——某种笛

---

[1] 参见匡钊《中国古典学与中国哲学"接着讲"》，《深圳大学学报》（人文社会科学版）2018 年第 5 期。
[2] 牟宗三:《中国哲学的特质》，第 8 页。

卡尔（Descartes）制造出的局限。与之相对照，以往学者对于中国哲学的自身特点早有说明，并常常视其在另外的文化世界里往往难有直接对应之物，比如牟宗三强调中国哲学不同于西方的一些特质："中国哲学以'生命'为中心。"[1]这个判断流露出的意图鼓舞人心，但其背后暗含的一些关于西方哲学的预设却并不尽如人意。中国哲学所关心的"生命"，在假想中是与西方哲学所关心的物的客观世界相对照的，这一对照的意义完全来自对于后者近现代形象中纯粹知识化一面的认定。如将这种对于西方哲学的认定置于古希腊以来的漫长传统中，恐怕难以认可其为完整的描述，如果我们将目光回转到西方的古典世界，在起源意义上在中西之间形成深入对话的可能性似乎被过滤掉了。面对先行于我们的经典，寻找其哲学意义的努力并不应止步于对其现代解释的规范性边界的探索，在起源的意义上，在曾经面对同样问题的意义上，中西哲人的独立探索仍然有可能汇聚为共同的对于人和世界的基本关切。

对于现代意义的哲学史研究而言，去追问"人是什么"似乎带有某种非学术的不合时宜，但是，据说"哲学的一切根本性问题必定都是不合时宜的"[2]，而笔者相信中国先哲曾以不同的方式反复表述这一问题，而本研究便希望聚焦于部分早期文献，从最初的那些线索中间，片段地勾勒出一个思考问题答案的基本谱系。

二

从比较传统的角度来看，中国哲学留给世人的综合印象总是拙于形而上学思考而长于政治伦理探讨，这种总体风格与长于严谨思辨的西方

---

[1] 牟宗三：《中国哲学的特质》，第6页。
[2] [德]海德格尔：《形而上学导论》，熊伟、王庆节译，商务印书馆1996年版，第10页。

哲学相比,优劣如何很难断定,从不同角度出发的研究者往往会得出完全相反的结论。无疑在很多熟悉西方哲学的人看来,中国哲学中类似于西方式的形而上学体系是一个缺失的薄弱环节,于是在以往研究中,哲学工作者们把很多精力都投入到从中国哲学原典中重新发现或者重新构建出具有形而上学风格的知识体系,无论是大陆学者曾经以马克思主义为指导思想的重述哲学史的相关工作,还是海外新儒家及其后学对于儒家心性学说在近代西方意义上的现代化,都具有发现古代中国哲学知识体系的示范性。以上述重建的体系化的中国哲学为基础,各方面学者都展开了被认为显示出中国特色的对于伦理政治问题的关注,比如天人合一、内圣外王的话题就一度成为全部或一部分人共同的兴奋点。但这种后续的探讨,一如来自近代西方的研究范式所限定,必然是由更基本的认识论或本体论问题所导出的话题,而在先行的基础性问题没有完全得到妥当处理之前,自然难免处于更为暧昧的境地,在这种语境中的个人道德修养目标甚至不乏神秘之色彩,而涉及社会群体的政治谋划更给人镜花水月之感。无论是在"两条路线"斗争的预设之中,还是在存在着某种心性本体的前提之下,对于中国哲学中被普遍认为最优长的那一部分问题的论证,从逻辑上来讲都无法先天地自行成立,而具体相关讨论的含混性,也无法显示出其与西方类似的思考相比优势何在。

　　这种暧昧的局面和中国哲学整体上解释范式的不健全,或许正是二十余年来所谓思想淡出、学术凸显的根源所在。中国哲学话语在这一过程中逐步向思想史范畴退缩,相关的研究往往淡化了对于哲学本身的洞见,也淡化了对于某些根本问题的追问,往往令人产生停留在纸面上的知识对于我们作为一个人有什么用处的疑问——这与新儒家的努力相比甚至应被视为倒退。与此同时,在情感上没有放弃对哲学与切身生活之间关联性的思索的人们,对于中国哲学自身价值的理解,也往往没有超出上述比照被充分知识化了的近代西方哲学所限定的扁平架构,虽然不断强调中西之"异",却难以将这种差异首尾完整、令人信服地呈现出来。

　　作为知识体系的西方哲学本身实际上自20世纪以来就始终面临解体的危机,庞大的形而上学传统似乎正被摧毁、大量的哲学知识也被不断淘汰——而这大概也正是一些国人认定世界精神文明的未来在东方，或者说中国的一个重要原因，但我们往往不是很确定究竟能拿出什么去作为重建这种精神文明的原材料。只要人类作为一个种群还继续存在，我们就必须设法让无论西方还是东方以往的所有那些精神追求显示出面向未来的意义，问题永远在于怎样可靠地揭示出我们所寻求的那些意义的正当性——这正是积累知识的学术要求，那些精神追求本身未必不可爱或不重要，但对于作为研究者的我们来说，对其正当性的证成才是真正值得关注的重点。20世纪初以来对于西方形而上学传统的不断解构，无疑有去除遮蔽的功能，于是，在20世纪后期，当作为真理载体或者知识结果的人消失之后，作为有限生命本身的人在历史中的演变、生成过程就直接袒露了出来，在此意义上，人如何构建自身内在生活的历史谱系得到前所未有的凸显。对于近代以来西方哲学的狭隘化，早已存在着公开的不满："我们应当把科学看作适用于某些目的，把政治、诗歌和哲学（不被看作一门超级学科，而是看作根据过去的知识对目前思想倾向的一种明达的批评活动）都看作是各有其目的。我们应当摒弃西方特有的那种将万物万事归结为第一原理或在人类活动中寻求一种自然等级秩序的诱惑。"[1]如果我们能因此放弃来自虚假知识优越性的荒唐自大，也许是促进来自一个据说没有形而上学传统、缺乏知识体系化的哲学思考的国度的声音与西方世界深入交流的第一步。在近代西方，"'思想'这一概念已经逐渐被狭隘地解读为认知性术语（cognitive terms），这导致了两个非常严重的后果：首先，它已经被分化和具体化为理论和实践的割裂与分离……其次，与如感觉、评价、分享、同情等表达相应的经验是借助形势一直以来都未曾作为思想本身活动的各层面给予足够的尊重"[2]。与此相对照，我们或许可将目光转向中国哲学中始终未被遮蔽的另外一些可能性。

真正使我们敢于对这一转向有所期待的，并不仅仅是现有的对于近

---

[1] [美]理查德·罗蒂：《哲学与自然之镜》，李幼蒸译，商务印书馆2003年版，"中译本作者序"，第10页。

[2] [美]郝大维、安乐哲：《通过孔子而思》，何金俐译，北京大学出版社2005年版，第41页。

代西方哲学某些缺陷的观察，而是由于上述这些可能性原本对于古希腊的智者就并不陌生。法国学者阿道（Pierre Hadot）有一部非常富有启发性的转换角度以探讨西方古典哲学的专著《作为生活方式的哲学——从苏格拉底到福柯的精神修炼》（*Philosophy as a way of life – Spiritual Exercises from Socrates to Foucault*）①，他在书中根据自己对西方古典哲学不同角度的理解，向我们展示了古希腊哲学在其惯常形象中常常被忽视的主流态度：知识问题一旦离开对于改变人自身存在的期待就毫无价值。"古希腊与希腊化时期的哲学乃是一种生活方式、一种生活艺术和

---

① 阿道（Hadot）的著作堪称涉及精神修炼问题的学术研究方面被引用率最高的示范性作品。此书基于作者对于现有西方对古希腊罗马原典解读的重新讨论，从精神修炼角度展开了对哲学的新理解。阿道本身受过良好的西方古典训练，在古希腊罗马哲学方面造诣深厚，基于对原典的详细解读，他发现在古代哲学家的现存作品文本中常常存在不一致（incoherence）之处，当然这往往是由于这些文本大都是哲学家的讲义而非现代意义上的专著。他进一步发现，之所以会出现这样的问题，是因为在这些哲学家的现场（at present）言说中，他们的关注点总在不断变化，其注意力并没有集中在确切的知识上，而专注于各种不同情况下如何引导听众达到某个目标。在这一过程中，最终的结论往往是最不重要的部分，而通向这一结论的过程具有首要的意义。那么这种过程的意义何在呢？阿道认为，其意义恰恰在于通过思考、言说哲学而达到精神修炼的目的，所以那些希腊人自称"爱智者"（philo-sophist）而非"智者"（sophist），就是要凸显这种对于智慧的追求过程所具有的意义和价值。这种倾向不但是现在我们重新理解柏拉图、亚里士多德的经典文本的应有角度，对于思考希腊化（Hellenistic）时期的哲学更为重要。希腊化时期的哲学向来被认为注重伦理问题，但这实际上正是继承了雅典古老的哲学传统，换言之，古希腊哲学纯粹知识化的外表下面，始终存在着某种对于精神修炼的追求，而在这个意义上，将伦理学独立加以处理可能是一种对哲学的全面误解。阿道进一步以斯多葛主义（Stoicism）和伊壁鸠鲁主义（Epicureanism）为核心分析了作为一种精神修炼和生活之道的希腊化时期的哲学，旁及对于犬儒主义（Cynicism）的讨论。作者随后转向了基督教哲学中继承自古希腊罗马的精神修炼传统的分析，实际上，"Spiritual Exercises"这个术语，最早就是来自早期基督教教父 St. Ignatius 的。在所有这些纲领性的理论分析之后，阿道具体讨论了西方哲学史上的一系列哲学家形象所体现（embodiment）的精神修炼主题的详细情况。之后作者涉及了一个非常重要的问题：自己与福柯之间一些思想上的异同点，阿道认为福柯在《性经验史》中有关"快感的享用"（The use of pleasure）和"关心自己"（The care of the self）的两部分论说中对于希腊哲学的某些处理窄化了问题的范围，似乎有将问题限定于所谓的伦理范围内的趋势，在作者看来，这种限定当然是不充分的，相当于放弃了对于广泛意义上的哲学的全面反思。全书最后，作者基于以上讨论，阐明了自己对于精神修炼这一哲学思考角度对现代和未来西方哲学的意义所在的看法。将哲学视为一种生活方式，有助于我们把哲学从形而上学的知识体系困境中解放出来，重新为其注入本应具有的生命力。

一种存在（being）之道。"①即使对于像亚里士多德这样被认为应对将古希腊哲学送上知识化轨道负有关键责任的哲学家而言，他所讲述的哲学也不能仅被缩减为单纯的哲学话语或者某种知识体系。②至于近现代西方哲学中表现出的某些对于认识论的过于强烈的兴趣，借用一句名言，如果说笛卡尔在西方哲学的谱系中有"别子为宗"的嫌疑，那么20世纪以来纠缠于一些"分析性"问题的哲学潮流简直就是"歧路亡羊"了——这完全错失了哲学本来的意义。阿道的工作无疑有其片面性，作为古典学者他对文本的兴趣超过了对论证的兴趣，但也丰富了我们观察古希腊哲学的视角，在历史场景当中，后者更应该被视为精神修炼之道而非干枯冰冷的知识堆砌，哲学在现实中完全可以起源于实践。这里出现的"精神修炼"③这个词本来具有一个基督教背景，但阿道在涤除其宗教性后赋予它全新的用法："这些修炼（exercises）的意图并非在于获得纯粹抽象的知识，而在于实现一种个人世界观的转变（transformation）和人格的转化（metamorphosis）。"④这就意味着，这种哲学化的修炼"因此而不仅是理智上的，且也是精神上的"⑤，关乎通过被归于哲学名义下的种种活动来改变、提升人自身的精神生命。如果说"中国哲学……就是我们所说的生命的学问"⑥，那么或许一切哲学都是起源于生命的学问。

---

① Pierre Hadot, *Philosophy as a Way of Life – Spiritual Exercises from Socrates to Foucault*, English edition, translated by Michael Chase, Blackwell Publishers Ltd, 1995, p. 268.
② 参见 Pierre Hadot, *Philosophy as a Way of Life – Spiritual Exercises from Socrates to Foucault*, English edition, translated by Michael Chase, Blackwell Publishers Ltd, 1995。
③ 关于精神修炼的问题，在基督教世界里这个话题来自 Ignatius Loyola（1491-1556），在今天仍然可以找到完全服务于宗教目的的非常详细的修炼指导手册，如 Tad Dunne 的 *Spiritual Exercises For Today – A Contemporary Presentation of the Classic Spiritual Exercises of Ignatius Loyola*, Harper San Francisco, 1991。本手册对于修炼的时间（一个四周的计划，每天的行为都有规定）、方式（祈祷、良心检验、思考"爱"的经验等）和起辅助作用的共同修炼者或指导者所能提供的帮助都有具体说明。
④ Pierre Hadot, *Philosophy as a Way of Life – Spiritual Exercises from Socrates to Foucault*, p. 21.
⑤ Pierre Hadot, *Philosophy as a Way of Life – Spiritual Exercises from Socrates to Foucault*, p. 21.
⑥ 牟宗三：《中国哲学十九讲》，上海古籍出版社1997年版，第14页。

三

言说哲学就是让有决断的生活以可理解的方式呈现在具体的话语活动中。但由于以往一些对于哲学不能不说是狭隘的理解，这种言说的中国版本却时常不免处于磕磕绊绊之中，甚至常被一个所谓的"合法性"问题所困扰。对此人们大概需要一些"风物长宜放眼量"的气度，根据上述西方学者的某些对于哲学的看法，我们或许可以认为："作为古希腊罗马时代尤其是其中的 Hellenistic 时期的哲学家们的自我理解，哲学的原初意义（original meaning）恰恰是作为一种'生活方式'（way of life）的'精神修炼'（spiritual exercise）和'欲望治疗'（therapy of desire）。如此看来，中国哲学尤其儒家作为一种'哲学'，又本来不成问题。"[①] 而进一步了解到在"古希腊罗马哲学传统中，哲学家决不只像我们如今大多数人所以为的那样只是抽象的理论思辨者"，对于"我们进一步检讨中国哲学尤其儒家传统中相关面向的意义"肯定具有极大的推动作用。[②] 记得学者李零似乎曾经说过，在中西之间，如想见其异，既安全也容易，任何稍有准备的人都能随便说出许多中西之间的差异——只是这些差异细究起来往往似是而非；但在中西之间想见其同，

[①] 彭国翔：《儒家传统的身心修炼及其治疗意义——以古希腊罗马哲学传统为参照》，载杨儒宾、祝平次编《儒学的气论与工夫论》，台北：台湾大学出版中心 2005 年版。行文中提到的"欲望治疗"的观念来自 Martha C. Nussbaum 的著作《欲望的治疗：希腊化时期伦理学的理论与实践》（*The Therapy of Desire: Theory and Practice in Hellenistic Ethics*, Princeton University Press, 1994）。简单地讲，Nussbaum 在作品中将希腊化时期的哲学家与治疗肉体病痛的医生相对比，视他们的学说为一种通过话语活动而对人类灵魂中的谬误加以纠正调整的方式，如作者所言："希腊化时期的治疗首先是一种关注欲望与感情的治疗"（第 16 页）。

[②] 彭国翔：《儒家传统的身心修炼及其治疗意义——以古希腊罗马哲学传统为参照》，载杨儒宾、祝平次编《儒学的气论与工夫论》，第 2 页。

则既困难也易于受到攻击,任何对于普遍性的判断现在都要冒很大风险。阿道所使用的精神修炼这个处理哲学话语的角度,对于熟悉中国哲学研究状况的人来说,具有一种难以表述的亲近之感,我们可以猜测,精神修炼这个术语想要表述出的内容,在中国哲学自身的话语和范畴系统中属于工夫论的问题"①。关于中国意义上的工夫论或者现代一般所谓修身所涉及的东西,从以往哲学家的言说中间可以发掘出无数的话语资源,宋明理学家们对于存养工夫的谈论车载斗量,以往类似趣味的研究也多从这一方面入手。②"言工夫,一般人都易以为始自宋儒。其实孔子要人做仁者,要人践仁,此'践仁'即是工夫。孟子道性善,言存养扩充,尽心知性,此所言者,无一不是工夫。又孟子言养浩然之气,则更是工夫之著者。"③但如将目光转向对于中国哲学研究具有根源性意义的先秦哲学,尝试在其中建立中国哲学的精神修炼之谱系的地基或许是更为重要的问题——作为未受到任何来自异域思潮污染的中国哲学之源头如不能挺立,则对后面全部哲学的解释都会沦为无源之水、无本之木。当然,无条件地认为精神修炼这个词的具体所指,与中国意义上的工夫具有完全相同的内容与价值,无疑也是荒谬的,但其作为反思的出发点,仍不失为近代西方哲学的范式之外沟通中西的极佳渠道。

严格地讲,中国传统上并没有完全相当于现代西方意义上的 spirit 的术语,与物质世界相对的"精神"的意义完全是近人的用法,其中显然已经包含了笛卡尔式二元论的预设。深究"精神"这个词在西方语境中的意义脉络,其比较早期的用法也是相当含糊的,但大体上都是人的某种属性,与诸如灵魂、心智之类有关,将其放大后,就形成了"上帝的灵"或者黑格尔式的"绝对精神"。如果粗略地将其视为人的某种依

---

① 参见彭国翔:《儒家传统的身心修炼及其治疗意义——以古希腊罗马哲学传统为参照》,载杨儒宾、祝平次编《儒学的气论与工夫论》,台北:台湾大学出版中心2005年版。
② 典型论者如杜维明,他早有大量从儒家的修身角度出发的对于中国哲学的讨论,近年对"精神人文主义"的关注大体也出于同样的关切。他以往的讨论不但关注宋明理学,也已经对于先秦儒学多有涉及,如其著作《人性与自我修养》(中国和平出版社1988年版)就通过儒家从先秦直到现代的发展历程展示出很多儒家传统中工夫论所包含的意义。
③ 牟宗三:《中国哲学的特质》,第74页。

附于肉体之上的更高级的"内在"灵明,从其结构与功能的角度来看,与精神和相关的种种可能的精神活动基本对应的中国式观念大概不外就是先哲所常常谈及的"心"。

心的观念在中国哲学中堪称少数枢纽性的观念之一,在儒家系统中,无论宋明理学家还是当代新儒家对此观念在儒家哲学中的核心地位都极为看重,在此一个简要的回顾便足以唤起熟悉中国哲学史的研究者们的无穷回忆。黄宗羲早已在其总结性的学术史著作《明儒学案》中对于心的崇高地位做出过经典说明,其自序开篇便言道:"盈天地间皆心也,人与天地万物为一体,故穷天地万物之理,即在吾心之中。后之学者,错会前贤之意,以为此理悬空于天地万物之间,吾从而穷之,不几于义外乎?此处一差,则万殊不能归一。夫苟工夫著到,不离此心,则万殊总为一致。"①黄宗羲这段话包含两层最为要紧的意思,一方面确立了人心在理论上至高无上的首要地位,另一方面点明于心上做工夫对于人的重要意义。当然心的至高法则在中国从来都没有如西方般完全陷入形而上的片面性中,所谓"体用一源""天人无间断"指的都是被认定为形而上的心在形而下的世界里的活动能力。对于心的这一方面,黄宗羲在评价佛学与心学之异同的时候,有过一个判断:"或者以释氏本心之说,颇近于心学,不知儒释界限只一理字。释氏于天地万物之理,一切置之度外,更不复讲,而止守此明觉;世儒则不恃此明觉,而求理于天地万物之间,所为绝异。然其归理于天地万物,归明觉于吾心,则一也。"②在儒家看来,心、理与万物一体相通,不似释家偏枯。这段话几

---

① (清)黄宗羲:《明儒学案》(修订本),中华书局2008年版"序",第7页。以上这段文字,还有另外一个版本:"盈天地皆心也,变化不测,不能不万殊。心无本体,工夫所至,即其本体。故穷理者,穷此心之万殊,非穷万物之万殊也。"大概是由于被广泛引用的名言"心无本体,工夫所至,即其本体"即出此处,所以后面一个版本的"序"更为学者们所熟悉。这段文字之所以会出现两个版本,是因刻紫筠斋本的贾朴曾请黄宗羲为之作序,其时恰逢黄氏病中,他便口授其子黄百家代为书写,在病愈后又亲自修改成形。于是就形成了前后两个不同版本的"序",正文中引用的是黄宗羲后来改定的版本,而此处作为参照所引用的就是原收入《南雷文定》中的口授黄百家撰写的早期版本。

② (清)黄宗羲:《姚江学案·文成王阳明先生守仁》,《明儒学案》(修订本),第181页。

乎是直接针对"吾儒本天，释氏本心，自是古人铁案"①的非常容易引起歧义的判断而发，而从更宽阔的视角来看，心的枢纽性地位，亦出现在道家的思想格局当中。

　　心的问题早已被今人认为是中国哲学的核心问题，新儒家学者论中国哲学，常提到三个关键词：主体性（subjectivity）、内在的（immanent）、超越的（transcendent），而它们都与心有关。就第一点而言，如牟宗三称："中国思想大传统的中心落在对主体性的重视，亦因此中国学术思想可大约地称为'心性之学'。此'心'代表'道德的主体性'（moral subjectivity），它堂堂正正地站起来，人才可以堂堂正正地站起来。"②"此'心性之学'亦曰'内圣之学'。……此'内圣之学'亦曰'成德之教'。……此'成德之教'，就其为学说，以今语言之，亦可说即是一'道德哲学'（moral philosophy）。"③这里对于心性之学及主体性的判断大体上可以接受——人通过心的工夫而成为人，但其中对于主体之所是的断定仍有进一步讨论的余地和必要。"内在的超越"这个用法，往往与西方式的"外在的超越"相对，如方东美论中国哲学第一大特点便名言其"表现出一种与流行于西方哲学界的'超自然的形而上学'（praeternatural metaphysics）迥然不同的'具内在超越性的形而上学'（transcendental-immanent metaphysics）的独特形态"④。抛开形而上学之类的东西不谈，人们对于"内在的超越"的理解，大概不免比照基督教神学，设想中国人无须来自绝对超越者的拯救，凭借自己的本善之心，自发便能达到神秘的天人一体状态。这种意义上的超越和关注知识问题的传统近代西方形而上学一样对于哲学而言绝非必不可少，超越完全可以是人对于目前现有状态的超出，而这个开放的过程不必然包含对于达到某个终极目标的封闭式承诺。至于"内在"这个词的意思，在多数研究者那里都毫无疑问地指向人主观的内心或

---

① （清）黄宗羲：《师说·罗整菴钦顺》，《明儒学案》（修订本），第10页。
② 牟宗三：《中国哲学的特质》，第69页。
③ 牟宗三《心体与性体》（上），上海古籍出版社1999年版，第4—7页。
④ 方东美：《中国哲学之精神及发展》，匡钊译，中州古籍出版社2009年版，"导论"，第1页。

精神世界，在心物对立的模式中与客观之物相对立，这种对于内在性的理解不免仍然处于笛卡尔的阴影之中，但我们对于这一问题的了解却必定要远远超出笛卡尔的设定，内在性问题关乎人的人格构成——这当然会以精神或者心灵为主轴，但所涉及的内容可以更为丰富。"虽说[科学]研究始终侧重于这种实证性，但研究所取得的进步却主要不靠收集实证研究的结果，把这些结果堆积到'手册'里面，而主要靠对各个领域的基本建构提出疑问，这些疑问往往是以反其道而行之的方式从那种关于事实的日积月累的熟知中脱颖而出。"① 在穿过哲学讨论中现有的重重迷雾之后，也许我们现在终于有机会发现一个这样"脱颖而出"的问题：心对于人意味着什么。据此，与先秦哲学有关的丰富的"文献史应当成为问题史"②。

上述一切都使我们有足够的理由来关注先秦哲学中更为原始也更为复杂的心的问题，先秦哲学中对于心的形而上意义的讨论，早为学界烂熟，而由修身工夫的角度切入问题，却还较少受到系统关注。无疑，心与修身的话题首先来自对儒家思想的反思，但实际上其在先秦哲学中的表现却绝不仅限于儒家，在道家的学术谱系中也包含丰富的有关心与修身的思想资源："战国中期开始，儒道两家逐渐建立起他们各自的心学与性论。"③ 如果说有关儒家的问题已经得到较多的关注，那么对道家思想谱系中相应思考的发掘，或许目前学界还有未尽之意，而这也是我们希望将研究的目光聚焦于此的基本理由。笔者希望，回到先秦道家哲学的原始文本，以心为视角，结合对于修身工夫的思考从最初的那些线索中间，重新勾勒出最早的被归结为道家的学者群体，是如何理解人是什么，且人如何成为他们自己。

从近现代以来形成的对于西方哲学的刻板印象出发，在很多人看

---

① [德]海德格尔：《存在与时间》，陈嘉映、王庆节译，生活·读书·新知三联书店1999年版，第11页。
② [德]海德格尔：《存在与时间》，陈嘉映、王庆节译，第12页。
③ 陈鼓应：《楚简〈太一生水〉之宇宙生成论——兼论〈性自命出〉之尚情说》，《老庄新论》（修订版），商务印书馆2008年版，第116页。

来，中国哲学史上类似于西方式的形而上学体系是一个缺失的薄弱环节，于是在以往研究中，哲学工作者们把很多精力都投入到从中国哲学原典中重新发现或者重新构建出形而上学的内容，无论是将儒家哲学"道德形而上学"化的主张，还是近年来不断探讨"道家形而上学"①的努力，均为出于上述思考角度对先秦道家哲学的再考察。但相关研究所预设的对于哲学或哲学史的前见，是否足以显示一般意义上的哲学问题在不同文化中的呈现方式，如果考虑到前述阿道的工作，在很大程度上似乎是有待再度加以思考的。暂时悬置对于形而上学问题的判断，从一切哲学的追问大约均起源于对人自身存在性的困惑出发，我们也许能看到一些先秦道家思想谱系中以往未曾得到充分强调的东西。

四

就先秦道家而言，我们可以从两个方面来考虑心观念在其学术谱系中的理论表现，其一关乎不同的道家哲人们如何看待心的构成；其二则关乎他们围绕心建立起来的修养技术。这个问题的前一部分习惯上被视为知识问题，而后一部分则属于传统狭义的伦理范畴。如果我们将前者称为先秦道家哲学中的"心论"，那么可以利用一个现成的术语，将后者称为其中的"心术"。对于这些心论与心术，以往的研究者大概会按近代西方哲学设定的模式，将心术的问题置于心论之后，设想在搞清楚心是什么之后再来讨论其在修养层面意味着什么。但这种对于问题之轻

---

① 该方面以往较为典型的研究，如王中江《道家形而上学》（上海文化出版社 2001 年版）、郑开《道家形而上学研究》（宗教文化出版社 2003 年版），较新的观点和对以往相关讨论的评价，参见郑开《道家形而上学的理论特质》，《中国社会科学》2017 年第 11 期。

重缓急的判断并不符合事实真相，先秦的中国哲人们也从来没有以此种方式区分过自己的教诲，比如当孟子谈论"四端之心"的时候，他绝不是单纯对心加以西方式的定义——这正符合人们对于中国哲学原初形态知识化程度不高的判断，但这一点不完全是负面的事情，甚至对于我们的现在思考反而会是个福音，至少在回过头来处理先哲遗留给我们的问题时，会更有信心地去排除后来许多解释者们附加于原始文本之上的错误。总而言之，在看待上述问题的时候，我们首先拒绝将知识问题的地位置于伦理问题之上，放弃任何一种以形而上学来为伦理学奠基的企图——当然我们绝非拒绝知识问题本身，实际上本研究仍然是历史的和知识的视角，只是不再以此种方式去局限本研究所欲处理的对象。以往对于真正具有"了解之同情"的研究者而言，中国传统哲学话语所留下的印象往往是长于服人之心而拙于胜人之口，古人的许多思考对于人自身的存在命运的洞察力常常表现出无可否认的非凡智慧，但其论证过程却缺乏逻辑上的严谨。这无疑与中国传统哲学话语的呈现方式有关——更依赖对话、寓言、具体境遇中的例证与启发而非连续的推理和系统化的思辨。这种形式上的系统的缺乏暴露出的不足，对于现代的哲学研究者来说简直就是一场灾难。如果想让古代中国哲学真正展现其风采，那么一定要在自己的重述中使之具备胜人之口的能力，而这就是冯友兰先生强调对中国哲学的形式系统的重构的意义所在。本研究希望接续这一类型的工作，只是不再专注于从中国哲学里发现形而上学而期待能将言说的极限推进到更远的地方。我们希望将心从现有解释传统中解放出来，在并非止于存在论的（ontological）意义上对其加以言说。这样的言说具有生存论的（existential）风格，人为了改变自身之所是而应如何在实践中付出努力，且这种努力为什么是可能的，才是我们最为关注的问题。这种理解问题的角度，不是简单地将对于心术的讨论置于心论之上，或者颠倒了传统意义上工夫与本体或者行与知的逻辑顺序，而是要在放弃以往的哲学史陈述范式之后，重新将哲学问题的起源统一于追寻人之所是的话题之下，并由此出发探索某种普遍性，最终在各种自身技术（techniques of the self）①的意义上，尝试说明这种普遍性对于理解先秦道家思想可能具有什么样的潜在价值。

　　如果我们希望从上述角度确定先秦道家哲学语境中心的意义，则传统意义上受制于形而上学之基础的伦理学已经远不能覆盖这些对于心论与心术的新考虑，我们以作为生活方式的哲学为出发点，尝试从精神修炼或者工夫论的角度，对先秦道家哲学中心观念的地位与结构做出定位，并同时具体展现在他们眼中，人在改变自身存在状况的时候所可能经由的修养路径。毫无疑问，我们的工作并没有现成的、通行于中国哲学研究界的理论范式加以依赖，从这个角度来看，"哲学决不会使事情变得浅易，而只会使之愈加艰深"②。

---

①　这是福柯（Foucault）在《性经验史》第二、三卷中谈论传统意义上的伦理学问题时的核心角度。自身技术也被称为"生存的艺术"，这被认为和"我们的社会中极为重要的全部实践相关"，人们通过"反思和自愿的实践"，"不仅确定了各种行为的规则，而且还试图自我改变，改变自己独特的存在，把自己的生活改变成一种具有审美价值和反映某些风格标准的作品"（参见［法］米歇尔·福柯《性经验史》，余碧平译，上海人民出版社2000年版）。

②　［德］海德格尔:《形而上学导论》，第13页。

第一章　道家心观念的初期形态

——以《老子》为中心

在以往先秦哲学的研究领域中，对于心的探讨一般都集中在儒家学派，特别是孟子、荀子的思想之中，但实际上，在道家的学术谱系内部，也存在许多非常重要的对于心的思考和认知。就此问题早有学者尝试建立一种"道家的心性论"[1]。如果说孔子在很大程度上是三代文化的继承者，那么作为道家奠基人的老子[2]登上先秦思想界的历史舞台，大约主要是以反思者的面貌。我们首先来考察一下《老子》文本中反映出的关于心的思考，并尝试从精神修炼角度出发据此思考探讨道家创始者对于修身，也就是如何使人成为人之所是的基本思路，同时，老子的思考绝不会与政治生活绝缘，而其由对修身的看法导出相应的对于群体的思考也是顺理成章的。老子和孔子对于心或者精神问题的主要看法有很大区别，如果说孔子开辟了注重自身修养的自爱之道，从构成人格之伦理美德或道德价值的层面立足于人心回答了人之所以为人——从这个意

---

[1] 参见罗安宪《中国心性论第三种形态：道家心性论》，《人文杂志》2006年第1期。
[2] 通行本《老子》的成书与"老子"其人的关系如何聚讼纷纭，这里提及的"老子"其人仅出于行文上的方便，并不代表我们认为"老子"便是《老子》严格意义上的作者。本文引用《老子》文本，"通行本"指王弼注释本《老子》，而郭店简本《老子》据李零《郭店楚简校读记》（增订本）（北京大学出版社2002年版）释文。

义来讲，孔子所谈论的心，是一种"价值心"；那么老子言心，则在其对道的理解之下，最终归于虚静无为——从这个意义来讲，老子所关注的是"虚静心"。

从整体学术趣味来看，在先秦哲学的讨论中，心被作为一个专门的问题加以探讨，有论者认为是在战国中期以后才有的事情——"战国中期以前，人们尚未对'心'发生兴趣"[①]，可能是因为这个理由，《老子》中用到心字的次数并不多，但其中仅有的几条材料却都非常重要。

在《老子》通行本中心字凡十见，相关的八条材料可胪列如下：

（一）不见可欲，使民心不乱（第三章）；

（二）是以圣人之治，虚其心，实其腹，弱其志，强其骨（第三章）；

（三）居善地，心善渊，与善仁（第八章）；

（四）五色令人目盲；五音令人耳聋；五味令人口爽；驰骋畋猎，令人心发狂（第十二章）；

（五）我愚人心也哉（第二十章）；

（六）圣人无常[常无]心，以百姓心为心（第四十九章）；

（七）圣人在天下，歙歙焉，为天下浑其心（第四十九章）；

（八）心使气曰强（第五十五章）。

传世本中出现中的这八个例子的心字，却大多没有出现在郭店简本中，在后一种新出土文献中提到心的地方只有一处，即：

含德之厚者，比于赤子……精之至也……和之至也。和曰常，知和曰明。益生曰祥，心使气曰强。

郭店简本《老子》的上述引文，可以说为我们分析《老子》中心的观念

---

① 白奚：《稷下学研究——中国古代的思想自由与百家争鸣》，生活·读书·新知三联书店1998年版，第104页。

的内涵提供了重要的提示,在这段材料中,出现了老子提出的一个特殊的形象——"赤子"。"赤子"无论在郭店简本还是通行本《老子》的语境中,无疑都是对道家所认为的处于理想人格境界的人的比喻,此如"含德之厚者,比于赤子"(通行本第五十五章),以及上述引文中出现的"精""和""常""明""祥"等。如果说在道家的思想传统中德可被视为道在万物与作为万物之一的人身上的具体表现,那么"含德"之人自然也就是得道之人,而得道有德之人,便被老子称为"赤子"或者"婴儿"。人所能得道的场所,笼统而言在于其身,精确而言则在于其心,在后一种意义上,心的观念在老子的思想中不但与其核心观念道密切相关,同时也与其设想的理想人格相互联系——或许正是在此意义上,我们才称得道之人具有某种"精神境界"。总而言之,老子以"赤子"或"婴儿"作为理想人格与精神境界的比喻,而他对于心的思考,则在他对相关问题的思考中占有重要地位,其内涵必然也能由这一理路得到发掘。

前引《老子》材料中心字的用法,如笼统而言,其所指均涉及人的内在经验或者说精神状态,而这一理论线索可回溯至三代以来常见于《诗》《书》中的种种心字的基本用法,如将人的各种理智、欲望、情绪与意志等均归为心的作用[1],但老子对于心观念的理解却远较以往更复杂,具体分析起来,《老子》中的心字则可以从如下数方面来加以了解。首先,心字究竟被用来指称的是人的一种什么样的内在性,对于这个问题的分析,如果借用一个西方哲学的术语来讲,也就是首先应确定心观念的本质(essence)是什么;其次,心在传统上被认为具有某些基本能力,也就是与某些现代意义上的精神活动有关,但老子对这些内容的理解,却透露出他眼中的心的一些新特性(unique property);最后,老子还认为心在实践层面对于人的两种类型的活动——群体意义上的统治技术与个体意义上的修身工夫——具有重要的意义。

---

[1] 参见张立文主编《中国哲学范畴精粹丛书·心》,中国人民大学出版社1993年版。

第一节 "赤子之心"：心的具象与人的内在性

对于心观念在《老子》文本中的意义，白奚曾经有过一个简单的定位："《老子》中'心'字凡十见。其一是指心器而言，如'虚其心，实其腹'之类；其二是指某种精神状态，如'心善渊''歙歙为天下浑其心'之类；其三是指意念或意志，如'心使气曰强'之类。三者均与认识活动无关，也没有把'心'作为认识对象来考察。"①这个论断仅将问题局限于认识活动领域，窄化了讨论的范围，而老子所言心的内涵，也可以得到更具体的描述。《老子》中没有正面谈论认知之心，肯定是因为在当时此问题还没有正面显露，在先秦哲学的讨论中，认知之心被作为一个专门的问题加以探讨，应是在战国中期以后才有的事情。如果将心的问题视为一个关乎修身或者说成本真的自己的问题，那么前述"赤子"的意象则具有重要地位。老子所谈论的"赤子之心"，可谓是对其所理解的心的一个具象表达，而此表达所包含的理论上的本质与特性，具体可分疏如下。

在郭店简本《老子》中，对于"赤子"或"婴儿"，或者说对于究竟什么样的人才是符合于道、顺应于道的要求的人，已经给予了"精""和""常""明""祥"等一系列正面评价，在《老子》文本后来的发展中，更对"婴儿"给出了推崇备至的解说："知其雄，守其雌，为天下溪。为天下溪，常德不离，复归于婴儿。"（第二十八章）这里"常德不离"与"含德之厚"的说法一样，显然还是对得道有德之人的正面表述，而如此的"婴儿"或"赤子"，所指不外便是人之初生，未

---

① 白奚：《稷下学研究——中国古代的思想自由与百家争鸣》，第104—105页。

受到任何私欲偏见蒙蔽、错误知识污染，不带有任何成见机心的自然状态。这种既纯净又混沌的状态免于人世的种种侵袭，是道家一贯认可的"无"的最高人格境界，所谓"致虚极，守静笃"（第十六章）的"心灵修炼之最高状态"①，由此可见，"虚静"二字无疑可被视为老子对心的根本规定。

此一点也能由前引第（三）条材料中"心善渊"的说法可见。文中"善"字的意思，当然应从老子一贯的主张来理解，是对虚静无为的有道之人的正面评价，而非儒家意义上的伦理道德价值，就"渊"字之意，大体就是"深藏若虚"②的意思，对此朱谦之氏有更详尽的说明："庄子在宥篇'其居也渊而静'，郭注：'静之可使如渊。'又诗燕燕'其心塞渊'，传：'渊，深也。'太玄'闲中心渊也'，注：'渊，深也。''渊'有静而深之义，'心善渊'，以言其心渊静而莫测，所谓'良贾深藏若虚'。"③这些理解，正是将心与虚静联系起来，至于那个"深"字，可被理解为把握住了老子对此种心之虚静状态的形容与评价——"古之善为道者，微妙玄通，深不可识"（第十五章）。除了"虚静"一层意思之外，更进一步来看，此处"善渊"二字，也可与第八章"上善若水"的著名说法形成对照，老子一贯推崇"水之德"，它意味着"不争"，或者说"柔弱胜刚强"，而此"水之德"通过"善渊"二字，也与心发生了联系。对于水所表现出的"柔"或"弱"，老子对其大体等同地看待，如有言："天下莫柔弱于水，而攻坚强者莫之能胜……弱之胜强，柔之胜刚，天下莫不知。"（第七十八章）这种"柔弱胜刚强"（第三十六章）的意思，也被表述为："天下之至柔，驰骋天下之至坚。"（第四十三章）在老子看来，柔弱如水乃道的特点，从这个角度来看，它们都是正面的、肯定性的评价。上述思路，在郭店简本《老子》中便已有明确主张，其中有相当于通行本第四十章的文字："弱也者，道之用也。"如果说上述对水的正面评价，只是通过"善渊"的说法以潜在

---

① 高明：《帛书老子校注》，中华书局1996年版，第299页。
② 高明：《帛书老子校注》，第256页。
③ 朱谦之：《老子校释》，中华书局1984年版，第32页。

的方式与心联系在一起,那么老子更以"正言若反"(第七十八章)的方式,直接利用"弱"的反面"强",来反观心的意蕴。

　　前引第(八)条材料,是同时出现在郭店简本与通行本《老子》中的唯一一条关于心的言说,其理应具有不寻常的重要性。《老子》的文本,从来都主张"心使气曰强"。"使气"的问题容稍后讨论,首先可以明确指出的是,这里老子给出的是一个从"强"的角度出发,对于心的负面评价:"物壮则老,是谓不道。"(第五十五章)这个对于"强"的进一步解说表明,"强"就是"物壮",其结局便是趋于衰败——"老",这个结局在老子看来意味着"不道"——偏离或者丧失了道。这里所体现的正是全部《老子》都毫无例外地贯彻的守弱处下的态度,老子对于"弱"与"强"的评价非常明确,除"柔弱胜刚强"说法之外,还强调:"人之生也柔弱,其死也坚强……故坚强者死之徒,柔弱者生之徒"(第七十六章);"强大处下,柔弱处上"(第七十六章)。从老子的这种态度我们可以推知,如与此相反,以柔弱说心,则必然就是正面的了。与上述评价稍有出入的是,《老子》中还有一个"守柔曰强"(第五十二章)的说法,表面上似乎是将一对矛盾概念混淆在了一起,但需注意的是,这里的"强"与《老子》中其他地方出现的"强"用法完全不同,陈鼓应认为其乃"自强不息""健"的意思[1],与"刚强"或"强大"之"强"不同,而高明认为这是指"忍辱处弱则可胜强",是"忍辱守柔韬术之功"[2],总之,原文所欲强调的,仍然是柔弱才具有真正的价值。

　　以上一系列观念贯穿于目前所见的各种《老子》文本当中,均可被视为老子最核心的观念是毫无疑问的,其含义也很清楚。与之相补充的,《老子》中还以以下方式谈及"朴":"知其荣,守其辱,为天下谷。为天下谷,常德乃足,复归于朴"(第二十八章);"道常无名朴"(第三十二章);"万物……化而欲作,吾将镇之以无名之朴"(第三十七章)。这些"朴"字虽然未被用来直接或间接论心,但其所指

---

[1]　陈鼓应:《老子注释及评介》,中华书局1984年版,第266页。
[2]　高明:《帛书老子校注》,第78页。

的,仍然还是道的特征与得道者"婴儿"般的自然状态,以此来进一步说明老子对心的肯定态度,自然是合理的。这一点可被用来说明前引第(七)条材料中"为天下浑其心"的说法。"浑其心"也就是使心回归于"朴",那种如婴儿般不加雕琢、机巧未露、偏见不生的混沌状态。统而言之,老子以上"虚静朴弱"或"柔"的说法,均可被视为对心之本质的正面肯定,此集中反映在前引第(二)条材料中的如下言语中:"虚其心……弱其志……"。由此可见,老子所肯定的心,可谓某种"虚""静""朴""柔"或"弱"之心,而这一系列观念,均可被视为对于老子所言心之本质的规定。

除了上述理解之外,老子所了解的心,还具有某些与众不同的新特性。前文已经谈及,《老子》中心字的用法与人的欲望、意志或理智能力有关,但尤其值得注意的,老子却以否定的态度来对待心的上述能力。在徐复观看来,老子表达出某种"对于心自身的不信任"[①],而这种"不信任",就表现在老子对过分的欲望、多余的机智或者知识的反面态度中。

从郭店简本开始,《老子》对于人之欲望便完全持反对的态度,诸如:

圣人欲不欲,不贵难得之货(第三章);
罪莫重乎贪欲,咎莫险乎欲得,祸莫大乎不知足(第四十六章)。
我欲不欲而民自朴(第五十七章);

这样的说法,均明确表示了对于人欲的否定,而所谓"欲不欲"不外也便是无欲。《老子》后出的文本继承与发展了这一思路,进一步通过"五色令人目盲;五音令人耳聋;五味令人口爽;驰骋畋猎,令人心发狂;难得之货,令人行妨"(第十二章)这样的言论来说明各种欲望的消极作用,并在此基础上主张:"不见可欲,使民心不乱。"(第三章)

---

① 徐复观:《中国人性论史》,华东师范大学出版社2005年版,第209页。

这里需要稍加说明的是，在马王堆帛书本《老子》出土之前，朱谦之认为通行本以上文句中的"民"字，或为后来羼入的衍文[①]，但随着帛书《老子》面世，高明氏则发现，此处心字方为衍文。[②] 由此可见，在《老子》文本的流传过程中，虽然不清楚出于何种因素，但确实出现了一个"使民不乱"讹变为如河上公本《老子》与《文选》《东京赋》注中出现的"使心不乱"的转化，笔者认为，这种转变应该说不是偶然，恰恰说明最早做出如此改动的《老子》传承者，敏锐地把握到了老子以"无欲"言心的思路。至于王弼本同时保留了"民心"二字，大概一方面觉得心字的出现符合老子原意，一方面又希望保存之前文献的面貌吧。老子主张从消除欲望的角度来论心，如以上所引最后一条文献所见，其结果恰好也就是达到"朴"的状态。这一层意思可以与郭店简本《老子》中"镇之以无名之朴"（第三十七章）的说法相互印证，而此思路进一步发展，便形成了通行本中如下文字："夫将不欲。不欲以静，天下将自正。"（第三十七章）这不外都是说，从反面来言心时，所谓"无欲"或"欲不欲"最终就落实在从正面来言心时，所谓"朴""静"的状态中。

　　但在老子看来，仅仅无欲仍然不足以从反面揭示心之全幅内容，扰乱着我们内心的知识与智巧也同样是应被去除的对象——"无智[知]"。在前诸子时代已经有一个漫长的从认知的角度来理解人心的传统，而这个传统还会在战国后期成为专门的话题，但老子对这种传统完全持否定态度，拒绝从认知的角度来谈论心，反复强调通常意义的知识或者说智巧的局限，并进而主张抛弃这些东西才能获得真正的大智慧——虽然这样的大智慧在寻常人眼中恰可能是可笑的"愚"，但大智慧恰恰是"不笑不足以为道"（第四十一章）的。郭店简本《老子》在此方面已经有"绝学无忧"（第十九章）、"为道日损"（第四十八章）的观点，特别是其相当于通行本第十九章的文字是：

---

① 参见朱谦之《老子校释》，中华书局1984年版。
② 参见高明《帛书老子校注》，中华书局1996年版。

绝智弃辩，民利百倍；绝巧弃利，盗贼无有；绝伪弃诈，民复孝慈。

延续了《老子》书中一贯倡言的"见素抱朴"（第十九章）之意，明确反对智巧，并进而主张完全取缔那些对于多余知识的思考与谈论：弃绝"智""辩"——在老子看来，这些活动所得到的后果就是"巧""利"与"伪""诈"这样污染、败坏人心的东西。郭店简本《老子》中所谓的"闭其兑，塞其门"（第五十六章），甚至主张从放弃对耳目感官的信赖开始，达到根本上弃智绝学的目的。

消除了欲与智之后的状态，便是老子希望人能最终达到的"少思寡欲"（第十九章）的状态，这种状态不但是老子对于先行得道者自身理想人格的希冀，也是对于所有其他人精神状态的要求与希望，即所谓"常使民无知无欲"（第三章）。在上述意义上，不同于以往人们对心所具有的欲望、意志或认知的不加评价的看法，老子在此方面则表达了自己所了解到的心的两个新特性：无欲与无知。如果"虚静朴弱"可被视为老子所言心的本质，那么无欲无知则可被视为老子对其特性的独到揭示——此种特性可被视为对心的反面揭示，并同时恰为其本质提供了适当的注脚。

这里还有一个相关的问题值得说明，通行本第四十九章谈道："百姓皆注其耳目，圣人皆孩之。"这里的"孩"字，陈鼓应以为指的是"婴孩般纯真的状态"①，如果此说无误，则上文句中所表达的意思与老子其他地方提及的"赤子""婴儿"可能并无差别，是对得道之人的一个描述。但据朱谦之、高明等学者的研究，此"孩"应为"封闭"的意思：

高亨曰：按"孩"借为"阂"。说文："阂，外闭也。"汉书律历志"阂藏万物"，颜注引晋灼曰："外闭曰阂。"圣人皆孩之者，

---

① 陈鼓应：《老子注释及评介》，第255页。

言圣人皆闭百姓之耳目也。上文云"歙歙为天下浑其心"，即谓使天下人心胥浑浑噩噩而无识无知也。此文云"百姓皆注其耳目，圣人皆阂之"，即谓闭塞百姓耳目之聪明，使无闻无见也。此老子之愚民政策耳。"孩""咳"一字，因其为借字，故亦作"骇"作"咳"。晏子外篇第八："颈尾咳于天地乎！"孙星衍曰："咳与阂同。"亦以"咳"为"阂"。①

最终的意义指向，仍然是在表达"闭其兑，塞其门"的那种弃绝认知的意思，而此正可与百姓之"耳目"形成对照。当然，此种无知之心，将其视为归复于"浑""昏"之"朴"，或者说"婴孩般纯真的状态"也是完全合理的。

在现有对老子思想的研究中，道是世界和万物的最终解释原则，德一般被视为道的本质在具体事物中的体现。据此我们可以认为，在道、德与心之间一定存在某种联系。实际上通过我们以上的分析可见，《老子》中对于心的本质或特性的规定，是同道和德密切联系在一起的。陈鼓应在老子思想研究方面有重要的贡献，但他认为"老子的道论并不涉及'心'的范畴，至庄子和稷下道家才将'道'和'心'联系起来"②，却是不准确的。老子并未直接说心直接来源于最高的道，但他说的"赤子""婴儿"是"含德之厚"或"常德不离"的，这既是对于理想人格境界的表述，又是说人之有德也是得道的具体表现。"赤子"之心体现的是道德，道德也会呈现在作为万物之一的人的心灵中③。这是老子对于人的内在性、精神性内容的明确把握。罗安宪在对"道家心性论"的理论构造进行的初步讨论中，也明确认为道家的心性论的展开以老子的道

---

① 朱谦之：《老子校释》，第 197 页；高明：《帛书老子校注》，第 64 页。
② 陈鼓应：《管子四篇诠释：稷下道家代表作解析》，商务印书馆 2006 年版，第 96 页。
③ 德在于心的看法，应该是先秦儒道两家的共识，如简帛儒家文献《五行》中所谓"德之行""行于内"所要表达的意思——此处之"内"，不外就是心，也是《管子·内业》中所谓"安心在中……可以为精舍"所要表达的意思——心可受道，也就是说有德于心。这些内容在《老子》中虽然没有得到明确的表达，但我们完全可以视之为老子思想的合理推论。

这一观念为基本的出发点,①这是一个恰当的判断。在"赤子"之心作为常德的体现、其德又隶属于根本之道的意义上,在我们可以认为,正是道和德赋予了人心的本质——"心之德"。

第二节 "愚人之心":"圣人之心"与"民心"

具有上述本质与特性的老子所言之心,在群体统治与个体修身的实践层面,必然均会有所表现。如果说"稷下黄老之学认为养生和治国,是一个道理的两方面的应用"②,那么这个道理,大概还得追溯到道家始祖老子那里,老子言心,不可能不涉及常被认为是道家最关心的政治治理问题。此方面内容,集中反映在至今尚未得到讨论的前引第(六)条材料中:"圣人无常心,以百姓心为心。"这里不但一下就出现了三个心字,且将其置于统治者——圣人与被统治者——百姓相对比的语境中,足见心观念在群体治理方面的重要性。此外如前引(二)、(七)两条材料所谈论的内容,也与此问题有关——"圣人在天下",也就是"圣人治天下",而老子显然认为这种治理与心有关。

在修身与治国的关系方面,先秦儒道两家实际上共享同一种"先修己,再治人"的看法,将圣人本人的个人修炼置于对百姓的统治之先。此种思路在郭店简本《老子》中就已经有所体现,其相当于通行本第五十四章的文字是:"修之身,其德乃真;修之家,其德有余;修之乡,其德乃长;修之邦,其德乃丰;修之天下,其德乃溥。"这种说法,很容易让我们联想到《大学》中"修齐治平"的次第,而同样的思路也为后来的稷下黄老学所继承,典型如《管子·内业》中的说明:"治心在

---

① 参见罗安宪《中国心性论第三种形态:道家心性论》,《人文杂志》2006年第1期。
② 冯友兰:《中国哲学史新编》,人民出版社1995年版,第2册,第215页。

于中，治言出于口，治事加于人，然则天下治矣。"明确将"治心"置于优先于"治天下"的位置。

老子中常常"我"与"人"或"民"，或者圣人与百姓对举，但未对圣人之心与百姓之心做进一步的区分，老子对于心的最终态度，对上述相对的两方面是平等视之的——心所应有的那种虚静朴弱、无知无欲的状态，对于"人""我"而言在理想人格境界的意义上都是同等必要的：如前引材料（五）所谓"我愚人心也哉"——貌似"昏昏""闷闷"，实则是得道有德之人的大智若愚之心。但圣人之不同于百姓，正在于他们作为合格的统治者，必然在某些方面具有"先行觉醒者"的特点，而此后他们将以这种身份在百姓面前发挥榜样与领导的作用。圣人肯定会领先一步洞悉老子所发现的那些心的本质与特性，并率先达到理想的精神境界，在此基础之上，他们对于百姓的治理才是正当的，或者说符合于道的。因此分析老子所言之心在政治实践层面与治理问题的关系时，可以判断圣人的治理方式中包含两个环节，其一是对圣人自身心灵的定位；其二是这种圣人据此进一步对百姓，或者具体来说也就是百姓之心发生影响，并最终达到治理天下的目的。诸如"圣人无常心""我欲不欲"均表达了老子对圣人之心的定位，而"圣人之治，虚其心……弱其志""圣人……为天下浑其心"的说法，则都与"使民心不乱""常使民无知无欲"的意思相同，说明圣人治理天下的方式，是在自己达到与道相谐的理想人格境界之后，要进一步使百姓之心志也达到虚静朴弱、无欲无知的混沌状态。这是后者对于心之本质的复归，对赤子婴儿般状态的复归，或者说对于道的复归——这些复归的完成，不外也就意味着天下大治。

上述过程，正合乎老子对圣人之治的基本理解："无为而无不为。"圣人以自己的心对百姓之心发生影响，"使"其心归复"赤子""婴儿"一般的澄明状态，这种对于百姓的干预，似乎是一种"有为"，但圣人的行为却是合乎道的，"道常无为而无不为"（第三十七章），在此意义上，圣人对百姓的影响乃属于"无不为"的范围，且其正以自身的无为为现实前提，现实治理过程中圣人只有率先达到无为，才能以"无不为"的方式来治理百姓。

圣人的无为，落实在对心的把握上，便可称为一种"无为心"。前引第（六）条材料中"圣人无常心"的说法，据帛书本《老子》校正，"无常心"应为"常无心"或"恒无心"①，"常无心"不与老子素来的"知常"之类主张相扞格，意思是指圣人不会陷入主观臆断或私欲，也就是"无心"的意思，而以往某些版本的《老子》，直取此两字，大概也就是体察到了这种"圣人不师心自用"的意思。② 此"无心"既可被理解为无私欲，也可被理解为无偏见，所揭示出的仍不外是老子对于自己所理解的心的特性：无知无欲。这样的心，当然是与道相谐之心，也就是"无为心"。

但这里却出现了一个很微妙的问题，圣人的"无为心"，为什么要"以百姓心为心"，也就是说对百姓之心有所借鉴呢？

"以百姓心为心"表明了圣人不固执于己见私欲，而是百姓的某些想法，但关键在于，这些百姓的想法，从根本原则来讲，本来并不是如普通人所认为的那样是世俗意义上的欲望或知识，而是未加矫饰的"自然"。这当然不意味着百姓之心天然就免于各种蒙蔽，老子所主张的修身工夫无论对于圣人还是百姓都是有效并且必要的，甚至百姓在修身实践活动中实际上还需要圣人的帮助，但上述百姓自身主动或被动的改变在现实中之所以有效而且可能，则是因为上述过程最终袒露出的内容是他们本应具有的那种"自然"——"赤子""婴儿"般的自然，也正是在这种意义上，老子眼中心的修炼过程，可被表述为某种复归，而复归过程最终会袒露出人原本具有的心之本质。

"自然"本就表现于百姓与万物之中，而无为则属于圣人③，但在顺应或者说合乎道的意义上，这两个分别从不同立场出发的术语的意思可

---

① 参见陈鼓应《老子注释及评介》，中华书局 1984 年版；高明《帛书老子校注》，中华书局 1996 年版。
② 参见朱谦之《老子校释》，中华书局 1984 年版。
③ 参见王中江《道与事物的自然：老子"道法自然"实义考论》，《简帛文明与古代思想世界》，北京大学出版社 2011 年版。

以统一起来。从现实治理过程中的因果关系来讲，可以认为正是因为圣人无为，才使百姓之自然得以袒露。这种意思在郭店简本《老子》中就已经出现，其相当于通行本第五十七章的文字如下：

> 是以圣人之言曰："我无事而民自富，我无为而民自化，我好静而民自正，我欲不欲而民自朴。"

这不外是说，因为圣人无为无欲，百姓才能自然地发展，自然地回归"朴"的理想状态。除此对于现实中的圣人与百姓之间关系的说明，从根本原则或者逻辑来讲，即使是圣人，仍然必须服从并尊重表现在百姓与万物身上的"自然"——在这种情况下，所谓圣人"以百姓心为心"，实际也就是老子"道法自然"（第二十五章）的意思，圣人的"无为心"所尊重或借鉴的，是百姓的"自然心"。"圣人无常心，以百姓心为心"的论断，体现的正是道与自然之间的逻辑关系，老子在思考圣人之心与百姓之心在政治治理中的关系时，其深刻之处便在于，不但揭示出现实治理过程中先行觉醒的圣人对于百姓之心所能发生的影响，更进一步还揭示出这种实践活动背后的深层逻辑关系——在道法自然的意义上，圣人之心与百姓之心具有同样澄明的、统一的本质，而这就是统治者与被统治者之间的最为平等之处。

第三节 "守中""抱一"与"抟气"：心的修炼工夫

在老子眼中，心的理想状态，最终也就是"赤子"或"婴儿"的精神状态，而无论圣人还是百姓，最终都应努力达到此种精神状态，而如何完成上述过程，便引出了心之修炼工夫的问题——根本上如何使心复归于"自然"。从前文对于老子所言心之特性的分析来看，相应的修炼首先便意味着对普通人都认为合理合法的欲望、意志或者认知的涤除，进而消灭其对于人之真正生命的负面影响。"赤子""婴儿"的精神状态，在未曾得道的无德者看来，正是一般人以为应"大笑之"（第四十一章）的"愚人之心"。通过对这种生命境界或者精神状态的描摹，《老子》的文本最终展示出一种不同于一般见解的对理想人格的理解，其区别也就是《老子》中多次谈到的真正得道的"我"与"俗人""众人"的区别，普通人一般而言总有一些现成的对于意志、欲望、认知与德性的看法与经验，但这些经验在老子眼中，恰恰都是应受到批评、加以摒弃的对象，虽然老子也还没有明确向我们揭示什么才是真正的大智慧，而将其遗留在不可言说的神秘之中——"道可道，非常道"（第一章）。

郭店简本《老子》中谓："至虚，恒也。守中，笃也。"这里出现的"守中"的说法很值得注意，虽然没有出现心字，但此"守中"很可能便是"守心"的意思。"中"和"内"这样的词在先秦哲学讨论中常被用来表示心，典型的例子如郭店简文献《物由望生》（旧题《语丛一》）中提道："由中出者，仁、忠、信"和"仁生于人，义生于道。或生于内，或生于外。"这里对于"中"与"内"的用法都是以其指心。那么这里如果老子也有"守心"的意思，对此应做何种理解呢？对于这个问题，郭店简本《老子》并未提供进一步的证据，但在后来形成的目前所见《老子》通行本中，可以窥见一些端倪。基于上文对于《老子》中心的意蕴的基本揭示，老子所说的"守中"，仍然贯彻了他的守虚静、居下处弱的人生态度，但此处更为重要的是，这种"守中"的说法，大概已经包含了最初的对于个体精神修炼工夫的思考。修身工夫的问题，大约不是儒家的专利，更不必等宋儒来揭示，早在老子这里，道家工夫论的形态大概就已经初现端倪。

郭店简本《老子》中"至虚""守中"的说法，在通行本中大体相当的文句是"致虚极，守静笃"，而"守中"被另表述为"不如守中"（第五章）。这些"守中""守静""至虚"的说法，其对象不外都是心，它们与"虚其心""弱其志"的说法相同，如不将其单纯视为对于心的意蕴的揭示，而进一步从实践角度来讲，无疑都有修养工夫的意义在内。类似于此，前面谈到的无知无欲之心，如从心应去知去欲的角度来讲，"绝学"与"欲不欲"的说法，也都可被认为具有实践上的工夫意义。郭店简本《老子》中已经出现和通行本第五十九章相同的文字："治人事天，莫若啬。"这里的"啬"字，根据学者们的研究，是"收藏、爱惜、简省"的意思①，此一层意思，或许可为老子所言"守"做一注脚，而此"啬"字，也同样可被视为对某种工夫层次的说明。

此外《老子》较晚出的文本中，如其通行本第十章还谈到所谓"抱一"与"专（抟）气"，而这两方面内容，大约也应从工夫层面加以理解更为恰切。

《老子》通行本中两次提到"抱一"：

> 圣人抱一为天下式（第二十二章）；
> 载营魄抱一（第十章）。

此所谓"一"，结合通行本第三十九章的说法：

> 天得一以清；地得一以宁；神得一以灵；谷得一以生；侯王得一以为天下正。

可以很容易地推断出，其所指必为道。至于引文中的"营魄"二字，无疑与心密切相关，虽然这两个字有其他的起源，并不能将其视为"即是心"，但最低限度，其与心有大体相同的指向，都可被用来描述人的内在性或精神层面的内容是毫无疑问的。"载营魄抱一"文句后老子随即谈到"无离"，这"无离"也就是"守"，整个句子的意思不外就是说，魂魄不离于道、守持于道——而这不但能被视作对心的理想状态的

---

① 参见陈鼓应《老子注释及评介》，中华书局 1984 年版；高明《帛书老子校注》，中华书局 1996 年版。

表述，可算是老子以道言心的另一个旁证，联系前面老子对于"守"作为一种修炼工夫的理解，所谓"抱一"也具有同样的工夫论意义。这种"抱一"的说法，随后会在稷下黄老学中获得进一步的发展，反复出现在《黄帝四经·十大经·名刑》《管子·心术下》与新出土文献《凡物流行》[①]中"能一"的说法，均可被视为对老子所谓"抱一"的继承。更值得稍加考察的是《老子》通行本中有关专气的说法。

专气致柔，能如婴儿乎？（第十章）

道之为物，惟恍惟惚。惚兮我们难以骤然断定此处所言气的意思是否与心相关，还仅是在从构成万物的质料意义上说气，但可以肯定此种实践的最终目标，不外就是达到"婴儿"的理想状态。气作为先秦最为重要的核心观念之一，总结起来大约有四重意义，分别可称为天地之气、气息之气、血气之气和"精气"之气，其中天地之气后来可能就发展为构成万物的质料意义上的气——大概也就是《老子》第四十二章"万物负阴而抱阳，冲气以为和"当中所言的"冲气"。明确具有精神性意义的"精气"，要待《管子》"四篇"加以发明，如《内业》所说："精也者，气之精者也。"如果说以精论气，并将这种"精气"与精神联系起来是《管子》"四篇"的创见，那么这种见解与老子是否有关？从郭店简本《老子》中还可见到一条与"精"有关的材料，在解释何为"赤子"的时候，说其"未知牝牡之合而朘怒，精之至也"（第五十五章）。这里出现的"精"字意思，从上下文看应该停留在生理层面，至多与血气之气有关。通行本第二十一章中还出现了两个"精"字：

恍兮，其中有象；恍兮惚兮，其中有物。窈兮冥兮，其中有精；其精甚真，其中有信。

[①] 参见马承源主编《上海博物馆藏战国楚竹书》（七），上海古籍出版社2008年版。

这两个"精"字在此都是用来言说道的，从语义来看应当是"几微"之意，用来形容道的微妙不可见，未必会与气发生联系，也并不实指某种精神性内容。由此可推知，老子尚未以"精"论气，与后来稷下道家颇有不同，而老子所言气，大概主要还是在质料的意义上使用这个字。那么所谓专气何意呢？陈鼓应曾释专气为"集气"（concentrate the vital force）①，但参照马王堆帛书本《老子》与以往其他学者的研究，此专气或应作"抟气"②，而其应与《管子·内业》"抟气如神，万物备存"，"能抟气乎"的说法有关。所谓"抟气"，应当与行气或者运气有关，可能指人对于气息或血气的调整。但这种调整，却绝对不是一种对于气的控制，而是顺应、疏导。对此可参照在郭店简本《老子》中便已经出现的"心使气曰强"的说法来考察。如前文所言，老子所主张的绝对不是"心使气"，如果将心视为人的内在意识这样主观性的东西，将气视为质料性的客观的东西，那么这句话的意思仍然是说不要以人的主观性来扭曲外在世界的客观性，或者说不要把自己的意志、欲望强加于事物——这也还是"无心"的意思，延续了老子一贯的人应顺应外物、自然无为的主张。既然不能以强使气，那么面对质料性的客观世界，人当然应该采取柔弱处下的态度与物委蛇，这就是"抟气致柔"——人对气顺而导之，以达到修养自身的效果。上述说法所表明的，正是一种从老子到黄老学乃至庄子均接受的心与气的先后、轻重之关系。无论《管子·内业》主张对于"精气""敬守勿失"，还是《庄子·人间世》论心斋时讲："无听之以耳而听之以心；无听之以心而听之以气"，均与老子的意思一样，都是基于气重于心的意义来说明问题，也就是说："与儒家更重视心的情况相反，在道家中，'气'比心更为优先。"③

最后还需要指出，由气（气息）与生命活动的关系便引出了与人的形体有关的问题。从修身实践的角度来看，无论在西方语境还是在中国

---

① 参见陈鼓应《老子注释及评介》，中华书局1984年版。
② 参见高明《帛书老子校注》，中华书局1996年版。
③ [日]小野泽精一、福永光司、山井涌编著：《气的思想——中国自然观和人的观念的发展》，李庆译，上海人民出版社1990年版，第37页。

第一章　道家心观念的初期形态 | 35

语境中，有关身体的思考从来都是与对于心灵的思考并重的，在老子这里，依据心、气、体的综合思考也处于同样的理路当中，那么在这个过程中应于何处安放我们的身体呢？在这个问题上郭店简本《老子》的文本便已经表达得很明白，老子素来提倡一种"长生久视之道"（第五十九章），而后文所谓："何谓贵大患若身？吾所以有大患者，为吾有身，及吾无身，吾有何患？"（第十三章）仍然表达了同样的贵身之意。这个层面的意思便与"抟气"或者行气在养生方面的具体作用有关，经由行气的养生重在养身，这可能与长生不死之类的方技传统有关——从行气的角度看，可以肯定，老子非常看重生命的肉体部分。老子的自身修养是身心并重的，既有精神层面物来顺应、以心从气（质料）的修炼，也有处于气（气息）的作用之下的肉体层面的养生。在后一种意义上，"抟气"或行气是一种专门的、以形躯层面之养生为目标的"身体技术"："在我们所有的神秘状态中，也存在着各种身体技术，不过，它们尚未被研究过，但是中国与印度从远古时代就已经很好地研究过它们。……尽管呼吸的技术等在中国与印度只是基本的观点，但是我相信它更是一种被普遍接受的观点。"[①] 上述意义上气对于养生的作用，后来的发展更多关乎数术、方技或医疗等更为广泛流传于民间的传统。

而如果认为先秦时期的个人修养从工夫论的角度讲总是身心并重的，那么从修身过程的角度看，无论儒家还是道家均符合上述判断，但是从修身的目标来看，在儒家视野中对于身体的训练最终要服从于对精神人格的养成，对身体本身的照管实际上是次要的，所以在极端情况下才会有"杀身以成仁"（《论语·卫灵公》）的主张。这种态度与庄子对身体的看法也很类似，这位道家系统的哲人同样更看重人内在的精神与人格境界，将身体乃至于依附于其上的生命均视为无足轻重的。至于稷下黄老学，似乎也没有关于保存身体的明确主张，他们涉及血气的修养最终仍然服务于心的精神化层面。问题只是在老子这里比较特殊，他的身心并重的修养不但在于其过程，同样也在于其目标，个体的精神境界

[①]　[法]马塞尔·毛斯：《社会学与人类学》，佘碧平译，上海译文出版社2003年版，第319页。

与形躯的长久保存均是其养生的目标。

综而论之，老子在个体修养工夫层面的思考，是围绕人心而去除其中种种欲望或理智的蒙蔽，使之恢复"赤子"般的本来面貌并能执守于道，顺应外物而不强加自己的主观于其上，并最终回归"婴儿"般的理想人格境界。通过对于老子所言心的以上种种研究，完全可以说老子已经掌握了相当丰富的关于心及与其相关的实践活动的知识。我们认为，老子在对心的虚静朴弱的本质及自己所了解的其无欲无知的特性的把握之上，主张通过抱道守心、绝学弃欲、顺气而柔的修养工夫，使个体心灵复归其本质，达到"赤子""婴儿"般与道相谐的人格境界，并同时在政治治理的过程中，圣人也将从对心的上述把握出发，来对百姓之心加以正确引导。以老子的这些理解为起点，道家关于心的本质与其修炼工夫和在群治中的作用的初步思考，很快将在稷下黄老学中成长为具有大量详尽内容的重要话题。

第二章 《黄帝四经》中的心

相对于《老子》中对于人心和人之所是的思考，以《管子》"四篇"为代表的稷下道家将问题向前推进了很多，如通过精气来论心便是一个很大的进步。《管子》"四篇"长期以来便是学术界公认的稷下道家谈论心灵问题的关键文献，无论从其题目还是内容，都很容易看出此"四篇"均以人心为研究、讨论的对象。在正式开始对《管子》"四篇"中极为重要的心论与心术进行思考之前，有必要对另外一部时间上承前启后的黄老学文献《黄帝四经》中所言之心做一研究。

第一节 《黄帝四经》中的心观念的基本线索

马王堆出土文献《黄帝四经》[1]目前早已为学界所熟知，就其成书时代而言，李学勤认为其应在《管子》"四篇"之前[2]，而陈鼓应将其定

---

[1] 该文献释文据陈鼓应注译《黄帝四经今注今译——马王堆汉墓出土帛书》，商务印书馆2007年版。

[2] 参见李学勤《〈管子·心术〉等篇的再考察》，《管子学刊》1991年第1期。

为"战国中期之前"的作品:"帛书《黄帝四经》应是黄老学派的最早著作……成书的年代相当早,应在战国中期之前。"① 至于此书和《管子》的先后关系,他同样"以为《黄帝四经》要早于《管子》"②,就此断定,许抗生、王博等论者也均已经提出过许多证据③。对此时代问题,白奚也做出了类似的判断:"关于成书年代,本书认为其(《黄帝四经》)成书较早,当在战国早中期之际,先于管、慎、孟、庄诸书。……笔者认为,该书最有可能是稷下学宫中佚名的早期黄老学者所作,它是稷下黄老学派的奠基之作。"④ 他还进一步"从学术思想发展史的角度,分四个方面……论证《黄帝四经》之早出"⑤。无须重复上述学者的具体论证,这种对于《黄帝四经》成书时代的断定对我们而言是完全可以接受的,如此《黄帝四经》论心,必然反映出道家谱系中相关思想在老子与《管子》之间的演变状况。

从《黄帝四经》的整体思想风格来看,其主要关注的问题是群治的问题,而对个人修养层面的内容涉及较少。治国与治身的问题在老子那里基本上是并重的,但在其后学向黄老学发展的过程中,有的继承者偏重以道治国的问题,也就是与"道法"有关的内容,另外一些继承者则偏重个体修养方面的问题,也就是更多关注心灵的内容。前一方面大概以《黄帝四经》的趣味较为典型,《经法》开篇便明说"道生法",而其通篇所言,几乎都以群治问题为主;至于后一方面,无疑便是《管子》"四篇"所谈论的核心话题了。无论之前的《老子》还是《黄帝四经》,均以道为起点进而思考包括人在内的世间万事,如专就人事而言,将他们的思路置于先秦哲学"天人有分"的大的理论背景中,已经很容易地看出道家整体上(绝不仅仅是庄子)"蔽于天而不知人"(《荀子·解蔽》)的缺点。实际上无论对于荀子本人还是对于《易传》而言,从根

---

① 陈鼓应注译:《黄帝四经今注今译——马王堆汉墓出土帛书》,第37页。
② 陈鼓应注译:《黄帝四经今注今译——马王堆汉墓出土帛书》,第40页。
③ 参见陈鼓应注译《黄帝四经今注今译——马王堆汉墓出土帛书》,商务印书馆2007年版。
④ 白奚:《稷下学研究——中国古代的思想自由与百家争鸣》,第97页。
⑤ 参见白奚《稷下学研究——中国古代的思想自由与百家争鸣》,生活·读书·新知三联书店1998年版。

本的理论思路来看，也都存在类似的问题。假如我们认可《黄帝四经》表现出的那种典型的从"天道推衍人事的思维模式本于道家"①，则这种本来不为孔子所接受的由天而人，混淆基本的天人之分的思路之所以会在汉代成为儒家主流，一定与战国时期儒家后学受到道家思想的影响有关。荀子曾游学稷下大约是史实，而其后学似乎与《易》在南方的传播有关，由此可推测，在论证思路上看《易传》②与道家所具有的联系，很可能就来自这一线索。

由于侧重点不同，《黄帝四经》总体而言在与心有关的话题方面并没有太多新的思想上的突破，这使得心及相关观念在其中的理论表现较为单纯。白奚曾对出现在《黄帝四经》中的心进行过总结："《四经》中的'心'字，据笔者初步统计，共出现十六次，含义比较单一，尚未成为独立的哲学概念，与《论语》和早期墨家中的'心'字处于同一层次，亦未与人的认识活动发生联系。《四经》多在日常用语的层次上使用'心'字，如'俗者，顺民心也'（《经法·君正》），'壹道同心，上下不 '（同上），'诈伪不生，民无邪心'（同上），'所谓行忿者，心唯（虽）忿，不能徒怒'（《十大经·本伐》）等。另有含义略复杂些的两条：'言者心之符也，色者心之华也，气者心之浮也。'（《十大经·行守》）'心之所欲则志归之，志之所欲则力归之。'（《称》）前一条之'心'犹今所谓'内心'，是说'言'（言辞）、'色'（表情）、'气'（气质）都是内心活动的表露。后一条之'心'同'志'（意念、目的）与'力'（行动）相联系，它是'志'的发出者，实际上亦指'内心'而言，并无什么特殊意义。可见《四经》所谓'心'都是在其初始意义上使用的，并没有超出《老子》《论语》和墨子，尚不具备认识论方面的意义。"③这个总结，除了认为"《四经》所谓'心'……尚不具备认识论方面的意义"之判断外，大体而言是可以接受的。

---

① 陈鼓应注译：《黄帝四经今注今译——马王堆汉墓出土帛书》，第16页。
② 当然这并不意味着《易传》就是道家的作品，从其主要思想来看，《易传》无疑仍然表达了儒家一贯的伦理政治态度，只是其论证的模式大概来自对于道家思路的参照。
③ 白奚：《稷下学研究——中国古代的思想自由与百家争鸣》，第105页。

从可以接受的内容来看，就心观念本身在文本中的意义形态而言，出现在《黄帝四经》中的心，均延续了春秋以来的主要义项。如《经法·国次》中所谓"心欲是行，身危有[殃]"；《经法·君正》中所谓"壹道同心""号令合于民心"；《经法·六分》中所谓"知王[术]者，驱骋驰猎而不禽荒，饮食喜乐而不湎康，玩好嬛好而不惑心"；《十大经·本伐》中所谓"心虽忿，不能徒怒"；《十大经·行守》中所谓"是故言者心之符[也]，色者心之华也，气者心之浮也"；《称》中所谓"心之所欲则志归之"等，均在将心作为人的内在意识的意义上，仍不外从意志、欲望、情绪或者认识的角度来谈论它。这种角度与长久以来的传统并无不同，《黄帝四经》在这方面没有超出当时的普遍认识。

第二节　承前启后的修身工夫

除去上述已知的内容，就《黄帝四经》中所理解的心之理想状态及其相应的修养工夫方面，仍然还有一些值得稍加挖掘的内容。"四经"中对人心的理想状态如何通篇未加正面解说，《道原》中有一段对于圣人境界的说明，或可视为对心之精神状态的侧面说明。其文曰："故唯圣人能察无形，能听无[声]。知虚之实，后能大虚。"这显然是追随老子，指明虚为圣人应有之精神状态。这里的圣人也就是圣王，如果说在老子看来"虚其心"的状态无论对于统治者还是被统治者都是一样重要，而此处谈论"虚"，则主要从统治者的角度来看问题，并进而有了一个相当重要的推论，圣王能让天下臣服，首先是由于其自己"能大虚"。如果说以往老子已经若隐若现地将虚己的精神状态同治理天下之类的事业联系在了一起，那么这种联系在《黄帝四经》中已经成为明确的理论,如《十大经·五正》中阉冉回答黄帝问"欲布施五正(政)"应从何处入手时说:"始在于身,中有正度,后及外人。"意思显然是说圣王自己应先行通过修身达到某种状态,然后才谈得上对其他人的治理。这里的"中有正度"的论断,其"中"所指应该也如老子讲"守中"时的用法一样,都是指心,若"正度"不外是对道的另一种表达,那么这句话的意思也就是"心中有道",圣王便是据此有道之心治理天下。以上引文里的"中"字与心相关,在《十大经·立命》里还有一条更为直接的证据,此文开篇讲黄帝(宗)"传一心,四达自中",这个"中"无疑就是顺承心之语义。值得注意的是,在理论结构上讲,这种首先强调自身修养,进而治理他人的思路也是儒家"修己以安人"(《论语·宪问》)的思路,可能此思路的源头可回溯到殷周之际的圣王,带有巫术色彩的东西最终却在先秦诸子这里成为一个很大程度上为众人共享的哲学话题。

仅就达到上述理想境界的修养方式而言,老子曾经明确提出多种或正或负的修身方法,而这方面的内容即便不能说在《黄帝四经》中完全付之阙如,其地位也非常暧昧。《经法·亡论》中将"纵心欲"作为"三凶"之一,但此"心欲"究竟仅指主观意志——全句也就是刚愎自用的意思,还是也包括了欲望——这样句意便成了放纵自己的欲望,非常难以骤然断定。如果此"心欲"应在第一种意义上理解,那么这里反对"纵心欲"便接近于孔子所谓"毋意,毋必,毋固,毋我"(《论语·子罕》),都是反对人凭借主观臆断来行事;而若此"心欲"应在第二种意义上理解,那么其意义恰好延续了老子"去欲"的主张,并在此种意义上可被视为某种修养工夫。从《黄帝四经》的学派归属,也就是其对老子思想的延续方面和其他一些涉及欲的言论——如"信能无欲,可为民命"(《道原》)——来看,"心欲"的意思应该更接近上述第二种意义。如果我们可以以将其视为出现在《黄帝四经》中的类似老子的负的修养工夫,那么老子所主张的另一种负的工夫:"去智",则不但不见于《黄帝四经》,我们反而能发现一些完全与之相反的想法。这方面内容在某种程度上便与前引白奚的看法相龃龉。上文已经说明,正如老子所设想的一样,《黄帝四经》所认为的圣人的理想人格也与道密切相关,但在《黄帝四经》中的道,已经不再是老子意义上超乎通常的认知且不可通过理智加以把握的对象了,《黄帝四经》中的道,具有更明确的可说明性。或许是因为出现在《黄帝四经》中的道一旦与法相联系,则必然包含经验上的可知性、可理解性,否则无法令人信服其在群治方面的可行性,老子超言绝象的道更适合个体修养而不是治理天下的标准。因此,《黄帝四经》在关于"知"的问题上并未追随老子反智的观点,对于得道于心的圣人而言,"见知天下而不惑"(《经法·道法》)反而是必要的——虽然这里所讲的"知"大概不会是老子意义上的"大智慧"。《道原》对于上述思路有更清晰的表述,先说圣人比一般人具有更为深刻的认知:"唯圣人能察无形,能听无[声]",然后说圣人因这种认知而"能大虚"的精神状态,后一种精神状态可"通天地之精,通同而无间,周袭而不盈"。我们也已经知道,这种状态就是得道的微妙状态,所谓"服此道者,是谓能精",而这种状态的结果则导致了更为深远的"察"与"知":"明者固能察极,知人之所不能知,服人之所不能得。是谓察稽知极。"上述过程的最终结果当然是达到治理天下的目的,所谓"天下服"。

与此相应,《黄帝四经》中提到的"精"和"神"虽然也都与人的内心有关,但却都是在强调后者认知层面能力的意义上被使用的。如《经法·论》中称:

> [强生威,威]生惠,惠生正,[正]生静,静则平,平则宁,宁则素,素则精,精则神。至神之极,[见]知不惑。

并进而明言:"帝王者,执此道也。"通过展示一个完整的获得真正知识的过程,再次将"见知不惑"与道联系起来。在对上述达到"见知不惑"之目标的过程的描述中,前面"强""威""惠""正"等项目,论者认为与治民的赏罚之道有关,但从"静"开始,"平""宁""素""精""神"应当都是指逐次递进的心之状态,引文中

"以上四句言'治人',以下五句言'正己'"①,而所谓正己,不外也就是正己之心。上述达到"见知不惑"的过程,结合上文提到的《道原》中说圣人"能大虚"的文字来看,可能均影响到后来荀子谈论认知之心时涉及的"虚壹而静"的工夫与内心状态,虽然荀子的思想与这里的陈述相比更加复杂,但通过上述引文已经可以断定,此处的表述大约是对认知之心的修养工夫的一个初步的正面理解。认为《黄帝四经》中所言之心与认知活动有关,还有一条材料可资参照,《经法·名理》称:

> 道者,神明之原也。神明者,处于度之内而见于度之外者也。……神明者,见知之稽也。

这里的"神明"从后文谓其"处于度之内"可推想其所指必为心的思知能力,且这种能力也直接来源于道。

除了以上论及的《黄帝四经》中有关心之理想状态(心有道,能大虚)及其负的修养方法(去欲)——这是《黄帝四经》承前的部分——之外,其文本中除了上述正的修养方法(存知)还有另外两方面分别与"夜气"和"一"相关的内容值得关注——这是《黄帝四经》启后的部分。《十大经·观》有言:

> 是[故]赢阴布德,[重阳长,昼气开]民功者,所以食之也;宿阳修刑,童(重)阴长,夜气闭地绳(孕)者,[所]以继之也。

这些话的意思大体而言是从阴阳二气的角度来说明自然与人事的变化的,讲的是在黄老学中占有非常重要地位的"阴阳刑德相互依存转化的道理",陈鼓应释全文如下:"阴气满盛时阳气便开始萌生,所以此时长养之德开始布散;阳气逐渐积累,昼气发动,成就事功,人类因此而得到饮食养育。阳气积久时阴气便开始萌动,所以此时肃杀之刑开始酝酿;阴气开始

---

① 陈鼓应注译:《黄帝四经今注今译——马王堆汉墓出土帛书》,第135页。

逐渐积累，夜气闭合，孕育生机，人类因此而得到后继繁衍。"①抛开这里涉及的全部道理不谈，仅出现的"夜气"二字就非常重要。我们都知道孟子在谈论修养方法的关键章节，在以"牛山之木"为譬后，专门提到"存夜气"："其日夜之所息，平旦之气，其好恶与人相近也者几希，则其旦昼之所为，有梏亡之矣。梏之反复，则其夜气不足以存；夜气不足以存，则其违禽兽不远矣。人见其禽兽也，而以为未尝有才焉者，是岂人之情也哉？"以往的研究，已经注意到孟子在论及"知言养气"时所谓的"浩然之气"（《孟子·公孙丑上》）可能与稷下道家所提倡的修养理论有关系②，这次从《黄帝四经》中再次见到"夜气"的说法，更加印证了孟子在涉及气的内心修养的问题上的确受到了稷下道家的影响。

　　对于出现在《十大经》此处的"夜气"，陈鼓应并未加进一步的解释，从上下文推断，其所指依然是质料意义上的天地之气，大约也就是"阴气"聚集的结果，这种"夜气"孕育生机，并最终会转化、生成新的生命。至于孟子所谓"夜气"，从意思与此处较为单纯的质料之气相比则要复杂一些。朱熹在解释这段话的时候，便是从"良心"的角度来对文本加以说明："良心者，本然之善心，即所谓仁义之心也。好恶与人相近，言得人心之所同然也。言人之良心虽已放失，然其日夜之间，亦必有所生长。故平旦未与物接，其气清明之际，良心犹必有发见者。但其发见至微，而旦昼所为之不善，又已随而梏亡之。昼之所为，既有以害其夜之所息，又不能胜其昼之所为，是以展转相害。至于夜气之生，日以寖薄，而不足以存其仁义之良心，则平旦之气亦不能清，而所好恶遂与人远矣。"③他的解释根据《孟子》本处的上下文来看，应该是比较接近作者本意的，此处之"夜气"，便不再是单纯的质料之气，而是与心高度相关的带有精神色彩的气了——这更接近稍后《管

---

① 陈鼓应注译：《黄帝四经今注今译——马王堆汉墓出土帛书》，第218页。
② 如郭沫若在《宋钘尹文遗著考》（《青铜时代》，《郭沫若全集·历史编》第1卷，人民出版社1982年版）和《稷下黄老学派的批判》（《十批判书》，人民出版社1954年版）中均持如此看法，同样，张岱年文《管子书中的哲学范畴》（《管子学刊》1991年第3期）也有论及此点。
③ 朱熹：《四书章句集注》，中华书局1983年版，第331页。

子》"四篇"中所谈论的"精气"。徐复观则将此"夜气"与"本心"联系起来:"孟子又在《告子》上的'牛山之木尝美矣'一章中提出'平旦之气''夜气',以为此是人的善端最易显露的时候,也是当一个人的生理处于完全休息状态,欲望因尚未与物相接而未被引起的时候;此时的心,也是摆脱了欲望的裹胁而成为心的直接独立的活动,这才真正是心自己的活动;这在孟子便谓之'本心'。"[1]综合上述这些解释,我们可以认为,"夜气"表征了人的一种宁静平和、未受到外界污染的内心状态,而孟子认为当人处于这种精神状态的时候,比较容易袒露其"良知",因此从自身修养的角度看,"存夜气"便是非常重要的精神修炼工夫。通过"存夜气",人便能保有"良心",而此"良心"在孟子看来则是具体的道德行为和伦理价值的根本源泉,在比喻的意义上,此"夜气"之生发出现实的伦理道德,正如《十大经》中的"夜气"孕育生命一样。由此可见,虽然孟子所谓之"夜气"在意义上要比《十大经》中的"夜气"复杂,但在语义上,他们之间的确存在相互关联的线索。

第三节 作为境界与工夫的"一"

除此关涉孟子修养理论的"夜气",《十大经》中出现的与"一"有关的一些说法也非常引人注目。将所谓"一"视为黄老学语境中最普遍的第一原则大约是不成问题的,在这种意义上,此"一"与老子所谓"抱一"之"一"相同,实质上也就是道。对此可参照《十大经·成法》中出现的一个对于"一"的专门说明:"一者,道其本也",而后文随即谈到的"守一"大约也就是"守道"、不离于道的意思。《十大经·成

---

[1] 徐复观:《中国人性论史》,第106页。

法》完全是从圣人如何治理天下的角度来谈论"一",可以说是对老子所谓"圣人抱一为天下式"的进一步展开,也就是说,此处之"一"仅涉及守道与群治之间的关系,相应理解并未超出老子的语义。同样的意义线索也延续到《十大经·名刑》当中,其文所谓:

> 能一乎?能止乎?能毋有己,能自择而尊理乎?

这里的"一"也同样不但是道,也是对道的持执。

类似于此处出现的"能一乎?能止乎?"的说法,在以后的道家文献中多次反复出现,如《管子》"四篇"中的《内业》云:

> 能抟乎?能一乎?能无卜筮而知吉凶乎?

《心术下》云:

> 专于意,一于心,耳目端,知远之证(近)。能专乎?能一乎?能毋卜筮而知凶吉乎?能止乎?能已乎?能毋问于人而自得之于己乎?

《庄子·庚桑楚》云:

> 老子曰:卫生之经,能抱一乎?能勿失乎?能无卜筮而知凶吉乎?能止乎?能已乎?能舍诸人而求诸己乎?

在新出土的黄老学派文献,上博藏楚简《凡物流形》[①]中也出现了相类似

[①] 原始文献见马承源主编《上海博物馆藏战国楚竹书》(七),上海古籍出版社 2008 年版;释文从复旦大学出土文献与古文字研究中心研究生读书会:《〈上博(七)·凡物流形〉重编释文》,复旦大学出土文献与古文字研究中心网。对此文献的学派归属,应从王中江说,详见王中江:《〈凡物流形〉的宇宙观、自然观和政治哲学——围绕"一"而展开的探究并兼及学派归属》,《哲学研究》2009 年第 6 期。

的说法:"能寡言乎？能一乎？"所有这些后出的文献，均可视为对《十大经·名刑》中最初的说法的发挥与解释，"能一乎？能止乎？"这样的说法，在基本的意义层次上看，应当延续了《十大经·成法》中"守一"和《老子》中"抱一"的意思，仍然是主张圣人内在地与道相同一、相符合。对于后文中的"择"字，陈鼓应主张应训其为"释"，而"释"是"舍"的意思。① 如是"能自择而尊理乎？"的意思仍然是要人舍弃自己主观上的东西而遵循道。此解释结合前文"能毋有己"的说法，将其放在道家思想的谱系中无疑是成立的，《十大经·名刑》一如老子一贯主张的虚心或者虚己，但这种解释却和其他后续的道家文献有冲突，无论"能无卜筮而知吉凶乎？"还是"能毋问于人而自得之于己乎？"或者"能舍诸人而求诸己乎？"的种种说法，意思应该都是说"能一""能止"于道的圣人，无须"卜筮"便能"知吉凶"，无须"问于人"便能"得之于己"，也就是无须"舍诸人"便能"求诸己"。陈鼓应对此问题的解释正好相反②，大概是由于紧扣道家虚己的见解，将其贯彻如一之后而将后面一系列提问均视为反问的缘故。实际上，出现在这些疑问句中的"己"已经不是普通意义上的自己了，而是经过修身的工夫最终达到"一""止"于道之境界的自己。类似地，将"自择而尊理"仍然解释为舍弃通常意义的自己而遵循道，则混淆了上述"己"可能有的层次性，且语义与前文"能毋有己"重复——舍弃自己的这层意思已经表达过了，而后文真正的意思是说，正是在"能毋有己"之后，更深层意义上的自己开始发挥作用，选择了道——执道——且遵循道。如此看来，此文句中的"择"也就是"执"的意思，此文句中的"而"也不表示转折而表示并列。将"择"解释为"执"的意思，从《凡物流形》中能获得支持，如其中还有"能执一，则百物不失"的说法，正类似与《管子·内业》中"执一不失，能君万物"的论点，意思都是站在道家的一贯立场上说选择、持执了道，便能控制、主宰万物。

---

① 参见陈鼓应注译《黄帝四经今注今译——马王堆汉墓出土帛书》，商务印书馆2007年版。
② 参见陈鼓应注译《黄帝四经今注今译——马王堆汉墓出土帛书》，商务印书馆2007年版。

同样我们可以进而推测,《十大经·名刑》中的提到的"能一"不仅仅是一个内在境界的问题,同样也是一个修养问题:"在黄老学中,'圣人'能够'执一'是修养的结果,正如儒家君子有德来自于修身一样。于是,圣人如何能够'执一',又成了修身工夫和精神修炼问题。"①对这个问题的思考,据前文所见,无论《老子》还是《黄帝四经》都已经提供了不少理论资源,但他们的思考均未对"一"本身进行更为深入的挖掘,后一种基于对"一"的深度展示的修养工夫,要等到在《管子》"四篇"中才蔚为大观。《黄帝四经》对于心观念的了解,大体上仍然延续了前诸子时代的已知传统,将其视为人的融合了情绪、意志、思维等的内在意识,但稷下道家学者已经开始注意到这一观念可能具有的深度,通过将其与专门的认知活动和修身技术联系起来,而展现了心在哲学上可资继续发掘的丰富性。特别是《黄帝四经》在上述后一方面的思考,不但在先秦道家的思想谱系中具有承前启后的地位,上接老子对于心灵与修身的思考,下开《管子》"四篇"中丰富的心论,同时其对于"夜气"等与修身有关的话题的讨论,也启发了后来的孟子。

---

① 王中江:《〈凡物流形〉的宇宙观、自然观和政治哲学——围绕"一"而展开的探究并兼及学派归属》,《哲学研究》2009 年第 6 期。

第三章 《管子》"四篇"中的心论与心术

稷下黄老学论心的代表作品《管子》"四篇"[①]，对人本身的反思明确开展了一种道家系统内部理论上的内在转向——以往老子更看重天道之类的超人的东西，但这四篇文章告诉我们，人自身的内在性在建立理想人格的过程中同样重要。《管子》"四篇"在关于心的理论和相应的修身工夫方面，对儒家后学也影响良多——孟子、荀子都曾游历稷下，在思想上与黄老学有互动毫不奇怪。简而言之，《管子》"四篇"对于心观念本身的把握和相关的修炼工夫的展开，在整个先秦哲学语境中都居于枢纽性地位，对其后的哲学发展有巨大影响。

---

① 以往刘节、郭沫若等学者将此《管子》"四篇"指宋钘、尹文之遗文，但我们认为："《管子》四篇非宋尹遗著，宋钘应归入墨家，而尹文当属黄老学派"（参见白奚《稷下学研究——中国古代的思想自由与百家争鸣》，生活·读书·新知三联书店1998年版。）关于此背景问题的信息，还可参考杨儒宾《儒家身体观》（"中央研究院"中国文哲研究所2004年版）第211—212页注释和陈鼓应《管子四篇诠释：稷下道家代表作解析》第16页注释。

第一节 《管子》"四篇"的问题意识

在稷下黄老道家的范围内,《黄帝四经》与《管子》"四篇"虽然都继承了老子对于世界根本原则的看法,但它们之间的基本区别在于,由此总原则出发所关注的中心问题不同。如果说"稷下黄老之学认为养生和治国,是一个道理的两方面的应用"①,那么具体而言,以《黄帝四经》为代表的稷下学者主要关心道在治国方面的应用,而以《管子》"四篇"为代表的稷下学者则主要关心道在养生方面的应用。当然,《管子》"四篇"虽然主要以人心和人自身为思考的主题,但也对群治问题多有涉及,比如《白心》篇就关注到一些诸如"形名"或者"法"这样的治国层面的内容。这些内容从总体逻辑来讲,仍然首先受到道本身的制约,但是从"明君圣人"的角度来看,则其作为能治天下者,首先应该达到"内固之一,可为长久"(《白心》)的内心对道有所持执的精神境界,之后才能"论而用之,可为天下王"(《白心》),在具体的情况下依据此道相时而动,达到治理天下的目的。

在养生与治国的关系方面,先秦儒道两家共享同一种"先修己,再治人"的看法,对于这种先后顺序,老子虽并未明言,但我们可以在《黄帝四经》的某些部分中发现这样的主张,而《管子》"四篇"也继承和延续了类似的观点。从《管子》"四篇"的成书先后也可稍微窥见此问题之端倪,《管子》"四篇"中《内业》成型最早,其次是《心术》上、下两篇,最后才是《白心》。②《内业》的话题,恰好主要是关于人的自身修养,少数涉及"天下"的论点,也都遵循先修己再治人的

---

① 冯友兰:《中国哲学史新编》,第2册,第215页。
② 参见陈鼓应《管子四篇诠释:稷下道家代表作解析》,商务印书馆2006年版。

先后顺序，如"治心在于中，治言出于口，治事加于人，然则天下治矣"（《内业》），便表明了这样的一种递进关系。从文本的角度看，"《管子》四篇的内容并不是同质的，它至少可分为两组，其中《内业》篇或《内业》加上《心术下》两篇可视为独立的单元，它们的思想与《白心》《心术上》不同"①，而其中的主要差别，便在于不同的文本对于修己与治人的思考的侧重点不同，这种不同主要显示在《白心》与《内业》的差别上——《白心》篇所关心的主要内容基本都与治国有关，不过稷下道家在这方面的思考，并不是本研究所关注的重点。

总之，"稷下道家之道论方面，具有最大突破性的发展，可总结为这两个方面：一是援法入道，二是以心受道。后者为道与主体之关系，前者为道落实于政治社会之运作"②。前一方面主要见于《黄帝四经》，而后一方面则就是《管子》"四篇"的大部分内容所要处理的问题，至于这些问题，则可被归结到人格养成的理想境界与实现工夫两方面。就上述两方面而言，在道家的思想谱系中，《管子》"四篇"超出前人的突破之处在于，从个体的角度来看，其明确将心的问题置于视野中心。具体而言，就个人理想人格，《内业》中第一次明确提出了心为道之所在的观点："夫道者，所以充形也……卒乎乃在于心"；就个体修身工夫，《内业》也同样第一次指明为了获得道，必须首先从心上做工夫，所谓："心静气理，道乃可止"，"修心静音[意]，道乃可得"。

如果我们现在来深入观察一下《管子》"四篇"中从论心开始的对人之所是的思考。这里首先还牵扯到一个并非不重要的小问题，这个通过自身修养而完成的主体是谁呢？老子并未对自己所谈论的修养主体的身份进行严格界定，修养中的个体可能是居于统治者地位的圣王，也可能是作为臣民的普通人。如果与道结合的修养仅对前者有效，那么这种工夫便不是普遍的，实际上也就不能回答普遍意义上人之所是为何的问题；但如果那种对于得道于身的状态的判断对所有人都有效，那么相应

---

① 杨儒宾：《儒家身体观》，第212页。
② 陈鼓应：《管子四篇诠释：稷下道家代表作解析》，第35页。

的修身工夫也就是对于人之所是为何的一个普遍的指引。通过哲学或者一系列与之相关的实践活动来使得普遍意义上的主体得以形成，无疑是儒家的见解，比如孔子便是在这种普遍的意义上来谈论仁的意义的，同样，从道的普遍性角度来看，道家谱系中有关的人根据此道而完成自身的修养过程，也应该是对所有人都同样有效的。这样看来，虽然《黄帝四经》或者《管子》"四篇"谈论个体修养的时候，常常举圣王为例，但我们应当明确，这些文献中讨论的修身工夫，对于任何人来说应该都是普遍有效的，举圣王为例，仅仅是因为他们与特定的历史条件、特殊的治理天下的问题直接相关。这种情况对于儒家和道家都是同样的，在普通人尚未成就自身理想人格——成为仁者或者执道之人——的情况下，我们的确暂时地需要先知先觉的圣人来治理天下、帮助尚未达到此境界的普通人，但如果世界度过此一个阶段，所有人终于都通过自身修养而达到圣人境界或者最高的理想人格——"涂之人为尧舜"，那么当此时儒家的大同或者道家的无为而治的社会的理想状态成为现实的时候，专门意义上的圣王也就不复存在了。

除了对人格养成的理想境界与实现工夫的思考，《管子》"四篇"的另一个重要意义是，从心与形（身体、形体）相对的角度，继续推进了先秦思想中具有漫长历史渊源的身心关系问题，如《内业》中论道时将"充形"与"在心"对举，且文中更有"修心而正形"的说法，均对此问题有明确的揭示。这三方面内容，可被分别称为《管子》"四篇"中揭示心之所是的心论、讨论修养方式的心术与思考身心关系的"心形观"。

第二节　心论

《管子》"四篇"中对于心灵本身的思考和这种思考所展现出的精神境界，在以往研究者看来，已经形成了"完整的心学体系"："我们从《管子》四篇可以看出稷下道家已有了完整的心学体系，并对孟子心气说有所影响。稷下道家的心学可以《管子》四篇中的《内业》为代表，它有着自成一家之言的心性说、心气说和心形说，并提出'心意专一'（抟一）的方法。"[①] 上述对于《管子》"四篇"的定位是可以接受的，下面我们对于这种"心学体系"的进一步揭示，便从《内业》中首先发明的"精气"问题开始，基于对此问题的理解，依次说明"心中之心"，心与"官"及"心之形"与"心之情"等诸话题的意义。

《内业》开篇所谈论的"精气"，是作为与心密切相关的气的一个特殊的、新发明的义项而出现的。在先秦哲学，特别是黄老学的思想当中，他们对于非质料化的气的理解以往曾被气的质料化的内容所掩盖，无可否认，气这个字眼在先秦的确常在质料意义上被使用，但《管子》"四篇"所讲的精气，即便不完全排除其在一定程度上具有构成事物的质料的意义，主要却是作为一种普遍精神而存在[②]，在这种意义上，它也就相当于万事万物根本性的总原则。

相对于主要是身体层面的气息或者血气，"精气"的问题一向比较复杂。《管子》"四篇"中涉及的气与"精"的相联系，结合为"精气"

[①] 陈鼓应：《楚简〈太一生水〉之宇宙生成论——兼论〈性自命出〉之尚情说》，《老庄新论》（修订版），第116页。
[②] 早有研究者对《管子》中气的精神层面意义做出过判断，并将其与"神"与道相联系加以解释。参见刘长林、胡奂湘《〈管子〉心学与气概念》，《管子学刊》1993年第4期。

的观念。"精气"二字连用的例子,出现在《管子·水地》篇中,讲人之初具形体,是由于"男女精气合"。但这里的"精气"二字的意思恐怕与《内业》所说的:"精也者,气之精者也"当中反映出的"精气观"有区别,《水地》中提及的"精气"可能更偏重于血气的意思,如《水地》前文所说"水者,地之血气"的意思。此文谈及人之初具形体时说:"人,水也。男女精气合,而水流形。"从上下文推断,这个"精气"与水与血气肯定有语义上的关联。但在《管子》"四篇"中,特别如《内业》开篇所提到的那种被学者们普遍认定为"精气"的气,却明显与血气无关,此种非常高妙的气,"下生五谷,上为列星。流于天地之间,谓之鬼神;藏于胸中,谓之圣人"。如将此气视为"精气",其意思大约与如下判断有关:"气之精者谓之'精',春秋以前叫作'鬼'或'神'的东西,战国称作'精'或'精气',也经常借用传统的术语'神',合称'精神',或'神气'。"[①] 这里最后两个术语所指称的对象,恐怕已经具有超乎质料性的客观世界的抽象意思了,而此抽象意思,大概与我们今天希望用精神这个术语所表达的内容相近或等同。我们从《管子》这里可以看出气这个观念的最基本的质料意义与精神意义的分化:关乎五谷、列星的无疑是前一种气;而关乎鬼神、圣人的大约就是后一种气了。《管子》"四篇"便主要是在后一种意义上谈论气,这种精神意义上的气,其语意可能是由于气所具有的公共属性,在指称相当于"精气"这个术语所表述的对象时,在《管子》"四篇"的理解中恐怕也就相当于道本身,由此角度可以推测,这种气所表征的是某种普遍精神,只是当这种普遍精神凝聚于个体,才构成了个人意义上的心或者精神。在这种意义上,"'精'也作'精气'而被使用,这在一般作'精神'的场合屡屡可见那样,它似是可起到与今天说的精神性作用相似作用之物"[②]。

[①] 杜正胜:《形体、精气与魂魄:中国传统对"人"认识的形成》,载黄应贵主编《人观、意义与社会》,"中央研究院"民族学研究所1993年版,第66页。

[②] [日]小野泽精一、福永光司、山井涌编著:《气的思想——中国自然观和人的观念的发展》,李庆译,第92页。

或者可以说，"《管子》所说的精气，也可称作气，又叫心气，笼统地说，又可称作道"①。如果说对于儒家而言，代表着人的主观内在性的心是自身观念中最根本的内容，则"就道家而言，心还不是人体最基本、最重要的东西"②，与之相比，相当于道的"精气"比个体心灵更为基本。这种普遍精神意义上的"精气"驻留于人心，并决定着后者的种种表现。前一种道在人心的意义上，人心被称为"精舍"，所谓"凡道无所，善心安爱 [处]"，且"安心在中……可以为精舍"（《内业》）；而后一种道决定人心的意义，在道家思想中大约是不言而喻的内容，道作为万事万物之根源当然也是人心诸能力的根本，所谓"有神自在身……失之必乱，得之必治。敬除其舍，精将自来……正心在中，万物得度"（《内业》），意思不外是说人得道（神）与否决定着自身内在状态的"治"与"乱"。这里的"身"字，从后文提到的"舍"（也就是作为"精舍"的心）和"正心"来看，所指应该不是人的身体（《管子》"四篇"中用来指人的身体的术语是"形"），而是普通意义上"自己"的意思；而这里提及的内心之"治""乱"，从"万物得度"的说法判断，应该与人的思知能力或者活动有关。虽然老子一贯采取反智的立场，但是从《黄帝四经》开始，稷下道家已经开始从正面理解人心所具有的思知能力③，而这样的理解在《管子》"四篇"中得以延续——比如文本中出现的心与"官"的问题。就"精气"的地位重于人心而言，曾有论者认为："战国中叶发生'心'与'气'在人体孰重的争辩，主心者继承殷商西周以下的传统，主气者则为春秋（尤其是晚期）的新论。……稷下黄老学派要讲'心中之心'（《管子·内业》），要把'心'扫除净洁让'神'来取代传统'心'的地位，原来掌管人的性识、意志、感情诸活

---

① 杨儒宾：《儒家身体观》，第 59 页。
② 杜正胜：《形体、精气与魂魄：中国传统对"人"认识的形成》，载黄应贵主编《人观、意义与社会》，第 44 页。
③ 有关《黄帝四经》中言心的讨论，参见匡钊《试论〈黄帝四经〉中的心》，《中国哲学史》2010 年第 2 期。

动的心被黜退。"① 这里所谓的"主心者"也就是由孔子开创的儒家传统，他们所代表的那种人对自身的反思，表现为某种"内在转向"——人获得其存在价值的理由仅在于自身，进而在于人的心灵；就道家而言，类似的"内在的转向随着新的气的宇宙论的出现，在公元前4世纪时有了一个巨大的进步"②，这种进步可以被理解为继续为人心寻求理论支持的努力，在这种努力的过程中，道家的思考由个体心灵转向诉诸更为高级、根本的普遍精神。后者也就是所谓的"灵气"或者"神"，也就是"精气"："《内业》之'精'即《心术上》之'神'。而《内业》又说：'精也者，气之精者也。'所以气之精致就是神。"③ 它高于个体心灵的地位并可内在于个体心灵——《内业》所谓"灵气在心"。

在《管子》的语境中，"道、气、精、神、心这些概念在根源上说，也是同质的"④，进而言之，首先上述这一系列观念也均与先秦所谓魂魄有关。孔颖达在《左传正义》中谈到魂魄首先与气有关："气之神者，名之曰魂也。魂魄，神灵之名，本从形气而有。"其次，较低级的魄则与感觉和运动能力等有关："耳目心识，手足运动……此则魄之灵也。"最后，高层次的魂关乎人的高级认知："附气之神者，谓精神性识……魄识少而魂识多。"稷下黄老学所谓的"精气"和春秋时代更一般意义上的"魂气"有语义上的联系，而将后者与较低层次的魄或者经验感觉意义上的个体心灵对照，我们同样会在稷下道家的心论中发现某种将心灵分为高低不同层次的思路。

认为魂魄之间，或者说"精气"与普通的人心之间有差异的思路在《内业》中的主要表现，便是关于"心中之心"或者说"心之心"的思想。《内业》云：

---

① 杜正胜：《形体、精气与魂魄：中国传统对"人"认识的形成》，载黄应贵主编《人观、意义与社会》，第44页。
② Ying-shih Yü, *Between the Heavenly and the Human*, *Confucian Spirituality*, Volume One, Edited by Tu Weiming and Mary Evelyn Tucker, The Crossroad Publishing Company, p. 71.
③ 杜正胜：《形体、精气与魂魄：中国传统对"人"认识的形成》，载黄应贵主编《人观、意义与社会》，第42页。
④ 杨儒宾：《儒家身体观》，第218页。

> 我心治，官乃治；我心安，官乃安。治之者心也，安之者心也。心以藏心，心之中又有心焉。彼心之心，意以先言，意然后形，形然后言，言然后使，使然后治。不治必乱，乱乃死。

上面这段话非常复杂，包括了多层面的意思，以往的理解也从两方面入手对其重点所在的"心之心"加以阐释。第一方面如刘节的看法，将心分为"形气的心"或者说"生理的心"与"道德的心"两部分，"心之心"的意思是"把我们的心从形气中超拔出来走入道德的心"。[①]第二方面的理解如陈鼓应的观点，将"心之心"的问题与心和"官"的关系问题联系起来，结合《心术上》中所谓："心之在体，君之位也；九窍之有识，官之分也。心处其道，九窍循理"这样的心统御其他感官的说法，认为："古人贵心，认为心是认识的机能；心与官的关系中，官具有感觉功能，而心则富有思维的功能……'心以藏心'，认为心之官中还蕴藏着一颗更具根源性的'本心'，所谓'彼心之心'命题中第二个心对第一个心来说是心的实体，比官能之心更为根本。"[②]以上两种理解无疑对于我们很有帮助，但仍然没有完全穷尽其中问题所在。就刘节的观点来看，他对心的两分法并不精确，从我们的立场看，将其分为较低层次的感觉之心和较高境界的与道或者精气结合后的思知之心更合适，前者为"舍"而后者为"精"来舍之后的两者相互结合的执道之心，即所谓"心之心"。至于陈鼓应的看法，其从认知与感觉的区别出发分析两个层次的心的思路是可取的。"心之心"的问题一定与上述区别有关，可以从上面引文中的"治""乱"的意思见其端倪，此处这两个字的意思与前引《内业》文句"有神自在身……失之必乱，得之必治"中所谓"治""乱"一样，都是指心之思知的状态是否恰当合适。那么或"治"或"乱"的标准是什么呢？《内业》或称"不治必乱"，或称"失之必乱"，联系"有神自在身"的说法和《文子·符言》中的一个说法："心

---

① 转引自陈鼓应：《管子四篇诠释：稷下道家代表作解析》，第110—111页。
② 陈鼓应：《管子四篇诠释：稷下道家代表作解析》，第113页。

之治乱在于道，得道则心治，失道则心乱"，可以判断其意思不外是说"有神（道或精气）得于心则心治，心失此神则心乱"。可见关键仍然在于心能否与普遍精神相互结合，如未与之结合，则此心仅停留在感觉层面；如能与之结合，则此心便具有更为高级的思知能力。

在这个背景下面，《管子》乃至全部先秦哲学中心与"官"的关系问题也就可以得到更为确切的说明了。心相对于其他感官更为高级且居于支配地位的最初说法，可能便是《国语·郑语》中"正七体以役心"的论断所希望表达的意思，类似的说法也出现在马王堆帛书和郭店简《五行》[1]中，其经部有言："耳目鼻口手足六者，心之役也。"此言语所表达的，仍是对心在体居君位的确认。这个语义线索在后来一直延续到《淮南子》当中，其《原道训》称"夫心者，五藏之主也"，《精神训》称"心者形之主也，而神者心之宝也"，都继续沿袭了心居于对其他器官或者身体的主导地位的看法，特别后一句引文中出现的"神"，也一如《管子》中对"神"的理解，更进而回答了心为什么会居于相对于体之君位：这是因为此心能与"神"或者道、"精气"相结合。《内业》讲"我心治，官乃治"，当然同样是将心置于优先于"官"的地位。

以往对于心与"官"之差别的判断，往往依据孟子的言论"耳目之官不思……心之官则思"（《孟子·告子上》），将重点放在思上面。如白奚的观点：

> "心"成为哲学概念，首先是明确"心"与思维活动的关系，然后是把"心"同形体特别是耳目感官区分开来，明确它们的不同职能，强调"心"的特殊作用。《庄子》中出现了"心知""心意"的概念，并将"心"与"神"对文："解心释神"（《庄子·在宥》），其对"心"与思维活动的关系已相当明确。《孟子·告子上》曰："耳目之官不思……心之官则思，思则得之，不思则不得也。"明确了"心"是思维活动的主体。《管子·宙合》也说："耳司听""目

---

[1] 文献释文见庞朴《帛书五行篇研究》，齐鲁书社 1980 年版；李零《郭店楚简校读记》（增订本），北京大学出版社 2002 年版。

司视""心司虑"。《心术上》更进一步:"心之在体,君之位也;九窍之有职,管之分也。"并强调了心对九窍的控制作用:"心术者,无为而制窍者也。"荀子称感官为"天官",称心为"天君",他说:"心居中虚以治五官,夫是之谓天君。"(《荀子·天论》)又说:"心者,形之君也,而神明之主也。"(《荀子·解蔽》)这些显然是受了《管子》的影响。后期墨家承认知必由"五路"(五官),又进一步指出:"循所闻而得其意,心之察也。""执所言而意得见,心之辨也。"(《墨子·经上》)……《荀子·正名》亦曾指出,"缘耳而知声""缘目而知形"靠的正是"心有征知"的作用。[1]

这种看法无疑是正确的,而将此思视为思维、认识活动也不错,甚至对此思的真正来源,白奚也进一步认为:"《管子》四篇的精气论主要讨论精气同人的生命特别是精神现象的关系,探讨如何才能获得精气而有智慧,特别是如何才能在保有精气的基础上使之不断积聚而成为有大智慧的圣人。"[2]我们完全同意上述判断《管子》认为思生于道(神或者普遍精神)或者智慧来自"精气"的看法,这一点除了前文所举涉及心之"治""乱"的例子之外,《内业》尚有非常直接的说明:"精也者,气之精者也。气道乃生,生乃思,思乃知,知乃止矣。"对这句话意思的解释,陈鼓应认为大体是讲"精气"带来生命,而有了生命才能思考,有了思考便产生智慧,而智慧告诉我们如何行事。[3]这个解释的要点在于,思作为心的能力,根本来自"精气",这也就是《内业》中所谓"思之思之,又重思之。思之而不通,鬼神将通之;非鬼神之力也,精气之极也"最终所要表达的意思:归根结底"精气"才是思而能通的总根源。思而能通的结果,大约便是智慧,在这个意义上讲,心因其为"精舍"而进一步为"智舍":"心也者,智之舍也"(《心术上》),而此智的来源也不外是道,这可能也就是《内业》中所谓"德成而智出"的意思:人得于道才谈得上有智慧。

---

[1]　白奚:《稷下学研究——中国古代的思想自由与百家争鸣》,第105页。
[2]　白奚:《稷下学研究——中国古代的思想自由与百家争鸣》,第170页。
[3]　参见陈鼓应《管子四篇诠释:稷下道家代表作解析》,商务印书馆2006年版。

认为人心具有思维能力，是长期以来的传统观念，《管子》的创见在于，对这种思维能力的来源进行了回答，这是《管子》"四篇"对传统的心能思知之了解的重要深化。从其他的角度看，当《管子》将心之思同普遍精神联系起来时，心在感觉经验层面的认识能力也就从思知的大框架下解放出来了，此后一种感觉也就是孔颖达疏子产论魂魄言论时所谓的"魄识"。在此对心之思深化理解的基础上，通过精神（道）与心灵，魂与魄的双重结构来解释人的内在性在感觉思维方面的状态的理论也就完整建立起来了。

《管子》"四篇"中涉及上述思知问题的思想为老子所无，但却与《黄帝四经》有关联，它们的共同点均在于从可知可言的角度来看待得道之心，并对心之思知表达了正面的看法，且如上引文所见，这些看法甚至对荀子这样的儒家学者也有极大的影响[1]。除上述心因"精气"的作用而能进行高层次的思知这层意思之外，就心受道之后所应达到的境界或者精神状态而言，《管子》中的理解大体仍归于道家一贯的虚静。涉及虚静的言语在"四篇"中可谓比比皆是，诸如"心静气理，道乃可止"（《内业》），"心能执静，道将自定"（《内业》），"虚之与人也无间，唯圣人得虚道"（《心术上》）这样的话，意思不外都是将虚静作为得道之人的内心理想状态。如果《内业》中如下一段话可视为对理想人格所应达到的精神状态的总括：

> 大心而敢，宽气而广，其形安而不移，能守一而弃万苛，见利不诱，见害不惧，宽舒而仁，独乐其身。是谓云气，意行似天。

那么对于上述内心状态，《内业》更从"心之形"与"心之情"两方面加以具体说明。

关于第一方面，《内业》有言："凡心之刑，自充自盈，自生自成。"

---

[1] 除了以上引文中的例证，《内业》中还有"鉴于大清，视于大明"这样的言语，也直接与《荀子·解蔽》中所谓"大清明"相关。

这里的"刑"即形无疑，但陈鼓应将其解释为"实体"①则有过度诠释的嫌疑，且不论此概念是否可以或者有必要被用于中国哲学的解释当中，就这里所谓的"心之形"的说法而言，其意义应该指"心的表现形态"。联系上下文来看，对于"心的表现形态"的论断，与对于"精气"的"敬守勿失"有关，也就是说，保有"精气"而不丧失的心，表现出"自充自盈，自生自成"的形态。对于心的这种自我充实、自我完成的形态或者状态的解释，《内业》仍然是从其保有"精气"或者受道的角度来讲此理想状态。至于第二方面，《内业》有言："彼心之情，利安以宁，勿烦勿乱，和乃自成。"接续上文语义，讲此受道之心的性质——此处的情应该也与先秦哲学中其他的大部分情字一样，是"实"的意思，而"实"往往指的就是事物的性质。此处用来描述上述性质的言词，诸如"安""宁"之类，也都是对理想中之虚静的精神状态的描述，而对这种状态的最高评价则是"和"。此"和"作为对于《管子》"四篇"之心论所谓受道之心安宁虚静之理想状态的评价，出现在《白心》中的时候，不但与心性问题，也与形联系在一起："和以反中，形性相葆"；而后在《文子·九守》中此"和"则直接与修养方法相关："理性情，治心术，养以和，持以适。"

第三节 心术的创造

通过上面对于《管子》"四篇"中心论的研究，我们已经知道其所设想的理想人格之精神状态与得道（神、"精气"）与否有关，但更为重要的问题在于，"四篇"就如何达到此种精神状态的修养工夫有极为详

---

① 参见陈鼓应《管子四篇诠释：稷下道家代表作解析》，商务印书馆2006年版。

细的说明，更在先秦哲学史上第一次明确运用一个术语"心术"来指称这些精神修炼技术。

对于"心术"这个术语，以往的研究者已经有相当多的讨论，对于此观念在稷下道家理论体系中的地位，陈鼓应做出过如下判断："'心术'一词为稷下黄老专有名词，《管子》四篇都以'心'命名（《心术》上下、《白心》《内业》），而'心术'概念尤为突出，它和'精气'一样，代表稷下道家在哲学上最为称著的两个哲学概念。"① 这个词在术语的意义上为稷下学者所首先使用，之后对于其他道家系统内的哲学家均有影响，如陈鼓应还认为："'心术'概念一见于《庄子·天道》篇，但应晚于《心术》。《文子》中'心术'三见于《九守》《符言》。'心术'在秦汉时期作品中，除《礼记》《乐记》外，仅见于上述作品中。"② 但这里陈氏对于"心术"这个词的使用状况估计严重不足，实际上"'心术'一词在古籍中出现得较为频繁。《墨子》的《非儒下》《号令》两篇、《庄子·天道》、《礼记·乐记》、《荀子》的《解蔽》《成相》两篇、《文子·九守》及《管子·七法》这些篇章中，都有'心术'之名"③。只是当这个词出现在《墨子》中的时候，尚不具备哲学术语的意义，其在《墨子·非儒下》中的用法如："孔某所行，心术所至也"；在《墨子·号令》中的用法如："众少而应之，此守城之大体也。其不在此中者，皆心术与人事参之。"其中前一处的用法，"心术"所指不外是通常意义上的心意或主管意志的意思；而后一处用法中，心字据孙诒让《墨子闲诂》④，应当作"以"字，根本与心无关。总之，"心术"这个词在早于《管子》的《墨子》中，很难将其视为二字连用之成词，至于其意义更与我们所关心的精神修炼意义无关，这个词作为哲学术语，是在先秦哲学晚于《管子》"四篇"之后的发展中，才主要成为道家用来表述个

---

① 陈鼓应：《楚简〈太一生水〉之宇宙生成论——兼论〈性自命出〉之尚情说》载《老庄新论》（修订版），第118页。
② 陈鼓应：《老庄新论》（修订版），第181页注1。
③ 杨儒宾：《儒家身体观》，第219页。
④ 参见《诸子集成》（三），中华书局1954年版。

人修养时所使用的关键概念，而其这一层意思，也在很大程度上为儒家学者所借鉴。

对于心术在先秦哲学语境中术语化的用法，日本学者池田知久有过一番总结：

> "心术"这个词，在同《性自命出》相前后的文献中非常多见。例如，《韩诗外传》卷二、卷三，《礼记·乐记》，《史记·乐书》，《荀子》的《非相》篇、《解蔽》篇、《成相》篇，《管子》的《七法》篇、《心术上》篇，《庄子·天道》，《鹖冠子·度万》，《墨子》的《非儒下》篇、《号令》篇，《淮南子》的《原道》篇、《精神》篇、《诠言》篇、《要略》篇等。《性自命出》中"心述（术）"的意义有二。其一，如引文第一段落所示，讲的是"性"论中的"甬（用）心"。即所有的人都有着同一的"性"，但其实际姿态却因"甬（用）心"相异而各"异"。其二，如第五段落所示，是"道"论中的"心述（术）"，它被定位为"人道"之"宝（主）"。这种"心述（术）"表现为对其他的"三述（术）"①做否定的评价，只对"人道"做肯定的评价。如上所述，与之相前后的文献中所见种种"心术"中，没有发现与持有这两个特征的《性自命出》之"心术"完全相同的例子。但如果举出与这两个特征多少有些关系的例子，作为与"性"论、"道"论两者可能都有关的"心术"，是《韩诗外传》卷二，《淮南子》的《精神》篇、《诠言》篇、《要略》篇的例子。仅与"性"论可能有关的"心术"，是《礼记·乐记》，《史记·乐书》的例子。仅与"道"论可能有关的"心术"，是《荀子》的《解蔽》篇、《成相》篇，《管子》的《七法》篇、《心术上》篇，《庄子·天道》，《鹖冠子·度万》的例子。
>
> 顺便指出，与"心术"类似的语言还有"性术""心道"，在

---

① 池田认为《性自命出》中"道之四术"分别是与"天、地、鬼神、人"有关之术（参见[日]池田知久《郭店楚简〈性自命出〉篇中的"道之四术"》，《池田知久简帛研究论集》，曹峰译，中华书局2006年版，北京大学出版社2002年版）。这里涉及的《性自命出》与《五行》的文献释文均从李零《郭店楚简校读记》（增订本）。

与之相前后的文献中屡屡出现。"性术"在《礼记·乐记》,《史记·乐书》,《荀子·乐论》,《论衡·本性》等文献中可见。"心道"在《管子·君臣下》,马王堆帛书《五行》第二十章等文献中可见。以上的"性术""心道"中,可能与"性"论、"道"论两者均有关的是《礼记·乐记》,《史记·乐书》,《荀子·乐论》,马王堆帛书《五行》第二十章说等。①

这段总括中所谈的主题虽然是新出土儒家类文献《性自命出》中涉及的"心术",但他对此术语使用状况的总结无疑对我们理解《管子》中的"心术"大有帮助。没有必要去一一考证"心术"这个词在所有这些文献中的使用状况,通过考察另外一些与之高度相关的、被用来表达类似意义的其他术语并结合以往论者的总结,我们已经完全可以充分理解这个术语的意义了。

在《庄子·天下》篇中,出现了两个与"心术"高度相关的说法:"语心之容,命之曰心之行。"对于这句话,郭沫若曾经联系"术"字的意思和《管子》"四篇"中的相关论说进行过恰当的解释:

> "心之行"其实就是"心术",行与术都是道路的意思。《汉书·礼乐志》:"夫民有血气心知之性,而无哀乐喜怒之常,应感而动,然后心术形焉。"颜师古注:"术,道径也;心术,心之所由也。"可见"心术"二字的解释也不外乎是"心之行"。而《心术下篇》言"心之行"如何如何,《内业》则言"心之刑",或言"心之情",刑与形字通,情与形义近,故"心之刑""心之形""心之情",其实也就是"心之容"了。②

由上述解释可见,这个术语在《庄子》中的意思非常直接地延续了其

---

① [日]池田知久:《郭店楚简〈性自命出〉篇中的"道之四术"》,《池田知久简帛研究论集》,曹峰译,第316—317页。注7(上生下目的"性"字一律直接改写为常见字)。
② 郭沫若:《宋钘尹文遗著考》,载《郭沫若全集·历史编》第1卷,第553页。

在《管子》中的用法，所谓"心术"或者说"心之行"不外是对"心之形""心之情"这样的"心之容"的展开，如果说后者作为稷下道家的心论，所要处理的问题最终关乎其所希冀的理想人格的精神状态之所是如何，则前一种"心术"，所要处理的问题不外是人应如何通过改变自己的精神修炼工夫而达成人格的理想境界。对于由"心术"这个术语所指出的涉及自己转化的研究，战国中期以后的哲人，无论其基本学术立场如何，均对其给予了高度关注。《管子》"四篇"中对于"心术"问题的重视，仅由其篇目便可想见，甚至"'内业'一名其意实与'心术'之名相同"①，这些说法同"白心"一样，所指均为达成人格转化的修养工夫。在后来的学者中，孟子所谓"知言养气"不外也就是一种"心术"，而相关的内容同样延续到荀子那里，"'心术'当即如荀子所谓的'治气养心之术'。换言之，'心术'一如'白心''内业'，指涉的都是一种内心之学"②。同为道家系统的庄子所谓"心斋"，也表达了同样的意思，"心斋"这个词本来被庄子用以指示人的某种虚己待道的内心状态："受道之心，稷下道家称之为'精舍'，庄子则称之为'心斋'。"③ 而进一步由此种状态也引出了相应的修养工夫："这（心斋）是《内业》《白心》等篇的方法。这种方法要求心中'无知无欲'，达到'虚壹而静'的情况。在这种情况下，'精气'就集中起来。这就是所谓'唯道集虚'。去掉思虑和欲望，就是所谓'心斋'。"④ 荀子站在儒家立场上对这种"内心之学"或者说"治气养心之术"的具体内容的理解暂且不谈，他这方面的思想，仍然是在修养工夫的意义与庄子、《管子》的相应考虑串联在一起。据此我们可以认为《管子》"四篇"中对于人格修养工夫方面的思考，在很大程度上奠定了其后战国中期之后学者们讨论人的精神存在之形成方式时的某些通见。

除了以上这些对于心术的了解，在《管子》和《淮南子》中还分别

---

① 杨儒宾：《儒家身体观》，第 219 页。
② 杨儒宾：《儒家身体观》，第 219 页。
③ 陈鼓应：《管子四篇诠释：稷下道家代表作解析》，第 43 页。
④ 冯友兰：《中国哲学史新编》，第 2 册，第 129 页。

有两个对于心术的正面解说。《管子·七法》称："实也、诚也、厚也、施也、度也、恕也，谓之心术。"《淮南子·人间训》云："发一端，散无竟，周八极，总一管，谓之心。见本而知末，视指而睹归，执一而应万，握要而治详，谓之术。"以上这两个解说，则不但有相同于我们前面的讨论内容的方面，从个人内心修养的角度来理解心术，如"实""诚""厚"或者"见本而知末，视指而睹归"这样的说法——用《管子·心术上》里的话讲就是："心术者，无为而制窍者也"；也有不同于我们所关注的内容，从治国的角度来看待心术，如"施""度""恕"或者"执一而应万，握要而治详"这样的说法——用《管子·心术上》里的话讲就是："心术者，无为而制下也。"在先秦哲学中，这两方面内容——内在的、主观的心灵技术与外在的、客观的统治技术——都很重要，诸子中甚至还有完全从后一方面来看待心术者，如《韩非子·难三》中所言："术者，藏之于胸中，以偶众端而潜御群臣者也。故法莫如显，而术欲不见。"韩非在这里所谈论的"藏之于胸中"的"术"，当然也就是心术，而这种心术则完全是为了"潜御群臣"的。可能是由于以往对于中国哲学的研究往往容易从政治哲学的角度切入看待问题，所以冯友兰大概也就是据上述心术后一方面的意思，认为其是指君王驾驭臣下的统治之道①，而对前一方面的问题的重要性则估计不足。近年来，受到郭店简这样新出土文献的启发，学者在论心术时则比较多地注意到其涉及修养工夫方面的意义，如有论者认为："'心术'既是心与物、心与身交互作用的途辙、状态和方法，也是养心、用心的过程和方略。……讨论'心术'不能不涉及心思、心志、形、气、容色、行为、习性、物事等"②，便主要是从个人修养的角度来看待问题，而这也正是我们切入《管子》"四篇"中所见有关问题的角度。至于涉及群治方面的心术，如上引《心术上》之文可见，《管子》"四篇"在这方面确有所涉及，且其思路仍然追随《黄帝四经》由修己而安天下的逻辑，也就是说，就圣王而言，其自

---

① 参见冯友兰《中国哲学史新编》，人民出版社1995年版，第2册。
② 郭齐勇:《郭店楚简身心观发微》，载武汉大学中国文化研究院编《郭店楚简国际学术研讨会论文集》，湖北人民出版社2000年版。

身修养的最终目标之一无疑便是治国,如《心术下》称:"心安是国安也,心治是国治也。"我们更偏重从人格转化的精神修炼工夫的角度,而非从群治的角度,来思考《管子》中有关心的问题,也就是一般意义上的人心如何才能够受道、执道,容纳"精气"或者说"神",通过什么样的工夫才能使人格达到理想境界,或者说运用什么样的精神修炼技术才能使普通人的心灵转化到"心之心"的层面。

对于这种精神转化工夫的总体理解,我们还可以参照新出土文献《凡物流形》来思考。《凡物流形》中关于心的思考,与《管子》"四篇"中有关心的讨论相比要简单得多:后者"是一个已经展开了的主题,同感官、物、道和精气具有多层次的关系",而前者的"'心'还只是一个原则性的说法,主张用心来控制心以固守住根本的'一'"①。此"一"在黄老学的语境中,不外就是对于道的另一种表述,而"在《凡物流形》中,'心'的修炼与'一'直接对应"②。《凡物流形》中涉及心及其修炼的主要文字如下:

> 闻之曰:心不胜心,大乱乃作;心如能胜心,是谓少彻。奚谓少彻?人白为执。奚以知其白?终身自若。能寡言乎?能一乎?夫此之谓少成。曰:百姓之所贵,唯君;君之所贵,唯心;心之所贵,唯一。

其中"能一乎"这样的说法,如前所述,在从《黄帝四经》到《管子》"四篇",以至下及《庄子》的多种先秦道家文献中反复出现,而其意义则首先都延续了老子所讲的"抱一"之意。"心之所贵,唯一",大约也就是心所贵唯道的意思。至于其中所谓的"少彻"与"少成",大概都是心灵修养过程中所应达到的不同层次的目标。曹峰在探讨本段文字意

---

① 王中江:《〈凡物流形〉的宇宙观、自然观和政治哲学——围绕"一"而展开的探究并兼及学派归属》,《哲学研究》2009年第6期。
② 王中江:《〈凡物流形〉的宇宙观、自然观和政治哲学——围绕"一"而展开的探究并兼及学派归属》,《哲学研究》2009年第6期。

思的时候，将其与庄子所谓"朝彻"联系了起来，颇足借鉴："《庄子·大宗师》则将'朝彻'作为一个得道过程中的一个重要境界，即'外天下'→'外物'→'外生'→'朝彻'→'见独'→'无古今'。"①《凡物流形》中的"少彻"与"少成"应该也是要表达某种层次的修养境界，但远不如庄子的表述已经将类似的境界置于具有连贯逻辑性的修养过程中。真正促使我们将此《凡物流形》与《管子》"四篇"联系起来考虑的理由，一方面在于前者中"心不胜心"的说法在心论的意义上与《管子·内业》所谓"心以藏心"的说法的关联性；另一方面则在于《凡物流形》中所提到的"寡言"与"能一"在心术的意义上，也可分别与《管子·心术上》中的"不言之言"和《管子·心术下》中的"专于意，一于心"形成对照。对于上述两方面内容，曹峰在研究中已经有所关注，特别对"寡言"作为常见于其他道家文献中的修养工夫，结合《管子》中的内容进行较为详尽的讨论。②至于"心不胜心"的意思，也应通过《内业》中所谓"心之心"的说法来理解。曹文谈道："《内业》认为，人心在各种器官中居主导地位。但人有两颗心，一颗是生理之心、官能之心，一颗是道德之心、本体之心，道德心要比生理心更为根本，道德之心作用在于思，在于知，在于蓄养精气，在于使之成为让'道'留处的精舍。"③这里仍然要先抛开"本体"这样的说法不谈，实际上他对心的两分，也与前面提到的刘节的看法相同，而在我们看来，这两种心是较低层次的感觉之心和较高境界的与道或者"精气"结合后的思知之心，前者为一般意义上的人心，而后者为"精"来舍之后两者相互结合的受道之心，这才是所谓的"心之心"。如果我们根据老子以降道家对人心之欲望、情感和主观意志等的一般看法，进一步将主要是在这些意义上被理解的前一种心视为应加以克服或控制的负面的东西，而

---

① 曹峰：《〈凡物流形〉的"少彻"和"少成"——"心不勝心"章疏证》，简帛研究网站，http://www.jianbo.org/。
② 详见曹峰：《〈凡物流形〉的"少彻"和"少成"——"心不勝心"章疏证》，简帛研究网站，http://www.jianbo.org/，对"寡言"的问题，此处也不再赘述。
③ 曹峰：《〈凡物流形〉的"少彻"和"少成"——"心不勝心"章疏证》，简帛研究网站，http://www.jianbo.org/。

将后一种拥有道和真正智慧的心视为正面的东西,则可以认为:"《凡物流形》说的'心不胜心''心如能胜心',是分心为二,即用一种心(正面的意识)去控制和战胜另一种心(负面的意识)。"①用《荀子·解蔽》中的话讲,这也就是用道心去克服人心,而就稷下黄老学家而言,他们关于此问题的建树在于工夫方面,也就是进而指明我们如何才能获得此道心,如何才能改变一般意义的人心,使之拥有道或者"精气"与真正的智慧。

对于这种由心向"心之心"的转化工夫,已经有学者观察到,其必与气的问题有关:"我们不但可将'心'转换至'彼心之心'的过程,解释成从气转换到'心气''精气''灵气''云气'的过程。而且,我们还可认定荀子所说的'治气养心之术',如放在《管子》四篇的脉络考察,根本是将两种本质上相同、着重点稍有差异的工夫摆在一起,视为同义复词看待。"②但上面这种解释,却有将问题简单化的嫌疑,在我们第七章的研究中,将会看到《荀子·修身》中讲的那种"治气养心之术"在具体细节上与《管子》中对人格修养工夫的看法非常不同,荀子虽然受到《管子》的启发,但他们之间的差异仍然是非常之大的。至于从心到"心之心"或者"能胜心之心"的修炼过程,总体而言也就是心得一、守一或者能一的过程。我们知道,此"一"在以往讨论过的道家文献中的意思不外就是道,但这种意思在《凡物流形》与《管子》"四篇"中表现得要更为复杂一些,精确地说,其意义已经超出了道的范畴,而同时包括了受道之心本身的理想状态在内,这也就意味着,"心之心"或者说"能胜心之心"本身也可进而被称为"一"。"'心能胜心'的'心',在《凡物流形》中根本上就是'专心',这是心灵高度自主、不受任何东西干扰的宁静状态,用《管子·心术下》的说法是'专于

---

① 王中江:《〈凡物流形〉的宇宙观、自然观和政治哲学——围绕"一"而展开的探究并兼及学派归属》,《哲学研究》2009年第6期。
② 杨儒宾:《儒家身体观》,第222页。

意，一于心'。"① 这种可被称为"一"的心，是一种个体心灵与普遍精神的结合体，这样的专一之心也就是《管子·白心》中所讲的"知道"之心："一而无贰，是为知道。"这种"一"之心所达到的境界也就是《内业》中所谓"和"的状态，而达到这种理想状态的心，也被称为"全心"——这便是《内业》称"全心在中，不可蔽匿。和[知]于形容，见于肤色"所要表达的意思，进而言之，如"形容""肤色"这些词汇所暗示的那样，这种理想状态甚至会有外在的形体外貌上的表现。这样的"一"之心或"全"心，也被称为"独"，如《心术上》所谓"精则独立矣"所要表达的意思——这个"独"字会成为新出土儒家文献《五行》中的重要观念，而这继续表明，稷下黄老学对于战国中期以后的全部哲学在心论与心术方面都有巨大的影响。就"一""全"与"独"作为对于心本身的理解而言，其也是即境界即工夫的，而这种能一的工夫或者说"一意抟心"（《内业》）的具体心灵技术，为后来的道家学者普遍接受，如司马谈在《论六家要旨》中称"道家使人精神专一"，就表达了对战国时代道家在主张通过修养工夫使人心得以"一""全""独"的总体评价，而"精神专一"的意思不外就是指普通人的心灵通过一定的精神修炼工夫最终达到与普遍精神相互结合的理想状态。《管子》"四篇"对这些工夫表现出超乎以往的关注度，具体而言，我们可以从中分辨出一系列的内心修炼途径。

从老子开始，道家在个人精神层面的修养问题上的一贯主张，首先都与"静"有关，在《管子》"四篇"中，此"静"不但是对于理想人格的表达，同时也成为如何达成这种内心境界的工夫论说明，在后一种意义上，此"静"往往与"敬"和"正"相关。关于这些内容，《内业》中典型的说法如：

凡人之生也，必以平正。所以失之，必以喜怒忧患。是故止怒

---

① 王中江：《〈凡物流形〉的宇宙观、自然观和政治哲学——围绕"一"而展开的探究并兼及学派归属》，《哲学研究》2009年第6期。

莫若诗，去忧莫若乐，节乐莫若礼，守礼莫若敬，守敬莫若静。内静外敬，能反其性，性将大定。

仅就这段话的用语，就可以看出稷下黄老学与儒家之间的相互渗透，这里将诗、乐、礼这些孔子所提倡的对于修身而言必不可少的项目同列为修炼环节，不能不说是受到来自儒家的启发，而出现的"正""敬"这样的观念，在后来还会回流至儒家系统，成为孔门后学重要的精神修炼资源。以上引文的中心意思，是在提倡以"静""敬"之道去除人的各种情绪影响，而去除这些东西的目的，应该就是使人心做好接纳"精气"的准备，《内业》所谓"敬除其舍，精将自来。精想思之，宁念治之，严容畏敬，精将自定"，所说的就是通过"敬""静"这样的去除情绪之道，让一般意义上人的心灵成为可以保有"精气"的场所：

> 能正能静，然后能定。安心在中，耳目聪明，四枝坚固，可以为精舍。(《管子·内业》)

《管子》"四篇"中"静"作为内心修炼工夫，重点在于去除各种情绪，这从《内业》中对于"心之形"的一个说法也可略见一斑：

> 凡心之刑……其所以失之，必以忧、乐、喜、怒、欲、利，能去忧、乐、喜、怒、欲、利，心乃反济。

与以往道家单纯主张"去欲"的修养方式相比，这里所谈的去除情绪显然更前进了一步。当然，《管子》"四篇"对于道家系统内现有的"去欲"方面的工夫，也同样有所继承，如《内业》称："节其五欲，去其二凶"，"忧悲喜怒，道乃无处。爱欲静之，遇乱正之"，这些话便不仅主张去除情绪，也有去除欲望的意思。至于《心术上》称：

> 虚其欲，神将入舍，扫除不洁，神乃[不]留处。

> 去欲则宣，宣则静矣。静则精，精则独立矣。独则明，明则神矣。

这些言语都是将"去欲"作为此后心灵在修炼中经历一系列状态变化，最终获得"神"的首要入手之处。

上述言语，大约就是刘节、郭沫若等学者将此"四篇"指为宋钘、尹文之遗文的主要证据，但从《庄子·天下》篇所见对宋、尹主要观点的描述，我们认为："《管子》四篇非宋尹遗著，宋钘应归入墨家，而尹文当属黄老学派"①，只是他们"情欲寡浅"的观点，与道家一贯主张的"去欲"有相似之处罢了。"宋钘、尹文忍辱的人生态度，及禁攻寝兵的救世行为，皆由其把握到心能容受万物，兼容并包的这一点所发展出来。其情欲寡浅，乃是为了呈显'心之容'，保持'心之容'所不可缺少的一种工夫。"②这不外是说，可能活动于稷下的墨家后学，在当时开始转向内心、专注于人的心灵的理论气氛中，同样也开始对涉及修身的内心工夫发生了兴趣。

通过"静"的修炼，《内业》认为人还能因此达到真正的智慧："人能正静……鉴于大清，视于大明。"反之，"中不静，心不治"，这里说的"不治"，根据前面的研究主要是指心智上缺乏智慧的迷乱状态，而人的真正的智慧恰在于应以"正心"克服这种迷乱："正心在中，万物得度。"笼统而言，说老子是主张反智的，但老子所反对的，当然只是普通意义上或者说儒家式的智慧，他本人无疑是倡导某种高于此的大智慧的。对于道家所提倡的大智慧和普通人所理解的智慧之间的区别何在，无论老子本人还是其后学均未正面明言，但基于我们对于《管子》的理解，现在或者可以对此问题做出某些推测。

从《黄帝四经》开始，稷下黄老学便已经开始对得道之人之"智"提出正面的评价与看法，这种"智"的可言说性，在《管子》"四篇"

---

① 白奚：《稷下学研究——中国古代的思想自由与百家争鸣》，第187—214页。
② 徐复观：《中国人性论史》，第273页。

中得到更为明确的展现，如《心术下》称："智乎，智乎，投之海外无自夺"，便是对于"智"的正面主张。《内业》也认为人应有思："思之，思之，又重思之。"类似的话在《心术下》中重复出现：

> 专于意，一于心，耳目端，知远之近。……故曰思之思之，[思之]不得，鬼神教之。非鬼神之力也，其精气之极也。

这些话的意思都是在主张思的重要性，而这种思一方面与"专于意，一于心"的使内心精神专一的工夫有关，另一方也与心受道或"精气"的状态有关，最后还与人的"耳目"有关。上述内容为我们理解《管子》中对道家所言之"智"和普通人所了解的那种心的意识能力之间的差异提供了线索，我们可以认为，这种差异就是普通人局限于感觉经验等"耳目"之识的心灵与得道之人结合了普遍精神之后具有高层次思维和智慧的"心之心"之间的差异。前者局限于感官，而后者的智慧则来自超越了感官的道，所以《内业》还主张："不以物乱官，不以官乱心，是谓中得。"这里不外也就表达了我们当然不能让心灵仅仅受到普通的"耳目"等感官的影响与支配的意思。与普通的人的心灵意识或者说人心相对，高层次的结合了道或者"精气"这种普遍精神的"心之心"或者说道心才是道家所主张的真正的大智慧，也就是真正的思与智，后者来自使心神专一的心灵技术，来自前文所谈到的"静""敬"的修养方式。

对于道心与人心的关系，《管子》"四篇"中的态度也比老子更加复杂。从精神修炼工夫的角度讲，老子对于各种感官均持明确的否定态度，明确主张"闭其兑，塞其门"，这大概可以理解为老子仅认可道心而完全否定人心；但《心术上》中相应的见解则不同，后者主张："洁其宫，开其门，去私毋言，神明若存。"对于这种观点，大概应从三个层面来理解，首先"洁其宫"的意思是指通过"静""敬"这些心灵工夫对人心加以改造，目的不外使之做好接纳道或者"精气"的准备；"开其门"简单讲可以认为就是对让普遍精神无障碍地来到人心之中这样的理论一个笼统的比喻性说法，但如将"门"视为如老子般对耳目感官的指称，结合《内业》

中其他一些关于"耳目"的说法,如"耳目端""耳目不淫""耳目聪明"这些言语,我们可以发现,这里要表达的意思是相当正面的,在感官能获得正确经验的意义上并未对其加以彻底否定;随后的文字告诉我们,这种正确经验感觉的获得,一方面取决于"去私毋言"[①],另一方面则受制于高层次的"神"。对于"去私",可以与《心术上》中"过在自用"的说法联系起来理解,此两处文字的意思均是警告人不要陷于主观,而要以普遍精神为依归。在这种意义上,在"神"的指导之下,我们便无须完全否定人心的作用,如《心术下》称:"镜者大清,视乎大明。正静不失,日新其德,昭知天下,通于四极。"但在相反的意义上,也就是说如果人心未曾受到道心的指引,则其就应仍然如以往老子所讲的那样抛弃经验感觉,如《心术上》称:"心而无与于视听之事,则官得守其分矣。"总之,《管子》"四篇"对于两种高低不同层次的心灵结构的理解,并非单纯以道心或者"心之心"所代表的大智慧来彻底否定人心本来具有的感觉经验,而是进一步希望以前者指导后者,在人心受到"神"或"精气"的正确引导的情况下,"耳目"感官也能得以正确运用,达到"耳目聪明"的地步,但如缺乏上述正确引导,人心便会陷溺于主观经验,而这种意义的"视听之事"则是应该被断然抛弃的,也只有抛弃了这样的主观经验,我们的感官才能"得守其分"。

在《内业》当中,同样也提到了"抟气"这样的修养工夫,如其所谓"抟气如神,万物备存"。联系后文对于"能一"这种精神修炼努力的说明,此处《内业》所谓"抟气",与老子所讲的那种"抟气"相比,也更深入了一个层次。如前所述,老子是在行气的意义上,也就是完全关乎改善身体状况的意义上来讲"抟气"的,但《内业》中的"抟气",则更多是一种使精神专一,也就是使心灵与普遍精神相互结合的精神修炼工夫,所"抟"之气不仅是气息,更是"精气",也就是希望通过"静""敬"之道而在心灵中加以接纳的"神"。但是,正如《内业》看来,具有大智慧的理想精神状态不但与"耳目"有关,也与四肢

---

① 这里的"毋言",也就是《凡物流形》中所谓的"寡言"这样的道家修养工夫。

有关："安心在中，耳目聪明，四枝坚固"，其所谓"全心"也同样会在"形容"和"肤色"上有所表现，而所"抟"之气也依旧包括气息在内。后面这些内容就不仅仅属于精神修炼的范围了，而且更与以往老子对于人的形体的关注相关，从这一角度看，《管子》"四篇"仍然遵循了老子在过程和目标方面同样的身心并重的修养主张，《内业》"修心而正形"，所要表达的就是这种对于心的精神修炼和对于与之平行的形的调整养护并重的态度。

第四节 《管子》"四篇"中的"心形观"

如果说从身心二分或者说形神二分的角度来看待人体，"可能是战国晚期知识界习知的一种人体概念，但著作权应归还给道家"[1]，那么促使我们得出这种结论就是基于对老子和《管子》中相关言论的了解。无论在更古老的三代时期还是在孔子那里，无疑同样存在身心或者说外内二分的观念——"先秦诸子对身心问题的关怀，其出发点不必与笛卡尔相同，但无疑地也有类似身心二分的想法"[2]。只是尚未形成明确的关于人体的知识，特别是没有直接将关于身体的问题归于《管子》"四篇"中如形这样的术语所要表达的内容之中。将身体意义上的形与心相对的用法，有论者总结如下：

> 作名词使用的"形"，常与"心"对言，指精神安顿的处所，例如《荀子·天伦》："形具而神生"，《荀子·非相》："形不胜心"，

---

[1] 杜正胜：《形体、精气与魂魄：中国传统对"人"认识的形成》，载黄应贵主编《人观、意义与社会》，第69页。
[2] 杨儒宾主编：《中国古代思想中的气论及身体观》，巨流图书公司1997年版，第47页。

《管子·内业》:"形不正……心不治",《管子·内业》:"夫道者所以充形也",《庄子·天地》:"形全者神全",《吕氏春秋·季春纪·尽数》:"圣人察阴阳之宜,辨万物之利,故精神安乎形,而年寿得长焉",《淮南子·原道》:"形者,生之舍也",以上诸例均可证。《广雅·释诂》:"形,舍也"一语,可以综括作名词解的"形"字之涵义。①

以上的语义线索也展示了一种富有二元论趣味的理论思路,但这种思路在中国并没有被绝对化,有论者认为:"管子则明言一切存在皆由精气构成,它是意识的构成物,也是生理结构的构成物,因此,两者的讯息是互相交换的。"②这也就是赋予"精气"某种骑墙的性质,通过将其设定为某种横跨意识与物质的东西而在高于此两者的层面上以其贯通身心。但这种设定大约是多余的,如果我们认为"儒家(甚至整体东洋思想)对于哲学老问题的身心问题有一种实践的进路"③,那么从实践活动本身出发考虑哲学,已经构成了对于传统基于认识论问题的二元论的转换。在稷下黄老学的语境中,当问题涉及形体或身的时候,便与"精气"的观念脱节了,但这种与血气相关的生命活动,其与心之间的关系则仍然会形成一个专门的话题。

从认为中国不存在绝对的分离观念的角度看,西方式的身心二元论在中国是否成立似乎尚需讨论,比如黄老道家在整体上看,其自身修养目标同时包含精神的目标和身体的目标,但这两方面内容最终都可统一于道的范畴之下。虽然较早的老子尚没有"精气"的观念,但同样对普遍精神有所体会,向后者便是"道家认为人体有比'心'更深邃的东西",其"精密地说,就是'道'"④。道作为被设定为超乎个人与世界的最

---

① 黄俊杰:《马王堆帛书〈五行篇〉"形于内"的意涵——孟子后学身心观中的一个关键问题》,载杨儒宾主编《中国古代思想中的气论及身体观》,第354页。
② 杨儒宾:《儒家身体观》,第59页。
③ 杨儒宾:《儒家身体观》,第2页。
④ 杜正胜:《形体、精气与魂魄:中国传统对"人"认识的形成》,载黄应贵主编《人观、意义与社会》,第47页。

高的普遍原则，也可被等同于稷下黄老学派所关注的普遍精神，而后者也就是意义纠结之气。考虑到这种气，有日本学者认为："中国医学则以'气'为基础，视人为'心—气—体'的机能构造，而对全体加以把握为出发点。因为身心在'气'的次元中是不可分的一体，所以也就没有身心二元论（二分法）的问题产生了。"[1] 与上述通过设定最高观念——道来统一身心的思路相对，还存在一种从实践本身出发统一身心的思路，关于这种具有实用主义色彩的思路可参照其他日本学者的如下观点：

> 中国传统哲学中的三大流派，不论哪一支，都以日常生活中切身的健康及道德问题为处理对象，具有强烈的实践哲学的性格。因此东方哲学无法像西方哲学那样，发展出一套对物理宇宙深刻观察的理论。因此，若把"形而上学"与西方的"metaphysics"等量齐观，可能就是吾人对东方哲学和科学之间的关系不够了解了。从它的内容来看，也许翻译为"超医学"（meta-medicine）或"超医学性的心理学"（meta-medico-psychology）更恰当。也就是说，把它看成以身心关系的临床，而且实际性的研究为基础的哲学，才能真正理解它的内容。由于"形而上学"还不只是以单纯的观察知识为基础的理论，因此，大概还能称它为"meta-praxis"。这是一种能够用身心来实践修行的体验知识，并以此体验知识为基础，而获得超日常经验的高层次知识。[2]

后一种从实践出发的观点基本上是对传统意义上二元论问题的一个可接受的转换，但这里谈论的"超日常经验的高层次知识"并不简单就是对"体验知识"的某种高级化或者神秘化，上述所谓"元实践"或者"超实践"的意义只能在先行的生存中去寻找。这样的生存规定了"我"之所是，而其作为基础存在论的起点就是"日常的在世存在"，对后者

---

[1] ［日］丸山敏秋：《中国古代"气"的特质》，林宜芳译，载杨儒宾主编《中国古代思想中的气论及身体观》，第169页。
[2] ［日］汤浅泰雄：《"气之身体观"在东亚哲学与科学中的探讨——及其与西洋的比较考察》，卢瑞容译，载杨儒宾主编《中国古代思想中的气论及身体观》，第100页。

"我们也称之为在世界中与世界内的存在者打交道"①,如果说传统意义的实践活动,只不过是在特定情境中与周遭世界"打交道"的特殊方式,那么以上所谓"meta-praxis"便是"与……打交道"这种生存形式本身,它所涉及的基本内容可被分解为以往分别关涉身与心的两类对象,但在这两类对象之间,已经不存在所谓的关系问题了。回到先秦哲学的语境中,上述思考正如二元论问题本身一样,或许已经超出了先哲的设想,但从现代的眼光来看,却不失为将他们的思想带到我们近前的可行方式。

在《管子》"四篇"中,有大量涉及身心关系的文字,而其中修养工夫的最终目标,大约就是《内业》所称的"心全于中,形全于外"的身心理想状态,前一句话是指人的心灵与普遍精神相互结合的理想人格,而后一句话仍然与老子所谓"长生久视"的意思相同,与形体层次上生命的延续有关。这个身体修养方面的目标,用《内业》中的术语讲,就是"长寿",所谓"论治在心,此以长寿"。在身心并重的意义上,《内业》常将形体、血气、外貌之类与心灵对举,诸如:

> 四体既正,血气既静,一意抟心,耳目不淫,虽远若近。
> 人能正静,皮肤裕宽,耳目聪明,筋信而骨强。
> 全心在中……和[知]于形容,见于肤色。

更为重要的是,上述两方面内容之间,在《管子》"四篇"中并不是没有相互关联的简单平行存在的两个部分,而是揭示了身心两者之间的相互作用。

首先,《管子》"四篇"虽然重视身体问题,但在其看来,此方面问题从根本而言仍然受制于心及其精神修炼技术,也就是"心术"的,如《心术上》称"心术者,无为而制窍者也"。如果我们认为,"气、精、

---

① [德]海德格尔:《存在与时间》,陈嘉映、王庆节译,第78页。

神三者一也，其本在气，而和形体相对"①，则此三者最终以作为普遍精神的"精气"凝聚于人心时，这样的人心，便如《心术上》所言："心之在体，君之位也。"这也就是从心可执道，相对于形体或感官而居于支配性地位的角度，明确表明了心相对于形的优先性。这些内容，我们前文讨论《管子》"四篇"中"心论"的部分已经有所涉及，此处就同样的意思进一步地理解，还可参照《内业》中如下一段话："内藏以为泉原，浩然和平，以为气渊。渊之不涸，四体乃固；泉之不竭，九窍遂通。乃能穷天地、被四海。"这里的"泉原"自然是指道，而"气渊"不外仍是指受道之后的人心，这样的人心不但对人的身体意义上的"四体"与"九窍"有根本的影响，甚至还因为其保有道的缘故而能"穷天地、被四海"。

其次，与此种心对于形的支配性相对，形体方面的因素同样会对人心产生反作用，就此问题，《心术下》还谈道："形不正者德不来；中不精者心不治。"此处"中不精"就是"德不来"，总体意思是希望表明"形不正"则"心不治"；反之，如果人在形体方面有缺陷，比如从感官的角度讲，其陷溺于主观经验，在这种"以物乱官"的情况下，人心无法做好迎接道的准备，无法拥有真正的智慧，将自身转化为"精舍"或者"智舍"的。形体方面的缺陷，也可能是因为其他意义上的来自气或者说血气的缺陷所导致的。《管子》"四篇"中言气，无疑主要是从与道相关的作为普遍精神的"精气"的角度来谈的，《内业》中的说法"夫道者，所以充形也"和《心术下》云"气者身之充也……充不美则心不得"，均表达了这样的意思。但是，这恐怕并不意味着，此"四篇"言气，便完全不涉及血气层面的内容。比如在《管子》中，除了《水地》，《中匡》也提到了血气，所谓"导血气以求长年、长心、长德，此为身也"。我们怀疑，《心术下》中的充身之气，也含有血气或者说质料性的气的这层意思，而就战国时期气观念所包含的内容本身而言，从驱

---

① 杜正胜：《形体、精气与魂魄：中国传统对"人"认识的形成》，载黄应贵主编《人观、意义与社会》，第67页。

动生命的血气引出抽象精神的思路，同样也可能反映在对于修身的正面看法中，从调理血气这样属于人之生命力的因素开始，最终过渡到对心灵的修炼。"主张血气与精神活动及道德成就相关，这些想法在当时也都有了，因此，可以预期的，一种从内在的血气整治入手，以求得身心行为安顿的想法，迟早是会出现的。"[1] 这方面的内容，便是修形对修心的反作用。

类似于此，《内业》篇末谈到"食之道"的问题，恐怕不能单纯当作比喻。从修形的角度来看，这可能是关于通过饮食摄生的想法的最初源头。将对形的修养作为一个独立的目标加以专门考虑，是始于老子的道家特色，而这种特色在稷下黄老学中得以延续，并大概对后来战国末期流行于齐国的神仙方术有直接启发——形体方面养生的极限不外就是长生不死的神仙。道家与修形有关的思想对于先秦方术的影响，大约也渗透到先秦医家当中，这在以后的历史上会建立道家与其衍生物——道教——与医疗问题的复杂联系，或许正是在上述这些意义上，如鲁迅先生这样的思想家才认为道家是中国文化的基底。就道家对于修形的看法与医疗问题的关系，值得稍微与希腊化时期西方类似的看法进行对照，"希腊化时期希腊罗马的三个主要学派[2]均认可哲学与医疗技艺之间恰当的类似性"[3]。在西方世界中上述联系的存在，呈现出"修身实践和医学之间的一种特别明确和突出的对比"[4]，这无疑是因为无论哲学思考还是医疗实践所关注的对象都是人自身，所有上述活动的目标都是为我们提供对自己的真切了解并协助我们形成某种健康的生活方式。我们始终认为，在中国哲学的语境中，对于作为一种生活方式的哲学的追求同样存在，具体就道家而言，他们在了解人自己身心并重的态度也同样导致了中国历史上后来出现的对于关乎心灵的精神修炼和涉及形体的医疗技术的平行发展。

---

[1] 杨儒宾主编：《中国古代思想中的气论及身体观》，第13页。
[2] 即怀疑主义、伊壁鸠鲁派和斯多葛派——引者。
[3] Martha C. Nussbaum, *The Therapy of Desire: Theory and Practice in Hellenistic Ethics*, p. 14.
[4] ［法］米歇尔·福柯：《主体解释学》，佘碧平译，上海人民出版社2005年版，第101页。

但这种问题在儒家和庄子那里的表现则有所不同。孔子与儒家虽然在讨论修身的时候，也会涉及专门的关于形体训练的话题，比如"六艺"中的大部分内容都需要身体活动的参与，但他眼中施加于身体的种种训练，均是为人的精神人格的养成服务，而这些训练本身没有独立的价值，人的身体方面的长久保存也绝对不是其目的所在。这样的趣味也为庄子所遵循，他同样拒绝将形体作为独立的修养目标加以专门观照，虽然对于如女偊这样的有德之人而言，内心的境界同样会产生外貌或形体上的效果。这个话题也与孟子所谓"践形"有关，继续向我们表明稷下道家在战国学术的中心地位，就修身工夫而言，其不但在"夜气"、养"浩然之气"的方向上，也同样在此与形体有关的方向上对孟子有启发。这里顺便再为说明稷下黄老学对儒家的影响增加一个筹码，《内业》中称："圣人若天然，无私覆也；若地然，无私载也。"基本上相通的说法通过试图会通百家的杂家，最终进入到儒家的思想系统当中。《吕氏春秋·去私》中重述了上述言语并加以发挥："天无私覆也，地无私载也，日月无私烛也，四时无私行也，行其德，而万物得遂长焉。"同样的说法再次出现在《礼记·孔子闲居》中："天无私覆，地无私载，日月无私照。"无须展开对这些说法的详细说明，仅从其修辞策略上看，这再次证明，儒家系统中某些以天道推衍人事的思路大约本来源自道家。

在结束对居战国思想之枢纽地位的稷下黄老学的"心论"与"心术"的综合思考之时，我们或可根据在修身之向度上展现出的儒道对于"寿"的不同看法以做结。如前所述，老子与道家对于长生有某种不懈的独立追求，但在孔子看来，形体问题没有独立的地位，修形一旦离开了修心就毫无意义。这一点可从孔子对于"寿"的定位看出端倪，孔子明确区分了"寿"与"老"，他说"仁者寿"（《论语·雍也》），同时又说"老而不死，是为贼"（《论语·宪问》），显然"寿"不仅仅是活得比别人长那么简单。孔子对于"寿"的限定就是仁，后者才是他所寻求的最高人格理想，而这种对人自身的定位，如前第二章所示，完全是从人的内在性出发来谈论人之所是的。于是"仁者寿"的意思不外是说，只有在内心境界上达到了理想人格的仁者，在生命较长的情况下才可称得上"寿"，否则，对于一个缺乏内在追求的不仁之人而言，他的冗长的生命只不过是单调的"老而不死"，后者不但不值得提倡或者尊重，甚至还是完全否定性的东西，是一种对于生命所犯的错误——"贼"，不仁之人虽然也可能活得很长，但他的生命因为缺乏基本的对于理想人格的寻求而完全被浪费掉了。在孔子看来，"寿"作为一种生命状态，不能脱离精神层面的修炼而通过其他仅关乎形体的养生而获得，老子本人未对这种有着严格限制的对于生命的看法表示过意见，但这种看法却显然不为其后来的某些幻想长生不死的追随者所认可——总有求道者们相信通过种种方术，他们可以独立地将意义赋予形体生命本身。

第四章 庄子论心与精神修炼

就先秦哲学在当时的表现状况而言，老子之后道家学派的主流无疑是非常兴旺发达的稷下黄老学，至于后来广为人们所称道的庄子，在当时几乎没有什么影响，也并未与同时代的其他思想家构成对话。虽然庄子对后世的巨大影响要等到汉末才显示出来，但即便是还原到先秦的语境中，庄子的思想现在看来也仍有特别重要的地位，而他在哲学方面的贡献，类似于孟子，也特别在于其对人心及相应的修养问题提出了新的理解。对此陈鼓应以为："先秦心学的高峰当属庄子学派。先秦心学若以孟、庄为代表，则孟子乃是将心学予以伦理化，而庄子则是将心学以哲学化。"[①] 抛开术语使用方面细节的不同，我们同样认为庄子的思想对于理解心灵、精神和人的自己之所是提供了极具深度的理论资源，特别是对于改变自己、在精神的层面转化自己以趋于理想人格的看法，更不仅仅局限于原有的道家趣味。虽然庄子对于理想人格的理解大体仍然处于道家传统之中，并完全不同于儒家或孔子、孟子的设定，但他对于精神修炼工夫的某些思考，却达到了超乎儒道两家的某种程度，同时从这个角度看，庄子的某些相应思想在先秦诸子乃至全部中国哲学中几乎都是独一无二的。

---

① 陈鼓应：《楚简〈太一生水〉之宇宙生成论——兼论〈性自命出〉之尚情说》，载《老庄新论》（修订版），第116页。

第一节 《庄子》中心的三种用法

在《庄子》全书中间,其内七篇大概是先秦哲学文献中最为优美连贯的文本,一般都被认为是直接出自庄子的写作,也最为研究者们所看重。对于《庄子》内篇的特殊性,王夫之早有论断:"内篇虽与《老子》相近,而别为一宗,以脱卸其矫激权诈之失;外篇则但为《老子》作训诂,而不能探化理于玄微。"[①]在我们看来,内篇与外、杂篇最大的不同在于,外、杂篇与其他先秦诸子的风格一样,都对社会政治问题多有观照,而内篇则几乎是先秦唯一的不太考虑这方面问题而将注意力全部集中在人的内心与精神层面的作品——庄子只是在《应帝王》中简单谈道"游心于淡,合气于漠,顺物自然而无容私焉,而天下治矣。"从这个角度看,《庄子》内篇显然更符合本研究所关注的重点,当然这也并不意味着我们的研究在材料上将局限于内七篇,重要的是,这提示我们考虑到,庄子思想的真正特别之处,大概恰恰在于那些不同于以往道家的东西——这些内容很容易被老庄并称时笼统的道家义理所遮蔽。在我们对于庄子言心的种种主要看法的讨论中,我们不但基本不考虑"人心"与政治层面问题的联系,也将试图暂时忘记来自《老子》的道家式的形而上学,仍然争取直接从使人成为其所应是的改变自己的实践活动出发,去接近那个逍遥放达、"独与天地精神往来"(《庄子·天下》)的庄子。

相对于老子那种身心并重的思想趣味而言,庄子的思考则几乎完全集中在人的内心和精神方面,"庄子的内圣之道主要从'心'上下功

[①] (清)王夫之:《庄子解》,中华书局1985年版,第76页。

夫"①，身体及相关的问题基本上被从他的思想中排除出去，典型如《德充符》中那些容貌丑陋、形体古怪但内心充实、精神完美的人的形象，便代表了庄子对于人的内在人格的重视，而其他一切东西，相比之下都是次要甚至没有意义的。从这种理解出发，我们先来回顾一下庄子关于心的基本思想。

对于心这个在《庄子》文本中反复出现的观念，陈鼓应早已非常关心，并对其使用状况进行过统计与分析。对于心观念在《庄子》中出现的大致次数，陈鼓应有两个不同的统计数字，但对于其意义方面分类则均分为三类，他的一种说法如下："《庄子》言心，全书多达120余次，其中可概分为三类。其一为客观描述，如《列御寇》谓：'凡人心险于山川，难于知天'，《在宥》云：'人心排下而进上'等，乃属客观描述人心之深邃、复杂及其可动性与可塑性。其二为负面之分析，如所谓'机心''成心''贼心'等属之。其三则为正面之提升，如所谓'心斋'即是；尤以'游心'之说，不仅为庄子主体精神之写照，更为艺术人格之呈现。先秦道家之心学，于庄子可谓达于顶峰。"②他的另一种说法则如："纵览《庄子》全书，约有180次左右谈及'心'，可知庄子重视的程度。归纳来看，庄子谈'心'，可分三类：一类是客观描述，如前引《在宥》篇及《列御寇》篇言'心'即是；一类是负面分析，如见于庄子《天地》篇中的'机心''贼心'等即是；第三类是正面提升，如'心斋'等即是。"③据笔者统计，《庄子》全书确有180余次用到心这个字，至于其用法的类型，则大体如陈鼓应所言，我们下面也便据此来对心观念在《庄子》文本中的基本使用状况加以稍为深入的分析。

首先就《庄子》中对于人心的客观描述而言，文本着重揭示此人心所展现出的复杂性及对其整体性的把握，而非对于以往我们所

---

① 陈鼓应：《庄子的悲剧意识和自由精神》，载胡道静主编《十家论庄》，上海人民出版社2004年版，第392页。
② 陈鼓应：《管子四篇诠释：稷下道家代表作解析》，第41—42页。
③ 陈鼓应：《庄子的悲剧意识和自由精神》，载胡道静主编《十家论庄》，第393页。

熟知的人心之某一方面内容专门有所强调。春秋以来的传统中，人们对于心灵的理解就不外认为其具有情绪、意志、欲望、认知与道德能力，在进入诸子时代后，所有这些内容在儒家和道家思想中整合为人心、人性的观念，而后一种观念则逐步成为对于人之所是的一个回答，类似于"我自己是谁"这样的问题，最终就需要落实在人心、人性上面方能得到理解。上述思路在儒家系统内最终的呈现形态便是孟子的哲学，而其在道家系统内，则要留待庄子来完成。在以往的道家系统中，人之所是归根结底与道这个最高观念有关，而此一点粗率而言也被庄子继承了下来，至于他对人改变自己的过程和由治心开始而达于治人的思路所给予的关注："须精神之运、心术之动，然后从之者也"（《庄子·天道》），也对之前的稷下黄老学有承续关系。

在庄子对于人心的客观描述中间，大约还有两方面内容值得专门注意。其一与此心整体作为对于人之所是的回答有关，这个问题在儒家系统内与人性的问题有关，而在道家和庄子这里，这个问题则与德的观念联系起来，在后一种意义上讲，德是人得自于道的一种对于自身个体存在的规定，这种规定正好相当于儒家所谓性："《庄子》内七篇虽然没有性字，但正与《老子》相同，内七篇中的德字，实际便是性字。"① "《老子》和《庄子》内篇虽然没有'性'字，但是其中的'德'相当于'性'。"② "《庄子·天地》云：'物得以生谓之德。'……是指物所以生存的内在根据。这种内在根据，儒家谓之性，道家谓之德。"③ 从这个角度看，人心仍然取决于道，而庄子对于此心其他或正面或负面的评价，则也仍然与作为最高观念的道有关联。庄子对于心灵的客观描述中第二个值得注意的方面则在于庄子对于心知的理解。在道家系统中，开创者老子是持比较明确的

---

① 徐复观：《中国人性论史》，第 225 页。
② 郑开：《德礼之间——前诸子时期的思想史》，生活·读书·新知三联书店 2009 年版，第 351 页。
③ 张岱年：《中国古典哲学概念范畴要论》，中国社会科学出版社 1989 年版，第 155 页。

反智态度的哲人，但这种态度在其后学中间有不同的表现形态，如前面第三章所谈到的，稷下道家并不简单持反智态度，《管子》"四篇"对于受道之后的"心之心"中的智便有一些正面的看法。就庄子而言，当他所立足的对心的了解，"亦非完全反知。而世人好笼统地用反知二字以说明庄子的态度,有失庄子的本意"①。这一点从庄子在《逍遥游》中屡次称道"大知"，并在《大宗师》中强调"有真人而后有真知"均可想见。但庄子所谓的心之"大知"或"真知"，显然既不是认知意义上的知，也不是伦理道德意义上的知。前一种知正好就是庄子在《逍遥游》中所讽刺和反对的那些"小知"，从认识角度来讲，这种"小知"总是局部的、相对的和不完整的；至于后一种儒家趣味的知，自然也为庄子所不取："庄子所谓心知，非孟子之所谓心知……孟子所谓心知，乃德性之心知……庄子所视为可与性相违之心知，则初为一认识上向外寻求逐取，而思虑预谋之心知。"②那么其所谓"大知"或"真知"指的是什么内容呢？简单讲，这就是知道之智慧，是对于人的本真生命之所是的把握："庄子所谓复其性命之情之实义，即不外化除一切向外驰求之心知，或收回此心知，以内在于人生当下所遇所感之中之谓。"③这种内在于人生的当下与性命之情实的感觉，笼统而言便是与道相和谐的内心状态，《庄子》中所展开的其余那些对于人心或负面或正面的分析便基于上述客观了解之上。

其次，就《庄子》中对心灵的负面分析而言，庄子讲人心的表现有："成心""滑心""机心""忧乐之心""相害之心"等，这些都是"从根本上违反道的虚静自然"的"有为的心态"，而非"道德自然本心"。④ 上述内容之所以成为庄子批评的对象，则是因为这些内容所表现出的主观性与现成性——此可举《齐物论》中所谓"成心"为例以说明问题所

---

① 徐复观：《中国人性论史》，第235—236页。
② 唐君毅：《中国哲学原论·原性篇》，中国社会科学出版社2005年版，第25页。
③ 唐君毅：《中国哲学原论·原性篇》，第29页。
④ 张立文主编：《中国哲学范畴精粹丛书·心》，中国人民大学出版社1993年版，第47—50页。

在。"成心"所具有的主观性既可能是知识上的主观,也可能是伦理上的主观,前一方面内容在庄子看来都属于"彼亦一是非,此亦一是非"(《庄子·齐物论》)的"小知",至于《庄子》全书对于为普通人们所推崇的那种儒家式的伦理美德的讽刺与反对更是比比皆是,如果说内篇中的说法还较为温和,那么这种讽刺的态度以外、杂篇为甚——《庄子》在外、杂篇中继承并延续了道家作为世界的批评者一贯持有的对于仁义之类通行价值的否定。上述任何一种主观性都是与道之"自然"相违背的,同时,"成心"所具有的那种现成性在庄子看来也是不足取的。这种现成性与道所具有的那种虚无的状态相左——庄子在《人间世》中称人心为"虚室"。对于我们的立场而言,这一点却意味着人具有改变自身以获得主体地位的可能,虽然这种主体性完全不同于儒家式的美德化了的理想人格,却仍然展现了另一种对自由的追求。理解庄子对于人心的这种非现成性的另一个关键在于理解他对于"化"的看法——从这个角度看我们永远具有改变自身的余地。对这个反复出现在《庄子》文本中的关键词的具体研究,我们仍然留待第二节进行。在这种对于人心的负面内容的弃绝态度之上,庄子最终表明了自己对于人心的正面看法及相应的将其加以提升的方式或者精神修炼工夫。

最后,就《庄子》中对于人心的正面理解而言,这方面内容当然是与道密不可分的。在整体上讲,具有正面意义的心灵也具有道的虚静无为的特点,这便是所谓"端而虚,勉而一"(《庄子·人间世》)。无论"虚"还是"一",在以前的道家谱系内都能找到从老子一直贯穿到稷下黄老学家的思想传承线索,这些术语所表达的都是某种与道相谐的最终的精神境界,类似的说法后来在《荀子》的文本中获得了专门的认知层面的意义,但在庄子这里,问题却并未超出修养境界的范畴。达到如此境界的得道之人也就是"去私无己"之人,庄子称这样的人为"至人"或"圣人":

> 至人之用心若镜,不将不迎,应而不藏,故能胜物而不伤。(《庄子·应帝王》)

> 水静犹明，而况精神？圣人之心静乎，天地之鉴也，万物之鉴也。(《庄子·天道》)

这些《庄子》中的将心视为镜子的比喻，也与反映论的认识论或者《管子》"四篇"和《荀子》中所谈到的"大清明"状态无关，庄子所谓的心之镜，是涤除了"成心"之后的人心。这样如镜子般的人心，所表现出的也就是《人间世》中所谓"虚室生白"的那种状态。庄子的将人心称为"虚室"的说法，从意义线索来看，显然与之前稷下道家将人心称为"精舍"的说法有联系，后文中"耳目内通而外于心知，鬼神将来舍"的说法更可被视为对于《管子》"四篇"中类似的"敬除其舍""鬼神将通之"等说法的某种重述，这样的虚室，所等待的仍然是道的到来："唯道集虚"。

庄子最终达到与道相谐之状态的心灵，也就是自由的心灵。需要指出的是，虽然庄子从来都被认为是最强调追求自由的哲人，但他对自由的看法却因为对外在于人心的道的依赖而留下了有一间之未达的遗憾。庄子将人自由的状态称为"游心"："且夫乘物以游心，托不得已以养中，至矣。"(《庄子·人间世》)有论者认为，"'游心'是庄子独创的一个观念,而且最能代表其哲学精神"①。这一点或可从庄子本人对于此观念的用法加以推断，如其"游心乎德之和"(《庄子·德充符》)、"游心于物之初"(《庄子·田子方》)的说法与"逍遥游"的核心思想，都是从不同角度强调此种"游心"之境界。问题在于，这样的"游心"却因为缺乏对于构成人格的更为具体的品质的考虑而偏于虚无，向我们揭示了一种本真的生命的可能性，但未如亚里士多德或者儒家所强调的那样以美德的观念来为这种生命提供更具体的支撑，因此他们向本真之所是改变自己的工夫也就显得很形式化。对于完整的哲学思考而言，对理想人格之可能性的揭示、对于充实并完成这种人格的品质

---

① 陈鼓应：《楚简〈太一生水〉之宇宙生成论——兼论〈性自命出〉之尚情说》，载《老庄新论》(修订版)，第118页。

的了解和对达到这一目标的实践活动及相应的修身工夫的思考，都是不可或缺的环节，历史上不同的哲学家将从不同的角度向我们揭示出问题的不同方面。

第二节 改变自己的正负工夫

庄子基于上述对于人心的正面理解，发展出将其加以提升的精神修炼活动，在这一方面，庄子给人留下的一个深刻印象是，虽然他对于道家传统中讨论的修身工夫从正负两方面都有思考，但特别强调修身过程中负的工夫。上文中提到的"虚室"也就是"心斋"：

> 无听之以耳而听之以心；无听之以心而听之以气。听止于耳，心止于符。气也者，虚而待物者也。唯道集虚。虚者，心斋也。（《庄子·人间世》）

庄子所谓"心斋"，仍然既是一种境界，亦是一种同时具有正负两方面因素的修身工夫："在实现'心斋'之后，原来的'我'以及'我'的精神世界便不复存在，取而代之的是经过净化的自我及其精神世界。""'心斋'意味着对个体精神世界的净化，这种净化包含着个体在精神层面的努力和工夫。"[①]

为了达到"游心""无己"之内心境界所展开的修身，从正面角度讲，"所谓'心斋'，乃是'养心''养气'之法"[②]。修身与气密切相关是

[①] 杨国荣：《庄子的思想世界》，北京大学出版社2006年版，第121页。
[②] 陈鼓应：《楚简〈太一生水〉之宇宙生成论——兼论〈性自命出〉之尚情说》，载《老庄新论》（修订版），第234页。

道家从来的主张，就此庄子所谈到的精神修炼工夫中出现的气的观念而言，《庄子》全书大体上总是在两种意义上谈论气，首先就出现在《大宗师》中的"阴阳之气""天地之一气"而言，庄子所谓气是一个质料意义上的观念，但这种用法却并不反映庄子论"心斋"时所谓"听之以气"的意思，后一种气仍然是精神性的："心和气并非截然不同的两种东西，心灵通过修养活动而达到空明灵觉的境地称为气。换言之，气就是高度修养境界的空灵明觉之心。"①这个语义线索可以一直通过稷下黄老学回溯到老子那里，具有普遍精神含义的气，同样出现在庄子这里。上述这种正面开展的"养气""养心"工夫在《在宥》中被称为"心养"："乃是'堕尔形体，吐尔聪明，伦与物忘'。这和'心斋''坐忘'的修养功夫相同。'心养'而臻至'大同乎涬溟'的境界，亦即'坐忘'而臻至'同于大通'的境界。'大同乎涬溟'，即大同于自然的元气，亦即大同于宇宙根源性的存在。"②这种对于庄子所设想的心灵境界的把握，更将其与高于个人层面的、更为广阔和永恒的宇宙之类的存在联系起来，这一点从庄子"独与天地精神往来"和他遵循道家传统，在主张"听之以气"的时候将道或精神意义上的气置于比人心更为基本的层面上讲无疑是具有解释力的③，庄子修身活动的目标不外就是达到自由、"同于大通"之人格境界。

"心斋"是为了受道，在此意义上，为了达到得道的状态，庄子对于上述工夫中所需要的放弃、摈除自己的负的方面给予了更大的关注。这方面内容便与庄子和道家一贯所谓"虚"有关，从这个角

---

① 陈鼓应：《楚简〈太一生水〉之宇宙生成论——兼论〈性自命出〉之尚情说》，载《老庄新论》（修订版），第234页。
② 陈鼓应：《楚简〈太一生水〉之宇宙生成论——兼论〈性自命出〉之尚情说》，载《老庄新论》（修订版），第281页。
③ 前面曾谈到老子与稷下黄老学的相应观点，他们对于人心受道的看法与亚里士多德主张心灵可以与 nous 相结合的观点有类似之处，同样的看法，也出现在他之前和之后的希腊哲学当中，甚至正是因为"哲学理想允许我们把关注自己与作为精灵的心灵联系在一起，这便有了圣人（sage）或智者（wise man）的形象"（edited by Gary Gutting, Cambridge University Press, 1994, p5. Arnold I. Davidson, *Ethics as ascetics: Foucault, the history of ethics, and ancient thought*, The Cambridge Companion to Foucault, p.128）西方学者还认为，斯多葛派哲学实

度,"心斋"也可被与《大宗师》中所谓"坐忘"联系起来加以解释。从道家所欲达到的理性人格之境界的角度看,"'坐忘'和'心斋'都讲'道'的境界。'心斋'着重在叙说培养一个最具灵妙作用的心之机能,'坐忘'则更进一步提示出空灵明觉之心所展现出的大通境界"[1]。这样的境界也就是与道相谐的虚静境界:"道家是很重视虚静的,但庄子更强调的是虚(《庄子》内七篇中未出现'静'字),他以'虚'来形容心灵的涵容性。庄子要求以虚静之心去蔽、去障、去除自我中心,培养'以明''心斋''坐忘'的境界。'以明''心斋''坐忘'是内圣的一种心境,'以明'的境界是开放的心灵;'心斋'的境界是虚而待物,培养空明之心,这样才能发挥其广大的涵容性;'坐忘'的境界是同于大通,即培养自我人格形态,具有一种开阔的宇宙意识。"[2] 我们下文所关注的,便是庄子对上述修身努力

(上接76页注3)践的关键并不在于通过自身修养而建立某种仅与自己有关的关系,感觉自己属于一个更广大的包括了人类社会和全部宇宙的整体才是真正根本的,这方面内容正如塞涅卡(Seneca)的名言:"Toti se inserens mundo。"(与天地为一体 [Plunging oneself into the totality of the world])(Pierre Hadot, *Philosophy as a Way of Life – Spiritual Exercises from Socrates to Foucault*, p. 208)对于如塞涅卡这样的斯多葛派哲学家,"自己"和"自己身上最好的部分"是有区别的。"自己身上最好的部分"是一个"超越的自己",这个部分不但内在于塞涅卡,也内在于所有人和整个宇宙。(Pierre Hadot, *Philosophy as a Way of Life – Spiritual Exercises from Socrates to Foucault*, p. 207)这个自己身上超越的部分,也就是亚里士多德所谓 nous,曾被称为精灵(daimon)或者天理/普遍理性(universal reason):"事实上,斯多葛派修炼的目标乃是超越自己,与普遍理性相一致地思所行。"(Pierre Hadot, *Philosophy as a Way of Life – Spiritual Exercises from Socrates to Foucault*, p.207)"在他对塞涅卡的一系列解释中,阿道分别将真正的善等同于自己最好的部分或完美的天理(divine reason)。据此种理解……塞涅卡所谓的真正的善,就是他自己最好的部分,也是一个超越的自我;这是塞涅卡体内的圣人或精灵。"(Arnold I. Davidson, "Ethics as ascetics: Foucault, the history of ethics, and ancient thought", *The Cambridge Companion to Foucault*, edited by Gary Gutting, p.129)也就是说,如果成为圣人并获得智慧是古希腊哲学家们精神修炼的最终追求,那么这就意味着认同天理并超出自身,也就是个人真正的自己超越了本来的个人。(参见 Arnold I. Davidson, "Ethics as ascetics: Foucault, the history of ethics, and ancient thought", *The Cambridge Companion to Foucault*, edited by Gary Gutting, Cambridge University Press, 1994)上述所有这些说法,均与道家的思想形成有趣的对照,而塞涅卡的名言,也很容易让我们联想到中国古代所谓"天人合一"的说法——从上述角度来看,这种说法更接近道家而非儒家。

[1] 陈鼓应:《楚简〈太一生水〉之宇宙生成论——兼论〈性自命出〉之尚情说》,载《老庄新论》(修订版),第257页。
[2] 陈鼓应:《庄子的悲剧意识和自由精神》,胡道静主编《十家论庄》,第393页。

中负面工夫的了解，对此也可参照《大宗师》中所设想的那个得道过程，即从"外天下"开始，通过"外物"渐次至于"外生""朝彻""见独"而最终达到"无古今"的地步——这也显然是对一个逐步摒弃外物乃至生命本身，而不断专注于内心的负的修炼过程的逐步揭示。

庄子所提出的"忘"与"丧"这两个观念最为集中地反映了上述倾向。庄子对于"忘"的典型说法便是《大宗师》中所谓的"坐忘"，此观念与《人间世》所讲的"心斋"的最大不同之处便在于，在庄子看来，其相对后者完全是负的精神修炼工夫，而这种纯粹负的工夫的重要性，甚至还在正负参半的修身"心斋"之上。《大宗师》中颜回上来就没头没脑地说"回益矣"，最终他经过一系列的"忘"而达到"堕肢体，黜聪明，离形去知，同于大通"。这个话题，似乎应该是接着"心斋"的话头来讲才更为顺畅，所谓"回益矣"是针对《人间世》中颜回问孔子何为"心斋"之后，颜回在理解了此一观念后才有了更深的体会："坐忘"。就后者的具体内容而言，有论者认为，"坐忘"状态的"离形去知"是"在总体上表现为闻见与心知的双遣"，并同时"从个体的层面，消解感性与理性的规定"，最终"在消除了感性作用与精神领域的不同存在形态以后，个体的精神世界便随之解体"。① 这实际上也就是对于主观的、现成的、已知的"我"的消解，也就是庄子所谓"吾丧我"所要表达的意思。他通过后一种说法揭示了人自己的深度："庄子的实际旨趣，在于维护和肯定真正意义上的个体之'我'，消解与之相对的'我'：所谓'吾丧我'，也就是以本然、真实之'我'（'吾'）解构非本然、非真实的'我'。"② 用劳思光的话讲，这意味着庄子如老子一样肯定所谓的"情意我"，同时否定形躯我、认知我，也不认同于德性我。③庄子否定形躯故"破生死""通人我"，并在《德充符》里设置了许多丑陋但境界高尚的形象；否定认知故"泯是非"，主张弃绝各种与外物相

---

① 杨国荣：《庄子的思想世界》，第113、115页。
② 杨国荣：《庄子的思想世界》，第176页。
③ 参见劳思光《新编中国哲学史》第1卷，广西师范大学出版社2007年版。

关的"小知";最后,庄子拒绝德性当然是道家拒绝儒家传统的结果,而所有这些努力,都是向我们说明,在俗见中那个作为常人之"我"是非本真的,只有"吾"所代表的那个与之相互分离的,基源性的、主体化的、本真的自己作为人之所应是才值得存在。

必须注意的是,这个庄子所强调的"丧我"之"吾"仍然是一个精神化的"吾"而与《庄子·天下》中讽刺的慎到那种"弃知去己"之后的"至死人之理"完全不同,此如徐复观所言:"庄子……所追求的精神生活……依然要落在人的心上。……他在上面所说的气,实际只是心的某种状态的比拟之词,与老子所说的纯生理之气不同。这便是他和慎到表面相同,而根本不同之所在。……庄子若真是不在心上立脚,而只是落在气上,则人不过是块然一物,与慎到没有分别。"① 这种论点所强调的,不外是庄子主张必须以人心、以人的精神生活为核心来揭示"吾"的意义——"吾"在克服主观性和片面的"小知"的同时,并没有沦于彻底的虚无。前面提到道家对于本真的生命的把握整体反映出某种空洞感,如果他们仅仅停留在对于作为最高观念的道的强调上面,那么这种空洞感的确难以克服,但庄子作为道家系统内最为重视心灵的哲人,却因为对于此心及其相关的精神修炼方式的特殊敏感而达到了道家系统内的最高思想水平,也许并未真正解决自由的问题,但已经完全超出了慎到式的"块不失道"。

在结束本小节对于庄子言心大概情况的讨论之前,为了显示庄子对于心灵问题的特别之重视,可再举《庄子》的《天道》《刻意》《知北游》《列御寇》和《大卜》几篇中都出现的"精神"这个词为例。早有学者发现:"在古典哲学中,'精神'一词首创于庄子,古人以为思维能力与精神作用均发自于心。庄子论心要在阐扬心神与心思的作用——心神活动创造人的精神生命;心思作用建立人的思想生命。"② "精神"这个

---

① 徐复观:《中国人性论史》,第233页。
② 陈鼓应:《楚简〈太一生水〉之宇宙生成论——兼论〈性自命出〉之尚情说》,载《老庄新论》(修订版),第119页。

观念从此便具有了现代我们所熟悉的意义，而此观念的提出，正是基于庄子对人心的深刻理解："庄子主要的思想，将老子的客观的道，内在化而为人生的境界，于是把客观性的精、神，也内在化而为心灵活动的性格。心不只是一团血肉，而是'精'；由心之'精'所发出的活动，则是'神'；合而言之即是'精神'。"①"在庄子以前，精字神字，已很流行。但把精字神字，连在一起而成立'精神'一词，则起于庄子。这一名词之出现，是文化史上的一件大事。精神一词明，而庄学之特性更显。"②

基于目前所拥有的关于庄子言心及其关于修身工夫的知识，在后面我们将专注于从精神修炼的角度来继续深化对庄子思想的理解。我们将首先尝试通过《庄子》中著名的"蝴蝶梦"的寓言来揭示这位哲人对于精神修炼、自身转化的某些精微的看法，再专注于讨论在先秦哲学的谱系中仅为庄子一人所注意到的某些极为特殊的精神修炼之道，以他对语言、反抗和死亡有关的独特思考的研究来结束我们对于庄子的评说。

第三节 "蝴蝶梦"与精神修炼

美国汉学家爱莲心（Robert E. Allinson）曾有一部专门讨论庄子哲学的著作《向往心灵转化的庄子：内篇分析》，作者自述其研究思路如下："我希望至少要达到两个目标。首先，我尽力陈述《庄子》全书关注的一个主要哲学任务：心灵转化。其次，我还尽力表明，《庄子》文本中的不连贯和十分难解的文学方式跟达到自我转化的目的技术手段有一种系统的关联。为了达到我所确立的这两个目标，我全力用相当多的

---

① 徐复观：《中国人性论史》，第236页。
② 徐复观：《中国人性论史》，第236页。

篇幅说明《庄子》文本不是相对主义的。"①作者所谓"心灵转化"的英文原文表述为"spiritual transformation",这个用语正好与我们所关注的"精神修炼"(spiritual exercises)问题形成了一种张力,而"转化"(transformation)的概念,也是在讨论后一话题时常被用到的关键词之一。在本节中,我们同样希望从心灵转化的角度和相应的工夫论意义来接近《庄子》的文本,而上述爱莲心作品中包含的某些不尽如人意之处,恰好为我们进一步的思考提供了一块很好的跳板。

(一)"梦"的隐喻与一种文本调整

在此笔者希望通过一个精心挑选出的关键问题来显示《庄子》的特色,在回应现有研究中某些缺失的同时继续显示我们立足于精神修炼问题来看待哲学研究的立场。《齐物论》末尾出现的那段著名的对于"蝴蝶梦"的叙述,正是这样一个关键所在。

国内的《庄子》研究,大多都没有对这场"蝴蝶梦"给予足够重视,通行的解释都比较简单地将其与"齐生死"的问题联系起来考虑。比较有代表性的如冯友兰,他在堪称晚年定论的中国哲学史里,将梦和觉与生和死联系起来,认为"蝴蝶梦"所要传达的意义在于"齐生死"。②至于近年新出的研究,如杨国荣在其对《庄子》的解释中同样追随冯友兰,继续把生死与梦觉直接联系起来。③这一解释序列在历史上可以回溯到郭象,在他给自己《庄子注》所加的序言里便说到庄子的一大特色是能"达死生之变",并且在自己对于《齐物论》原文的注释中对此加以进一步说明,并建立起了某种文本内部的意义关联。在其《庄子注》中,郭象解"蝴蝶梦"总结如下:"夫觉梦之分无异于死生之辩也。"特别对整段文本末尾句"此之谓物化"的注释说:"夫时不暂停而今不遂存,故昨日之梦于今化矣,死生之变岂异于此而劳心于其间哉?……而愚者窃窃然自以为知生之可乐、死之可苦,未闻物化之谓

---

① [美]爱莲心:《向往心灵转化的庄子:内篇分析》,周炽成译,江苏人民出版社2004年版,"自序"第1页。
② 参见冯友兰《中国哲学史新编》,人民出版社1995年版,第2册,第117页。
③ 参见杨国荣《庄子的思想世界》,北京大学出版社2006年版。

也。"这样郭象就直接把梦觉、死生之变与物化都联系在了一起,并将生死问题作为梦觉这一话题的最终解释所指。从文本内部意义关联的角度来看,郭象以死生说梦觉的解释,似乎不能说没有根据,这与他对本篇前文另一个故事的理解有关。这个故事爱莲心在自己的作品里也有涉及,称之为"大圣梦":

梦饮酒者,旦而哭泣;梦哭泣者,旦而田猎。方其梦也,不知其梦也。梦之中又占其梦焉,觉而后知其梦也。且有大觉而后知此其大梦也,而愚者自以为觉,窃窃然知之。"君乎!牧乎!"固哉!丘也与女皆梦也,予谓女梦亦梦也。是其言也,其名为吊诡。万世之后而一遇大圣知其解者,是旦暮遇之也。

可以推测,郭象对于这"大圣梦"在上下文中的理解直接影响了他对后面"蝴蝶梦"的理解,而他的这种理解——从生死的角度解释梦,表面上看也能在《齐物论》的文本之中找到根据。在"大圣梦"的前文里,庄子正好谈论的是死生的虚幻,他反问读者:"予恶乎知说生之非惑邪?"从此句以下直到"予恶乎知夫死者不悔其始之蕲生乎",一段话的确谈的是生死问题。如果把"大圣梦"的故事视为进一步说明上述看法的一个寓言,那么郭象的理解完全是有效的。"大圣梦"前文的语气并不确实,庄子是在利用反问的方式——事实上《齐物论》通篇都充满了这种反问的语气,这种语气的反复运用便形成了庄子所谓的"吊诡"——来打破世俗对于生死问题的成见,但从这些反问中,并不能直接导出一个"齐生死"或者如郭象在其对以上《庄子》引文的注释中所言"玄同生死"的结论来。[1] 至少这种反问本身并不排除死可能比生更幸福的观点,比如在《庄子·外篇·至乐》里的那个可称为"髑髅梦"的故事,或者就是从这一层意思出发,在谈论生死问题时明确表达了死

---

[1] 历史上其余多家《庄子》的注释者,在解释这个"大圣梦"的时候同样都没有逸出郭象最初所设定的解释框架,大家都认为庄子在这里要表达的是应破除生死成见的虚无。具体可参阅(明)焦竑《庄子翼》(文渊阁《四库全书》本)相关章节所引吕吉甫注、陈碧虚注。

之快乐。(这里又出现了"梦"这个关键词,但是这里的"梦"与生死问题本身没有直接的关系,庄子被假托为做梦者,但正面表达死之乐的是入梦来的髑髅而不是做梦的庄子。)

现在的问题就是,我们能否将"大圣梦"的寓言视为与前文连贯,认定万世之后最终的、超乎世俗层面之上的大知大觉在消除了通常我们在梦觉间树立的似是而非的差异同时,也消除了我们对生死厚此薄彼的荒谬态度。笔者个人对这个问题的回答并不乐观,"大圣梦"与谈论生死的前文恐怕本来未必能作为连贯的文章来理解,这一点可从紧接"大圣梦"的叙述之后的文本发现端倪。其后紧接的是"既使我与若辩矣……"的一段话,讨论的是通常意义上真假标准的问题,其中充满了大量的不确定,完全没有得出任何正面的结论——这倒是与"大圣梦"之前对于生死的讨论异曲同工。对于这种叙述风格,庄子自己称之为"妄听"之"妄言",这也就是不但没有结论、似乎还自相矛盾的"吊诡"之言。从这个角度看,如果把"大圣梦"的故事整体删掉,仅保留其中"是其言也,其名为吊诡"一句话,同时将谈生死一段话中如下的叙述:"丽之姬,艾封人之子也。晋国之始得之也,涕泣沾襟。及其至于王所,与王同筐床,食刍豢,而后悔其泣也。"也删掉,使对世俗生死观的反问和对通常意义上真假标准的反问文字连属如下:

> 予恶乎知说生之非惑邪?予恶乎知恶死之非弱丧而不知归者邪?予恶乎知夫死者不悔其始之蕲生乎?是其言也,其名为吊诡。既使我与若辩矣……

如此一连串的反问语气连贯,将生死与真假联系起来似乎更能直见反问者的本意,这样的调整,不知是否会更符合《齐物论》作者的原始意图?

中国古书的编定成型均非成于一时,也未必成于一人之手,"丽之姬……"与"大圣梦"两段寓言,完全可能是后来的编辑者根据自己的理解对《庄子》原文调整后的结果(对"大圣梦"的加工更加复杂,还可能是将原有的"是其言也,其名为吊诡",掺入后加入的故事中间),它们本身完全可能出自庄子的手笔,但它们出现的位置,却并不一定就是写作时的原始位置。这种状况,对于我们所关心的"蝴蝶梦"而言可能也属同样。当然在隐喻的层面上,不能说完全不能把梦觉与生死联系起来(从《庄子》中关于梦的文字来看,把梦觉与真假联系起来也很自然,由此中介,梦觉与生死便又联系起来了),但在笔者看来,这并不是《庄子》一书谈论生死问题的重点所在。以梦觉喻生死的解释本身,绝非对《庄子》文本中的相关言说所能展开的唯一解释方案,意义的链条至此并未终结,庄子有关生死、梦觉甚至真假的言说的本意在这个相互意指的层面上尚未封闭完成,所有以上种种要素,可能都指向更遥远的隐秘之处,暗示着更复杂的解释深度。将"梦"的问题仅仅和生死问题联系起来,在笔者看来恰好是以相对简单的方式消除了《庄子》文本原来所发出的某些幽暗之光。

(二)"化"的观念与庄子式的"相对主义"

在继续我们的讨论之前,有必要首先来看一下所谓"蝴蝶梦"的文本:

> 昔者庄周梦为胡蝶,栩栩然胡蝶也,自喻适志与,不知周也。俄而觉,则蘧蘧然周也。不知周之梦为胡蝶与,胡蝶之梦为周与?周与胡蝶,则必有分矣。此之谓物化。

这段文本意味深长,除了有关梦觉状态的言说之外,还有蝴蝶本身特殊的象征意义也十分别致。如爱莲心所言:"《庄子》中却存在着这么一个核心的比喻:蝴蝶,它美丽的同时又象征着转化。事实上,蝴蝶可被视为异常卓越的转化形象。"[1]在尝试揭示这种转化的意义所在之前,我们先来回忆一下蝴蝶的另一种象征意义。

在古希腊神话中,蝴蝶是 psuchē(即现代英语中的 psyche)的象

---

[1] [美]爱莲心:《向往心灵转化的庄子:内篇分析》,第79页。

征，爱莲心在一条尾注中提道："古希腊文……关于心灵（psyche）的词是与关于蝴蝶的词同义的。严格地说，蝴蝶被作为心灵的化身；或者更准确地说，蝴蝶之翼被作为心灵的形象化比喻。在缅甸语中，蝴蝶（Hlepa）一词意味着死者的灵魂。当英国殖民主义者在他们的蝴蝶网上捕捉这些死者的灵魂时，缅甸人感到很震惊。"[①] 蝴蝶在中国一个家喻户晓的民间故事里几乎具有同样的意义，谁不把飞过梁祝坟茔的蝴蝶视为他们灵魂的象征？蝴蝶的形象与上述一系列相互纠缠的同源观念——精神、心灵或者灵魂存在相关性，而这种相关性甚至跨越了完全不同的文化，如此巧合的意义所在目前无从捉摸，这里需要注意的是，即使把蝴蝶的这层象征意义揭示出来，也不能让我们的思考仅仅停留在生死问题上面。我相信，庄子的"蝴蝶梦"所敏感地捕捉到的"化"的观念，具有更重要的深刻意义。

庄子所谓的"化"，如仅就内篇中所见而言，散见于《齐物论》《人间世》与《大宗师》等各处，其字面意思并不复杂，基本上就是变化、转化，由一物成为另一物、由人的一种状态成为另一种状态，也就是"万物皆出于机，皆入于机"（《庄子·至乐》）的"物化"。但如果深入来说，《庄子》文本中出现的"化"并不仅仅停留在此一水平上。"物化"可能并没有明确的指向性，在一次或一系列变化的前后多种不同形态之间，也没有质的差异，也就是说，转变既可能是在向某种意义上具有更高价值的形态发展，也可能向相反的方向发展，或者更可能其并未引出不同形态间的质的差异。对于问题的上述方面，仅就"蝴蝶梦"结尾所谈到的"物化"而言，郭象的态度并不明确。在其他的古代注释者当中存在着对于"物化"的不同理解，对于我们彻底理解问题所在似有帮助。焦竑在《庄子翼》中引"褚氏管见"，总论《齐物论》："盖极论物我、生死、觉梦之不齐，而终归于物化。南华之所谓'化'，即大《易》所谓神潜于恍惚、见于日用而不可以知。"同书引《南华副墨》认为："物化言古今梦觉混融为一也，物化而后能不物于物。"至于焦竑自

[①] [美]爱莲心：《向往心灵转化的庄子：内篇分析》，第86页。

己的见解，则在其"笔乘"中评价说："生死同梦觉千变万化而归于一致。……苟非其人，欲无沦溺于造化得乎哉？"根据上述思考，我们可以简单将"物化"理解为有限的转化，而这些有限转化最终指向某种玄妙的混一状态，于是庄子所说的转化，只是为了通过将转化中的对象同一化而取消其意义，在均质的"一"的基础上"齐万物"，至于逍遥境界也就是逍遥于对这种同一的把握之中。

这里还需要注意焦竑所提到的一个特别的地方，"非其人"则不能不被动而无知地陷于变化之流，但究竟什么样的人才能超越这种轮回之外呢？但我个人不太认同这个玄学化的庄子形象，庄子所说的"化"在更大的文本尺度上要比"物化"的观念广泛得多，而其更重要的意义就在于所包含的某种"物化"之外的转化，而后一种"化"则是无限的并具有方向性的。如果将其与人自身的状态联系起来考虑，从《庄子》的本文所提供的线索来看，这"化"是一种涉及此种状态的有清晰指向性的转化，庄子在很多地方（尤其在《大宗师》当中）所反复肯定的"至人""真人"或"圣人"就正是这样一个人之"化"的终极指向，他们也就是焦竑认为能够超越自然造化之外的那种人。人自身的转化才是庄子所谓"化"的重点所在，而这种转化的主要意义便在于人内心或精神的层面。成为"真人"的道路并不平坦且无限漫长。杂篇《则阳》中有句话很好地表明了前一点："蘧伯玉行年六十而六十化，未尝不始于是之而卒诎之以非也，未知今之所谓是之非五十九非也。"对于所说的这种不断否定自身，或者说超越自身的曲折道路，后面的《寓言》里还有一个完全相同的表述："庄子谓惠子曰：'孔子行年六十而六十化。始时所是，卒而非之，未知今之所谓是之非五十九非也。'"至于后一点，"真人"的形象永远只存在于寓言当中，无论在庄子还是我们的现实世界里，显然没有人能真正成"真"成"圣"。如果我们错误地将"化"局限为无限过程的有限片段，未能在"物化"与主体自身变化间建立有效的区别，同时也就很容易忽视横于常人与圣人之间的鸿沟。"真人"与常人之间的区别，恐怕不仅仅是据说前者能用脚后跟呼吸，他们之间质的区别在于，"真人"总处于超凡入圣的更高境界。但显然在明了"物化"的均一性基础上所完成的"齐物"能达到的认识论层次,不能直接转化为人作为转变中的主体最终所希望拥有的"真""圣"境界,这里在知识问题和境界问题之间已经出现了理论上的跳跃,而后来所谓"见闻"与"德性"的二分恐怕也于此处早已埋下了种子。

我们可以进一步推论,庄子所言之"化"具有知识层面的和人生境界层面的双重意义,至于这两个层面如何沟通,在中国古代的理论氛围里,大多数情况下都可以含混地处理,人们粗疏地认为当读者通过庄子获得了"齐物"的知识后,便打开了通向更高人生境界的大门。现在带着上述粗略的答案,回到我们的"蝴蝶梦",在这场梦中,在梦觉之间,在庄子与蝴蝶之间究竟发生了什么样的转化呢?从文本本身的阅读,目前我们难以直接得出正面的结论。但至少在认识的层面上,庄子似乎在向我们暗示,我们不能有效判断庄子与蝴蝶之间的区别,虽然"周与胡蝶,则必有分矣",但这个"分"如何才能得以恰当理解,庄子在这里并没有告诉我们——显然在知与不知的层面上,我们并没有获得足够的信息来判断在庄子与蝴蝶的梦觉之间,哪一方应当获得肯定。于是这段文本本身的含混性便与一种几乎成为通行解释的理解方案联系起来,后者断言说庄子在暗示某种哲学上的相对主义或不可知论。但是这种理解方案作为一种出现在当代哲学中的解释,参照《庄子》文本中其他关于人之不同境界的言说,便产生了严重的困难。如果将庄子(特别是内篇所代表的庄子)视为相对主义者或不可知论者,那么我们完全没有办法合理解释为什么在内篇中很多地方庄子所表现出的明确立场。如《逍遥游》论蜩与学鸠,显然是站在鲲鹏的立场上鄙夷它们道:"之二虫又何知?"并明确断言:"小知不及大知。"至于《大宗师》之中,更是对"真人"推崇备至,更倡言:"有真人而后有真知。"前面我们引述的"大圣梦"的叙述中,也有类似的"大圣""大觉"的说法。这一类关于确切的更高级人生境界的言说,显然难以被认为出自某个相对主义者或不可知论者。

对此矛盾已经有学者给予足够重视,如杨荣国认为:"他(庄子)对所知及能知的不确定性和相对性的论述,对是非之争中普遍判断准则的质疑，主要并不是试图展示一种相对主义的原则，而是旨在扬弃存在的分裂与是非的纷争，回归统一的世界图景。"①爱莲心也在自己的研究中对此矛盾有所察觉，他基本上全面总结了目前所有与相对主义有关的解释，对其进行了细致分类，并批评了与"蝴蝶梦"文本理解有关的现有种种混淆假说、无止境转化假说和"以从无知到知的觉醒来理解蝴蝶梦"。持论者分别为冯友兰、葛瑞汉、马克·艾文（Mark Elvin）和吴光明，其中作者认为吴光明的解释最佳。②就像多数解释都把梦觉与生死直接挂钩一样，对于《庄子》主张相对主义这一曲解的源头也能回溯到郭象，他在给《逍遥游》所加的题注中写道："夫小大虽殊，而放于自得之场，则物任其性，事称其能，各当其分，逍遥一也。岂容胜负于其间哉。"在他对《逍遥游》首段的注释中，更将这种相对性与自己提出的"性分"观念联系起来："庄子之大意在乎逍遥，游放无为而自得。故极小大之致，以明性分之适。"这种"各得其所"的说法，如前所言，未必一定就与庄子的本意相符。实际上相对主义的解释策略，在以往对"大圣梦"和"蝴蝶梦"的传统解释当中已经表现出了不一致，郭象注"大圣梦"说道："大觉者乃知夫患虑在怀者皆未悟也。"于是在等同生死梦觉的解释层次之上，又出现了另一个涉及更高智慧的解释层次，这个"大圣""大觉"所表现出的层次，显然已经逸出了相对主义所能逻辑地加以解释的范围。③于是在"蝴蝶梦"的故事中，梦觉之间究竟存在着一种什么样的差异就未必如"齐生死"那么简单了。如焦竑《庄子翼》引《刘须溪点校庄子》对"蝴蝶梦"的评价："不知者以为尚生分别，知者以为人牛俱失之机也，正言若反。"引吕吉甫同段文字注："一身之变，犹不自知，则物之化而异形，其能相知乎？物物不相知，则各归其根；物物不相待，则莫得其偶。其有不齐者邪？"这些注释者都表

---

① 杨国荣：《庄子的思想世界》，第105页。
② 参见[美]爱莲心《向往心灵转化的庄子：内篇分析》，周炽成译，江苏人民出版社2004年版。
③ 另外如焦竑《庄子翼》引陈碧虚"大圣梦"注："若乃经历万世，一遇大圣释此死生之缚者，是犹旦暮之遇也。"同样不能被视为相对主义的言说。

达了类似的意思：超乎梦觉分别之上的"知者"的对于齐一的疑虑，但这样的"知者"仅仅就是拥有更高级知识的人吗？

这种疑虑与爱莲心所认为的目前关于"蝴蝶梦"最佳的解释相互连通。吴光明便以一种"精致的混淆假说"，"把蝴蝶梦作为向往更高的知识的比喻"，"通过反思他的梦，庄子获得了一种觉醒之知：我们不能知道我们不变的身份。正是这种知，使做梦者（我们自己）从被客观实在论缠住的专横中解放出来。这是一种元知识，一种对自己无知的觉醒。这一觉醒的无知导致在本体论转化之流中的逍遥游。"①爱莲心基本接受上述对于"蝴蝶梦"的整体解释，但是他进一步提出了一个与解释的技术细节有关的问题。"吴把认知的真实性归于故事中的做梦者；如果蝴蝶梦被看成一个我们能从中醒来之梦，那么，就没有确实的理由一定要将我们之知限制在对无知的知之中。另一方面，如果我们还是无法肯定我们是否醒来，那么，我们就根本不清楚我们如何能相信一下这种见解：所有我们知道的是，我们不能知。并且……如果我们还在梦中，那么，甚至吴的高明的分析如何得到证明，这也是不清楚的。"②而在他看来，如果接受目前《庄子》文本的本来面貌，这些关于觉醒的高级知识的合理性是无法得以说明的。对于这一困难，爱莲心的解决方案是基于对"蝴蝶梦"文本所进行的重新调整。"为了理解蝴蝶梦的真正意义，我们必须认真准备考虑在蝴蝶梦内部重新排列起码部分片段的先后次序的可能性，并认真考虑联系大圣梦（《齐物论》：'梦饮酒者，旦而哭泣；梦哭泣者，旦而田猎……且有大觉而后知此其大梦也……万世之后而一遇大圣知其解者,是旦暮遇之也'）来调整蝴蝶梦。"③将"大圣梦"视为解释"蝴蝶梦"的基础，是从郭象到爱莲心等所有的注释者都遵循的一个理解原则，但郭象因为没有注意到前一个故事实际上包含两个有可能

---

① Kuang-ming Wu, "Dream in Nietzche and Chuang Tzu", *Journal of Chinese Philosophy* (Honolulu) Vol.13, No.4, 1986, p.379.
② 参见[美]爱莲心《向往心灵转化的庄子：内篇分析》，周炽成译，江苏人民出版社2004年版。
③ [美]爱莲心：《向往心灵转化的庄子：内篇分析》，周炽成译，第87页。

相互冲突的解释层次（凡人/大圣的层次和生/死、梦/觉的层次）而以其所暗示的混同生死梦觉的解释角度轻易抹平了后一个故事中梦觉的差别。但是我们已经知道，对于以上解释原则的运用，无论是在其他的《庄子》注释者手中还是在现代研究者——爱莲心的手中，都要比郭象的理解更复杂。

爱莲心已经发现了上述复杂性，并据此首先对"蝴蝶梦"进行了"文本内的调整"："昔者庄周梦为胡蝶，栩栩然胡蝶也，自喻适志与，不知周也。不知周之梦为胡蝶与，胡蝶之梦为周与？俄而觉，则蘧蘧然周也。周与胡蝶，则必有分矣。此之谓物化。"① 他通过改变"俄而觉，则蘧蘧然周也"这句话的位置，改变了"蝴蝶梦"文本字面所传达的意义。"关于两个版本的不同点，它们只有一个明显的区别：在修改后的版本中，只是在他变得无法肯定他是不是庄子以后，他事实上可能是一只蝴蝶的想法才会产生。……在不成熟的版本中，他可能是一只蝴蝶的想法出现在他是庄周的陈述之后。这是一个不根据前提的推理，或者至少处于在介绍这种怀疑的论辩的过程中的一个不可能的位置。在两个版本中，庄周在醒后明白：他确实是庄周。"② 反过来，"如果我们试图沿着现行版本的逻辑走下去的话，其论辩就会如下：在醒来以后，他不知道是他梦为蝴蝶，还是蝴蝶梦为他。但是，清楚的陈述是：庄周醒来了（并且，他刚才在做梦）。绝没有说：是蝴蝶醒来了。……庄周醒来了。他不可能是正在做梦变为庄周的蝴蝶。……否则，说庄周知道他已经醒来就没有意义"③。在爱莲心看来，"在修改过的版本中，这个梦有非常可理解的和意味深长的（significatory）意义。……在突然的醒悟之后，一个人就能明白真实和不真实的区别。这构成了视野的转化。这是一种在意识中的转化：从不知道真实与幻觉的区别到知道并确定这种在清醒状态中的区别的转化"④。而"蝴蝶梦现行不成熟版本的问题是：在结束

---

① ［美］爱莲心：《向往心灵转化的庄子：内篇分析》，周炽成译，第91页。
② ［美］爱莲心：《向往心灵转化的庄子：内篇分析》，周炽成译，第91页。
③ ［美］爱莲心：《向往心灵转化的庄子：内篇分析》，周炽成译，第92页。
④ ［美］爱莲心：《向往心灵转化的庄子：内篇分析》，周炽成译，第92页。

梦后，我们依然不知道我们是否还在做梦"①。

为了在克服这一问题的道路上走得更远一些，并进一步强化自己的论证，爱莲心认为我们可以："假定一个前提：蝴蝶梦和大圣梦都是为了说明相似的观点。"②"当我们把蝴蝶梦和……大圣梦结合起来时，我们可以得出一个更加强有力的结论。……可以把梦和随梦而来的混淆（confusion）抛在后面。"③他明确地注意到了"大圣梦"中提到的"大觉"的特殊意义，出于对此特殊意义的敏感，他写道："大圣梦明确指出有'大觉'，并且在此'大觉'之后，区分梦的状态和醒的状态是可能的。更重要的是，区分一个作为真实的状态（醒的状态）和另一个作为幻觉的状态（梦的状态）也是可能的。"④据此他设想，可以"对蝴蝶梦的故事进行文本外的调整，以便使它先于而不是后于大圣梦"⑤；"将蝴蝶梦的故事理解为对大圣梦的故事的观点的暂时表达……可以把它理解为提出一种论辩的初步的、不完美的尝试，这种论辩在大圣梦中以更完整和更令人满意的方式出现"⑥。而这种论辩的旨归便是，我们的确可以拥有更高级的知识，站在这种层面上分辨梦觉、庄子蝴蝶甚至生死真假都是可能并确实的。

如此爱莲心便以自己的方式克服了"庄子是相对主义者"的通行见解，权且不论他所做的文本方面的调整是否有效，他的思路的确在表面上解决了一些问题，而且这种解释角度在《庄子》的文本中间也不能说没有着落处。《大宗师》有言："古之真人，其寝不梦。"看来拥有高级知识的"真人"的确不会受到梦幻的困扰。但爱莲心的这种思路，却仍然没有解决如何跨越存在于知识与人生境界之间的鸿沟的困难，他仍然没有充分理解"物化"与更广泛意义上的涉及人自身的转化之间的重大差别。而如将"大觉""大知"视为更高级的知识，则《庄子》中大量

---

① ［美］爱莲心：《向往心灵转化的庄子：内篇分析》，周炽成译，第102页。
② ［美］爱莲心：《向往心灵转化的庄子：内篇分析》，周炽成译，第107页。
③ ［美］爱莲心：《向往心灵转化的庄子：内篇分析》，周炽成译，第102页。
④ ［美］爱莲心：《向往心灵转化的庄子：内篇分析》，周炽成译，第109页。
⑤ ［美］爱莲心：《向往心灵转化的庄子：内篇分析》，周炽成译，第107页。
⑥ ［美］爱莲心：《向往心灵转化的庄子：内篇分析》，周炽成译，第107页。

运用且反复强调的所谓"吊诡"之言——其中的确充满了《齐物论》中所谓"彼亦一是非,此亦一是非"的不确定性——存在的必要性又该如何理解?难道更高级的知识不会将所有低层次的"吊诡"一劳永逸地消除?更严重的困难在于,我们当然可以认为"大知"指的就是对这种知识上的不确定性的领会,但我们又怎么能够知道这样的领会本身的是非呢?这必然会倒向无穷倒退的论说,使对究竟何为"大知"的回答陷入某种恶循环。

使无穷倒退的逻辑得以终止的,其实并不是逻辑本身,而是视域(horizon)的改变。这里的问题在于正是我们在思考大师们遗留下来的问题的时候陷入了恶循环的困境,而之所以会出现这种困境,完全是我们自己画地为牢的结果。仅就《庄子》中的情况而言,"大知"与"吊诡"之间之所以会出现某种断裂与矛盾的张力,是因为我们在面对《庄子》的时候,无意中窄化了思考的范围,受过现代西方哲学训练的我们,身不由己地沿着笛卡尔开辟的道路前行,将庄子的言说首先作为某种认识论(epistemology)问题来加以处理,进而认为他所谈论的逍遥境界,正是建筑在某种认识论的地基之上。这里存在的危机是极其严重的,一旦地基化为"吊诡"之流沙,拥有"大知"的"真人"所居住的堂皇殿堂也难免立刻崩塌,逍遥境界化为乌有。无法逃出现代西方哲学研究范式的思考总不能真正令人满意,而我们如果希望彻底理解"蝴蝶梦"的全部意义,一定首先需要某种视域转换。事实上,生活本身是先行于知识的,我们根本不应该将对生活的领会置于对知识的把握之上,用狭窄矮小的"知"或"不知"来引导生命本身。知识问题只是我们对生活的领会的一个片段,也就是说,生存论的(existential)把握是绝对优先于认识论的而非相反,这或许就是庄子所言"有真人而后有真知"的真正意义所在。同时,庄子所谈论的"化"的指向性与他所说的"真人""大觉"等观念,也都不能仅在后一层面上得到适当的处理。

在从生存论的意义上重新接近"蝴蝶梦"之前,梦的大部分含义目前对我们而言仍然处于被遮蔽的状态,我希望再次引用爱莲心的话:"一个梦的基本意义要求:在梦中发生的是不真实的。让一个梦显得有意义的唯一方式就是从梦中醒来。"① 无论如何，这个断言都是有效的，即便我们已经察觉，在知识层面上的真与不真之外，还存在着广大的天地，而决定我们能够"醒来"并最终"让一个梦显得有意义"的东西，却未必就是我们所能拥有的某种更高级的知识。②

（三）比较视野中的自身转化

西方现代哲学的始作俑者，引发了哲学上认识论转向的笛卡尔恰好也有一段非常著名的对于梦的叙述，将这段话和庄子的"蝴蝶梦"叙述对读相当有意思，而从笛卡尔的想法里，恰能见出我们自身思考的不足之处。另外笛卡尔的这段叙述还引出了当代哲学里的一桩公案，福柯和德里达围绕这段文本及其解释，有过一场意味深长的争论。回顾一下这些内容，相信对于我们深入"蝴蝶梦"的理解不无裨益。

笛卡尔在他的《第一哲学沉思集》开头写道：

> 有多少次我夜里梦见我在这个地方，穿着衣服，在炉火旁边，虽然我是一丝不挂地躺在我的被窝里！我现在确实以为我并不是用睡着的眼睛看这张纸，我摇晃着的这个脑袋也并没有发昏，我故意地、自觉地伸出这只手，我感觉到了这只手，而出现在梦里的情况好像并不这么清楚，也不这么明白。但是，仔细想想，我就想起来我时常在睡梦中受过这样的一些假象的欺骗。想到这里，我就明显地看到没有什么确定不移的标记，也没有什么相当可靠的迹象使人能够从这上面清清楚楚地分辨出清醒和睡梦来，这不禁使我大吃一惊，吃惊到几乎能够让我相信我现在是在睡觉的程度。③

这段讲述，表达了与"不知周之梦为胡蝶与，胡蝶之梦为周与"的怀疑完全相同的意思。但在这里，笛卡尔甚至进一步把自己的梦和疯子

---

① ［美］爱莲心：《向往心灵转化的庄子：内篇分析》，周炽成译，第 103 页。
② 如焦竑《庄子翼》引"林希逸口义"解"蝴蝶梦"所言："这个梦觉须有个分别处，故曰周与胡蝶则必有分矣。此一句似结不结，却不说破，正要人于此参究。"就表达了类似的意思。
③ ［法］笛卡尔：《第一哲学沉思集》，庞景仁译，商务印书馆 1986 年版，第 16 页。

们的疯狂联系了起来。"我在这里必须考虑到我是人,因而我有睡觉和在梦里出现跟疯子们醒着的时候所做的一模一样、有时甚至更加荒唐的事情的习惯"①,"也许有很多别的东西,虽然我们通过感官认识它们,却没有理由怀疑它们:比如我在这里,坐在炉火旁边,穿着室内长袍,两只手上拿着这张纸,以及诸如此类的事情。我怎么能否认这两只手和这个身体是属于我的呢,除非也许是我和那些疯子相比?"②后一个维度在中国哲学的讨论里不能说不存在,我们在古代文献里能看到不少关于"狂"和"幻"的言说,但是在这些言说里面,狂人和常人并没有断然的质的区别,而梦幻也是混为一谈的。在笛卡尔这里,情况则完全不同。诚如福柯所言:"保护思想,不令其陷入疯狂的,并不是真相的一种永存性质,像它容许思想不受错误所欺,或可由梦中醒觉时的情况;那是因为,在这儿重要的不是思想的客体,而是思想的主体——这主体不可能疯狂。我们可以假定我们正在做梦,把自己当作正在做梦的主体,这时可以有些'理由去进行怀疑';但即使如此,真相仍是梦之所以可能的条件。"③在这种对于笛卡尔的解释中,福柯让知识背后的主体出场了,对于做梦者来说,他仍然是一个明晰的、不为疯狂所动的认识主体。正是这个主体支持着现代西方主流意义上的认识论。那么我们同样可以设想类似的主体也会出现在中国哲学当中吗?仅就"蝴蝶梦"而言,虽然庄子无法确定自己到底是蝴蝶还是庄周,但他的这种反思本身却是明白无误的,庄子作为一个拥有思考能力的做梦者,在某种程度上正与笛卡尔的"我思"有异曲同工之处,我们完全可以确定在"蝴蝶梦"里面一定存在着一个与"我思"存在某些联系的主体。至于这个主体是否就相当于"我思",它究竟是庄周还是蝴蝶,仅在知识的层面,目前我们仍然没有办法回答这些疑问。甚至在这个思考维度上,对于"我思"是否必然召唤某种思想主体的出场,

---

① [法]笛卡尔:《第一哲学沉思集》,庞景仁译,第16页。
② [法]笛卡尔:《第一哲学沉思集》,庞景仁译,第15—16页。
③ [法]米歇尔·福柯:《古典时代疯狂史》,林志明译,生活·读书·新知三联书店2005年版,第72—73页。

完全可能存在质疑者的声音。

德里达就是一个这样的质疑者，他在自己的作品中就对福柯的上述解释持不同意见："沉睡者或做梦者从这个角度（只涉及意念之真理的原则——引者注）去看，比疯子更疯。或者至少，从笛卡尔关注的知识问题来看，做梦者比疯子更为远离真实的感觉。"①在他看来，主体的身份无从确知，而对真理的原则的确定，无须主体出场——仅对自在的话语本身展开分析就已经足够了。对于这种批评和只愿意在话语的圈子里打转的态度，福柯在自己与德里达的论战中有一个绝妙的评价："哲学正是以它们的名义表现为衡量一切知识的普遍标准（第一个公设）而又不对这一知识的内容和形式做出实际分析，表现为一种只用自己的光明唤醒自己的道德说教（第二个公设），表现为对自身的永恒复制（第三个公设），是对它自己的作品的无止境的评述，而又不涉及任何外在性。"②同时，"在当今法国，德里达是所有在这三个公设的庇护下大谈哲学的人中最深刻、最彻底的一个"③。福柯在另外的地方重申了自己对于笛卡尔所提到的梦与疯狂的差异的理解，并再次回应德里达的质疑："疯狂作为例子与梦是对立的。"④即便在比较极端的情况下，"当我不再肯定自己是否醒着时，我仍然肯定我的思考能使我有所发现"⑤。"作为睡眠者，我可以继续思考，我仍然有资格思考。"⑥

福柯的回答是否令德里达满意无从知晓，但思想的主体至少与所思想的知识内容同样值得重视，在"蝴蝶梦"当中，的确存在着一个对自身身份有所怀疑的主体也是明确的。当笛卡尔区分做梦者和疯狂者两种主体资格的时候，他的目的是要排除后者而保留前者。在笛卡尔的思路

---

① ［法］雅克·德里达：《书写与差异》，张宁译，生活·读书·新知三联书店2001年版，第83页。
② ［法］米歇尔·福柯：《答德里达》，董芳译，载杜小真编选《福柯集》，上海远东出版社2003年版，第191页。
③ ［法］米歇尔·福柯：《答德里达》，董芳译，载杜小真编选《福柯集》，第191页。
④ ［法］米歇尔·福柯：《我的身体，这纸，这火》，尚恒译，载杜小真编选《福柯集》，第178页。
⑤ ［法］米歇尔·福柯：《我的身体，这纸，这火》，尚恒译，载杜小真编选《福柯集》，第171页。
⑥ ［法］米歇尔·福柯：《我的身体，这纸，这火》，尚恒译，载杜小真编选《福柯集》，第176页。

上，做梦者并未失去自己的思考资格，这就为通过这种思考而最终达到明确的知识铺平了道路。但他明晰的主体在追求确切知识的道路上也不会遇不到"第三人"的困难，怎样才能确知主体所知的一切都不是邪恶精灵的恶作剧？在这里打断可能陷入恶循环的不断追问的逻辑过程的并不是逻辑本身，而是上帝，后者的出现终止了本来可能是无穷尽地对知识合法性的追索。但在庄子这里，在希望获知真正知识的道路上并没有任何可能提供帮助的超越性力量。这再次说明，仅从知识的角度，我们永远没有办法知道自己已经拥有了真正的知识，庄子其实很清楚这一点，"蝴蝶梦"的原始文本和《齐物论》中的大量"吊诡"之言都在向我们传达这个信息。考虑到福柯对笛卡尔的解释，重新评估上述困难并转换视域的关键就呈现出来了，这个关键就在于明确"蝴蝶梦"中那个对自身在"知"或"不知"的意义上表现出的含混性有所察觉的处于转变中的主体的性质，而在这个主体化过程中行为者虽然肯定同时也贯穿了《庄子》内篇的全部文本，但它却没有在"蝴蝶梦"中留下清晰的痕迹。

由于前面提到知识层面上存在的困难，笛卡尔的"我思"的主体显然不足以完全覆盖"蝴蝶梦"中的主体，事实上，福柯从笛卡尔的文本中间辨别出来的那个具有思考资格的主体也是一个有缺陷的主体。但这种主体的缺陷却长期处于西方哲学的盲区，运用西方范式来考虑中国哲学问题的学者们也对其一无所知，甚至福柯本人也只是到了后来才对这种主体所包含的问题有了清醒的认识："现代……大家一致认为让主体可以达至真理的条件只是认识。……我所说的'笛卡尔时期'就是在现代才有它的地位与意义，但是这不意味着它只与笛卡尔有关，他是它的发明者，以及他是始作俑者。我认为，真理史上的现代是从唯有认识才使人达至真理的时期开始的。这就是说，从这样一个时期开始的，即在没有别的要求的条件下，在不需要改变其主体存在的条件下，哲学家（或智者，或只是探求真理的人）就能够通过自己的认识活动，认识到真理，并能够达至真理。"①在古希腊哲学的漫长传统中，主体往往要为

---

① ［法］米歇尔·福柯:《主体解释学》，佘碧平译，第18—19页。

掌握真理而付出自身作为代价，为了求知，求知者首先需要改变自己。这种情况到了上述"笛卡尔时期"，伴随某种哲学趣味上的"认识论转向"，才发生了根本的方向性改变。我们已经知道，在古希腊的哲学实践中，所谓"关心自己"在哲学实践中处于核心地位，只是在后来的哲学史上，"认识你自己"才不断获得了越来越重要的地位，而最终在"笛卡尔时期"达到巅峰："这个带上引号的'笛卡尔时期'是以两种方式起作用的，既在哲学上重新确定'认识你自己'，又同时贬低'关心自己'。"① 先前哲学家们所谓的修行、一系列的道德实践活动和谈论、研究或传授知识都是围绕"关心自己"所展开的哲学活动的组成部分——上述这些活动恰对应于中国哲学中所谓的修身。这些相互联系的活动中的核心部分，也就是法国学者皮埃尔·阿道所谓精神修炼（如本小节开头已经指出的，爱莲心所选择的讨论庄子哲学的角度，或许也正是受到阿道的启发，但是由于他拘于现代西方哲学认识论方面的局限不能自拔，而无法正确理解自己所发现的《庄子》中包含的"心灵转化"话题的真正意义）。对于古希腊哲学而言，精神修炼中的主体并不是仅仅具有思考能力、静止于认识层面上的精神实体化的现成主体，而是时刻处于自身转化中、逸出了笛卡尔"我思"局限的处于主体化过程中的自己——而无论在西方还是中国，如我们前面的研究所表明的那样，这样的自己必须经历塑造人格的修身过程，才能从一无所是中逐渐成为自己之所是，获得主体的地位，至于求识或认识活动，只是改变自身的种种努力之一。

据此来看，原本难以确定的《庄子》中主体的性质也就清楚了，实际上，庄子正是不断在向我们提示着一个同样处于转化过程中的自己，一个同样通过精神修炼而不断蕲向更高境界的自己。庄子谈论这个自己时常用的"化"字的主要意蕴和重点所在，也是蝴蝶的隐喻意义——由蛹化蝶的过程所表现出的那种转变："这种正在被预示的转变是一种哲学意义上的改变，一种完全的改变，一种形态的改变。它是在存在上的

---

① [法]米歇尔·福柯：《主体解释学》，佘碧平译，第15页。

一种彻底的改变，一种身份上的完全改变。这种改变是由平凡的、低等的、世俗的向非凡的、卓越的转变，是由丑陋向美的真正的化身的转变。"[1] 蝴蝶是所发生的某种内在于我们的精神的、心灵的转化的象征，而我们通过这种人格的转化达到更高的境界。笔者相信这恰好与阿道所说明的自身转化（metamorphosis）[2] 表达了同样的意思，这样的主体化过程，最终要超越任何"物化"、相对主义或者"齐万物"的知识言说。至于那个出现在知或不知层面上的遗留问题，"蝴蝶梦"中存在的这个转化中的自己，究竟是庄周还是蝴蝶呢？对这个问题的回答完全可以说庄周既是蝴蝶也不是蝴蝶，此两者均不是转化的目标，或者说我们不能仅把"化"的意义局限于此两者的相互转化，从更高境界的眼光来看，无论庄周还是蝴蝶都必然要被超越，它们都是人自身向更高层次努力转化过程中的必须被抛弃的有限环节。

任何有关的知识层面的问题，只从影响自身转化的角度来看才真正有意义，人只有不断改善自己才能在生存论的基础之上对认识论的问题做出判断。值得注意的是，强调可转化的自己，并不是要取消知识问题，而是要强调知识问题的非知识性前提：向更高境界转化的"我自己"能对知识的真假有所判断并不是因为它已经掌握了更高级的知识——可以说根本不存在更高级的知识，而是因为它意识到了自己需要精神上提升的努力，正是这种努力才引出了所谓的知识问题——无论庄周满足于自认为是蝴蝶或是庄周，都不会出现困惑；只有当他不安于这种存在身份的模糊性，并设法摆脱这种模糊性时，困惑才出现了。至于庄子所谓的"大知""大觉"，也绝对不能被视为某种更高级的知识，而应该被理解为洞察到我们只有通过改变自己才能本真地存在（being）的生存论意义上的智慧——这可能是庄子的最为深刻之处。

在结束这里的时候，除了"大圣梦"，我们还可以引用《大宗师》当中的一段涉及现有全部话题的叙述与"蝴蝶梦"对读：

---

[1] ［美］爱莲心：《向往心灵转化的庄子：内篇分析》，周炽成译，第85页。

[2] Pierre Hadot, *Philosophy as a Way of Life – Spiritual Exercises from Socrates to Foucault*，有关内容可参阅第82、83、101等页。

仲尼曰："夫孟孙氏尽之矣，进于知矣，唯简之而不得，夫已有所简矣。孟孙氏不知所以生，不知所以死。不知就先，不知就后。若化为物，以待其所不知之化已乎。且方将化，恶知不化哉？方将不化，恶知已化哉？吾特与汝，其梦未始觉者邪！且彼有骇形而无损心，有旦宅而无情死。孟孙氏特觉，人哭亦哭，是自其所以乃。且也相与'吾之'耳矣，庸讵知吾所谓'吾之'乎？且汝梦为鸟而厉乎天，梦为鱼而没于渊。不识今之言者，其觉者乎？其梦者乎？造适不及笑，献笑不及排，安排而去化，乃入于寥天一。"

这里所涉及的梦觉生死人物之"化"，就如同"蝴蝶梦"中的"化"一样，同样包含着双重的意义。较弱的且较为不重要的一重意义与知识问题相关，而较强的且至关重要的一重意义与人之境界的转化相关。在所有上述的文本中间，庄子所谈论的都是一种双重转化，既是从愚到智，也是从凡到圣的转化——知识绝非这种转化所涉及的唯一维度。如果将后一种转化称为"生存论转化"，那么完全可以断言，从无知到"知"的认识论转化只是这种生存论转化的一个副产品。只有敢于上达"大圣"的境界，有勇气"入于寥天一"的人，才能真正理解梦觉生死的全部意义。

第四节　卮言、死亡与丑怪

在前面的讨论中，我们已经对庄子对于心灵的主要看法和他围绕人改变自己——"化"——的设想进行过的一系列思考，并据此认为，庄子本人显然充分地理解了精神修炼这种改变人格和自身状态的方式，而本小节，我们希望具体来谈论一下先秦哲学中为庄子所独有的一些相关的修身技术。庄子在自己的思想中发展出来的某些独特的精神修炼技术,从未出现在以往道家和儒家思考中,他考虑问题的角度在某种程度上讲无论对于当时还是现代的中国哲学研究者来说都是非常新颖的,甚至如果不参照来自古希腊哲学的某些理论资源,我们都无法发现或者认定庄子所发展出的那些精神修炼技术。本小节的任务,便是从上述跨文化的立场出发,来探索《庄子》中一些非常不同寻常的内容的真正意义。

(一)作为精神修炼工具的"卮言"

通过对于"蝴蝶梦"的寓言的解读,我们认为从庄子本人的立场来看,他所进行的那些被称为哲学的话语活动,肯定原本就不是为了获得明确的知识——所谓"小知",而是作为某种促使主体自身转化的技术手段而存在——能领会后者的意义才是"真知"。从这个角度来看,庄子所展开的那些被我们归于哲学的名义之下的话语活动,不外都是他向我们提供的种种服务于获取"真人"或"至人"之理想人格的心灵技术,而并不是单纯地服务于求知活动本身,在庄子看来,后一种活动最终是没有意义的,这便是所谓:"吾生也有涯,而知也无涯。以有涯随无涯,殆已!"(《庄子·养生主》)。为了理解庄子的上述看法,我们可以从在前面提到的"大圣梦"中出现的一个非常重要的观念"吊诡"之言开始,从其后文对于论辩活动的不信任来看,这种话语与传统意义上对于真假的判断并无关系,而我们认为,出现在《庄子》文本中此处和其他地方的任何"吊诡"之言,均不是为了获得他自己认为的极不可靠的知识,而是为了帮助作为读者的我们走上改变自己、转化自身的道路,在庄子看来,后一目的才是被称为哲学的话语活动的最终目标,也是真正的智慧之所在。庄子在文章中揭示矛盾的做法,不是为了解决这些矛盾而去获得更高层面的知识,他以"吊诡"的方式谈论知识问题的全部目的便在于向我们表明,这种类型的问题完全没有独立的意义,仅仅作为改变自己、通达理想人格的跳板而存在。

如果庄子真的如此看待以"吊诡"的方式来进行的那些话语活动,则在他看来,以哲学的名义讨论知识,必定指向这种讨论之外的目的,也就是说,庄子的书写,归根结底都是为了启发我们面对生存论意义上的自身转化。在古希腊世界，亚里士多德对于哲学活动曾经有过经典的定义："他们为求知而从事学术，并无任何实用的目的……不为任何其他利益而找寻智慧；只因人本自由，为自己的生存而生存，不为别人的生存而生存，所以我们认取哲学为唯一的自由学术。"[①]这里他所谓实用目的是指"人生的必需品以及使人快乐安适的种种事物"，而他的这种定义给我们留下的最深刻印象便是，哲学活动是一种为了求知而求知、以这种活动本身为目的的自我封闭的活动，但阿道和福柯都告诉我们，这种仅仅将哲学封闭在求知领域内的设想对于古希腊哲学的真实状况而言是完全不充分的。这也就意味着，哲学活动本身的确还是为了某种超乎这种活动之外的目标——改变我们自己、获得主体地位，只是古希腊人崇尚理智的趣味在很大程度上扭曲并遮蔽了这一点。在我们看来，理解任何一种哲学的关键均在于理解这种话语活动所提供的人是如何被塑造成为主体的技术，这便是精神修炼观念的意义所在，而庄子所谓"吊诡"之言，也就是在上述意义上存在于文本之中的。

在这种意义上讲，《庄子》文本中存在的一切不连贯或者不一致（incoherence）的地方都是可以接受和理解的，这方面内容与阿道在《作为生活方式的哲学——从苏格拉底到福柯的精神修炼》中对于出现在古希腊哲学文本中那些类似状况的理解相似。在他看来，古希腊哲学家总在不断变化自己言说问题的立场和角度，而这完全是因为其注意力本来并没有单纯地集中在确切的、具体的知识上，他们的目的在于如何在各种不同情况下引导听众达到改变自己的目标。在整个这种被称为哲学活动的过程中，最终的结论往往是最不重要的部分，而通向这一结论的过程中所展示出的那些被称为精神修炼的技术则具有首要的意义。所有这些论断对于理解庄子在自己的讨论过程中设置"吊诡"之言的意图都是有效的，于是为了解释上述《庄子》文本中的"不一致"，关键本来便并不在于前文我们自己或者爱莲心所设想的那些文本上的调整，而在于对于他所抛出的那些"吊诡"之言的精神修炼意义的正确理解。

---

① ［古希腊］亚里士多德：《形而上学》，吴寿彭译，商务印书馆1995年版，982b, 24—26。

《庄子》文本中的"吊诡"和其他类似趣味的、貌似自相矛盾的言论，也就是《庄子·寓言》中所谓的"卮言"，并以此种话语活动为精神修炼之道。

《寓言》开篇便向我们揭示了《庄子》中运用的三种不同话语形式：寓言、重言和卮言。这三种话语形式中，前两者都比较容易理解，相互交错的寓言与重言大体都是从正面出发说明问题。

> 寓言十九，藉外论之。亲父不为其子媒。亲父誉之，不若非其父者也。非吾罪也，人之罪也。与己同则应，不与己同则反。同于己为是之，异于己为非之。重言十七，所以已言也。是为耆艾，年先矣，而无经纬本末以期年耆者，是非先也。人而无以先人，无人道也。人而无人道，是之谓陈人。

最后一种卮言的意思却颇费思量，庄子在对其加以说明的时候正好也运用了"吊诡"的技巧。

> 卮言日出，和以天倪，因以曼衍，所以穷年。不言则齐，齐与言不齐，言与齐不齐也。故曰"无言"。言无言，终身言，未尝言；终身不言，未尝不言。有自也而可，有自也而不可；有自也而然，有自也而不然。恶乎然？然于然；恶乎不然？不然于不然。恶乎可？可于可；恶乎不可？不可于不可。物固有所然，物固有所可。无物不然，无物不可。非卮言日出，和以天倪，孰得其久！

这里所谓的"卮言"与"无言"似乎是矛盾的观念，前者"日出""曼衍"，似乎无论如何不能被说成是"无言"，这种矛盾随后被揭示为："言无言，终身言，未尝言；终身不言，未尝不言。"对于"卮言"的理解，以往论者根据成玄英对《庄子》的注疏，指其为"无心之言"或"无成见之言"，并在这个意义上将其等同于"无言"[①]，在我们看来，这

---

① 参见陈鼓应注译《庄子今注今译》（下），中华书局1983年版。

恐怕是一种对于文本原意的过度诠释。"卮"这种东西，以往的解释者指其为酒器或者漏斗，如陈鼓应说"卮器满了，自然向外流溢，庄子用'卮言'来形容他的言论并不是偏漏的，乃是无心而自然的流露"①。实际上无论酒器还是漏斗，都只是一个暂时的容器，以其盛装酒水的目的本来就在于随后将这些酒水消耗掉，而无须认为其中包含"水满则溢"的暗示。这也就意味着，在理解"卮言"的时候，可能无须引入所谓成见这样的东西。如果将这个比喻与庄子在其他地方多有关注的"言意之辩"联系起来，那么很可能他直接以此"卮"比喻言语是承载意义的工具，在庄子看来，这种工具本身当然并不重要，真正的关键永远在于我们利用言语这种工具所希望表达的意义或者达成的目标。这个意思庄子在《外物》中被清楚地表达为"言筌之辩"。

> 筌者所以在鱼，得鱼而忘筌。蹄者所以在兔，得兔而忘蹄。言者所以在意，得意而忘言。

可能是由于在此"卮言"的比喻中，上述意思只显示了一部分，这对于以往论者对此问题的理解有所影响，但在我们看来，庄子无疑认为不断涌现、被反复陈说的"卮言"本身是无足轻重的"空话"，这种话语本身也就是说了等于没说的话语，而其存在的意义或者目标则在于这些话语之外的其他地方。同样，所谓"无言"字面上的意思应该就是指"不说话"，其也是在这种意义上与"卮言"联系起来——在庄子看来，"卮言"之所以归根结底也是"无言"，这是因为虽然客观上存在大量的"卮言"，但这些话语本身实际上是完全没有意义的，从这个角度看其效果与"无言"没有区别。这种性质的"卮言"，很接近后来禅宗所谓"随说随扫"的"话头"，而它们的作用也很类似，都是服务于某些外在于这种话语活动的目标，在庄子这里，"卮言日出"的目的便在于后文举孔子为例来说明的所谓"化"。

---

① 陈鼓应注译：《庄子今注今译》（下），第729页。

> 庄子谓惠子曰："孔子行年六十而六十化。始时所是，卒而非之。未知今之所谓是之非五十九非也。"

关于《庄子》中"化"的意思，如我们前文所见，其所指不外便是人格的转化、自身的改变，是人从常人状态向本真的"至人"或者"真人"之理想转变。总之，所有存在于《庄子》中的"卮言"或者"吊诡"，都不是为了处理知识问题，这些话语表现出的不一致或者自相矛盾之处，都是为了提示我们将注意力从这些话语本身转移到其所欲服务的外在目标，庄子在这里向我们提供了一种人据之以改变自己的精神修炼技术。

将话语活动与精神修炼问题联系起来，在古希腊哲学中是一个熟悉的观念，苏格拉底意义上具有教学法功能的对话或者说"辩证法"就是类似的哲学所提供给我们的改变自己的技术。"在如苏格拉底式的对话般的精神修炼中比在哲学体系的建构中存在着更多的哲学。"[①]这个判断对于庄子所反复运用的"卮言"或"吊诡"之言同样成立，而庄子所见到的哲学活动的这个层面的意义，在先秦诸子中间则是独一无二的。庄子之所以会有上述独到的看法，我们认为大约与其对于言意之间关系的敏感有关，在中国哲学的思考中，不拘于先秦，绝大多数古代思想家都从未怀疑语言具有完备的表达意义的功能，在言与意之间存在单纯的一一对应、所言即所意。对于这种语言的透明性，先秦时代只有庄子产生了疑问，后来这个主题在魏晋之际成为重要的论题——不过问题的这一方面已经与我们所关心的主题无关了。从广义来讲，任何被归于哲学名义下的话语活动都是为了改变人格、对自身加以主体化，庄子举出"卮言"为例，是因为这种比较特殊的例子更容易以其表面的矛盾性质引起我们的思考，这与苏格拉底对于"对话"的强调有异曲同工之处。基于对言意之间差异的看法，庄子还做出了一个更为重要的推论：如果意重于言，那么文相对于言大约更是等而下之的东西。《庄子·天道》的末

---

① Pierre Hadot, *Philosophy as a Way of Life – Spiritual Exercises from Socrates to Foucault*, p. 163.

尾对于上述思路加以明确解说：

> 世之所贵道者，书也。书不过语，语有贵也。语之所贵者意也，意有所随。意之所随者，不可以言传也，而世因贵言传书。

庄子告诉我们，可视可闻的只是形色名声而已，这些内容的价值远远低于不可言传的"意之所随"，所以他说"夫形色名声果不足以得彼之情，则知者不言，言者不知，而世岂识之哉！"同样在这种意义上讲，任何上述被用来表达意义的工具本身都是毫无意义的，并被庄子称为"糟粕"："古之人与其不可传也死矣，然则君之所读者，古人之糟粕已夫！"庄子在这里所要反对的是那些拘泥于书本言语字面意思的读者，在他看来，这样的人根本不可能通过言语和文字来获得古人不可言传的真意——改变自己的存在状态，而他本人则是希望以"吊诡"或者"卮言"这样出人意料的东西来激发我们推想到这一点。

古希腊哲人对于同样问题的思考与庄子上述简练的表述相比更为详细，并主要在言语和文字的区别问题上投注了大量的注意力。柏拉图在《斐德罗》中借苏格拉底之口声称："不是僵死的文字，而是活生生的话语，它是更加本原的，而书面文字只不过是它的影像。"[①] 直到晚年，柏拉图仍然坚持这种观点，他在"《第七封信》[②]中的论证的主要目的不是反对话语，而是反对文字。它以简要的形式重复了已经在《斐德罗》中提出的反对文字的观点。第一，文字'导致遗忘'；如果依赖文字，人们就'不再去努力记忆'。第二，文字是'绝对沉默的'，文字既不能解释自己，也不能回答问题。第二，文字不能选择传播的对象，进入看不懂它的人手里，'到处流传'；文字容易被误解和滥用，文字不能为自己辩护；最优秀的人可能把文字当作一种无害的'消遣'，收集'一些材料……以防止'老年健忘'，或'当其他人在进行诸如聚会和狂饮之

---

① [古希腊]柏拉图：《柏拉图全集》第 2 卷，王晓朝译，人民出版社 2003 年版，第 199 页。
② 中译参见[古希腊]柏拉图《柏拉图全集》第 4 卷，王晓朝译，人民出版社 2003 年版。

类的消遣时,厮守这种消遣。'"① 这里的根本区别存在于活的言语和僵死的文字之间,"在《斐德罗》中,苏格拉底主张书本最多是对活生生的哲学教诲的回忆。它们自身并不从事哲学,也绝不能代替学生的灵魂中活生生的批评活动,后者才是哲学"②。上述对现场对话中的言语活动的强调,一直延续到斯多葛派哲人中间,"对于斯多葛派就像对于柏拉图《斐德罗》中的苏格拉底一样,书写的文本总是次要于个人间的交流"③。"在斯多葛派的教导中,叙事与举例扮演中心角色。在西方传统中在这方面没有比它更鲜明的道德哲学了。"④ 上面提到的这些希腊哲人对于言语、对话活动之重要性的强调,则正如庄子对于富于"吊诡"性质的"卮言"之强调,上述这些项目对于不同的中西哲人而言都是使哲学话语通向精神修炼的关键入口。如果能领会上述这种意义,那么甚至也无需对文字本身加以拒绝:"《斐德罗》并不拒绝书写文本。实际上,它主张积极地使用它。"⑤ 这一点正如我们领会"吊诡"的意义,便不会再费心于对出现在《庄子》文本中的那些不一致之处加以连贯的解释了。

在指示我们哲学活动服务于精神修炼的意义上,庄子所谓"卮言"与苏格拉底所谓"对话"具有同样的功能,借用巴赫金的话来说,他们实质上是发现了哲学论辩过程中的"复调"艺术。"复调"曾被巴赫金作为一个讨论文学问题时的术语,他用其来说明俄国作家陀思妥耶夫斯基的小说艺术,认为后者"创造一个复调世界,突破基本上属于独白型(单旋律)的已经定型的欧洲小说模式"。⑥ 如果将问题从文学领域转换到哲学领域,则那些曾经被我们称为真理的东西就是独白式的,真理的成立所要求的那种单一的、自洽的逻辑在无矛盾地展现自身的时候便敉平了其他任何可能的不同意见,但这种单调的正确与错误的游戏却往往

---

① [德]汉娜·阿伦特:《精神生活·思维》,姜志辉译,江苏教育出版社2006年版,第127页。
② Martha C. Nussbaum, *The Therapy of Desire: Theory and Practice in Hellenistic Ethics*, p. 345.
③ Martha C. Nussbaum, *The Therapy of Desire: Theory and Practice in Hellenistic Ethics*, p. 337.
④ Martha C. Nussbaum, *The Therapy of Desire: Theory and Practice in Hellenistic Ethics*, p. 339.
⑤ Martha C. Nussbaum, *The Therapy of Desire: Theory and Practice in Hellenistic Ethics*, p. 346.
⑥ [俄]巴赫金:《陀思妥耶夫斯基诗学问题》,白春仁、顾亚铃译,生活·读书·新知三联书店1992年版,第30页。

会出现断裂——任何真理总会有不能自圆其说的时候。在这种时刻，哲学话语就会变得诡异起来，所有的不一致、自相矛盾之处也便呈现出某种无法回避性。这大概意味着真正的问题永远比我们以往想象中更为复杂，也永远存在对其加以不同解释的可能性。对于这种复杂性，曾有黑格尔这样的哲学家设想以某种无视基本逻辑规律的方式将其加以强行统一，但现在我们都知道这种创造更高级真理的努力仅仅倒向了彻底的失败，而这种失败甚至也使任何庞大的被称为"哲学体系"的东西早已成为一场理智的丑闻。相比之下，健康的立场大约是接受哲学话语的那些复杂性和诡异之处，并同时领会到，以对话、吊诡的方式显现的"复调"式的哲学并不导向任何唯一的真理，相反，所有的众声喧哗都是为了另外一个认知的、形而上的意义上的真理所无法包含的目标，即理想人格。"简直可以说有一种超出小说体裁范围以外的特殊的复调艺术思维。这种思维能够研究独白立场的艺术把握所无法企及的人的一些方面，首先是人的思考着的意识和人们生活中的对话领域。"[①]通过对人的"思考着的意识"和"生活中的对话领域"加以反思，精通于"复调"式思考的哲学家并不寻求任何一种单纯的"真"，他们所欲探索的是生存的意义，并希望进而以这种意义来充实自己——无论庄子还是苏格拉底，都是这样的哲学家。

（二）直面"人死"以克服"心死"

庄子除了将上述"吊诡"与"卮言"作为特殊的精神修炼技术加以运用之外，在我们看来，他还因服务于同样的目的、围绕死亡的话题而发展出另外一些相当重要的思想。死亡问题在先秦诸子中间也并非一个公共话题，无论儒家式的"未知生，焉知死"（《论语·先进》）的态度，还是老子早先对"长生久视"的看法，实际上都是在回避谈论死亡本身。严格来说，在全部中国哲学的系统内，对于死亡问题的考虑是非常不发达的，可能有不少先贤在不同情况下面对死亡的时候表现出相当的勇气，但是对于死亡本身对我们而言意味着什么，并没有做出过令人

[①] ［俄］巴赫金：《陀思妥耶夫斯基诗学问题》，白春仁、顾亚铃译，第363页。

满意的回答。庄子的思想也并不能说是做出了上述这种回答，但至少死亡作为人所不能回避的极限在他这里已经成为一个必须被正面看待的问题。

在古希腊哲学的谱系中，死亡从一开始就是一个必须被正面思考的问题，这可能与他们的神话传统和对于人的灵魂或者说"鬼魂"的了解有关系，而后一种内容对于中国文化则本来是完全陌生的东西。因此，苏格拉底这样的哲人在自己生命的最后阶段给予死亡大量的关注，而在后来希腊化时期的哲学当中，沉思死亡是非常重要的哲学活动或者说精神修炼内容[①]，但相应的话题却并未流行于庄子之前的哲人中间。从这个角度来看，庄子围绕死亡问题的种种思考是非常特别的东西，而他这些独有的思考也同样具有精神修炼的意义——庄子谈论生死问题仍然是为了提示我们改变、提升自身，超出当前的局限而达到更高的精神境界或理想人格。后一种具有真正智慧的真人所达到的状态，便是所谓的"心未尝死"："一知之所知，而心未尝死者乎。"（《庄子·德充符》）以往的研究者大概也正是因为都看到了这一点，所以均将"齐生死"视为庄子对于哲学的重要贡献，甚至如我们前一节所谈到的那样，用这个观念遮蔽了"蝴蝶梦"所希望表达的真正意义。当然，就死亡问题本身而言，庄子的思考也远远未能穷尽其意义，而这种意义即便在西方世界大概也要留待20世纪的哲学家来加以充分揭示，这里对于我们而言，围绕上述问题展开讨论的要点在于，即使庄子对于死亡本身的考察并未接近问题的核心，但当他告诉我们，在人之死的悲剧后面，还存在更为严峻的心之死的时候，却已经揭示出一个超乎常人的生命境界，这便是所谓"夫哀莫大于心死，而人死亦次之"（《庄子·田子方》）。

这里庄子似乎在暗示我们，常人将经历两次死亡，一次是通常意义上的"人死"，另一次是更严峻的"心死"，前者与客观意义上的气之聚散有关："人之生，气之聚也。聚则为生，散则为死"（《庄子·知北游》）；后者则无疑便是心灵的毁灭，其结果大约也就是庄子所嘲笑的慎

---

① 有关内容可参考 Pierre Hadot 与 Martha C. Nussbaum 前揭书。

到式的"块然"的状态。我们人类最大的希望大概就是对于这两种死亡同时加以克服,普通人对此两者完全是无能为力的,他们的死亡是一种同时发生的双重死亡,既是"人死"也是"心死"——这对于儒家来说大约便是如此,但对于老子而言,他大概认为自己最终能达到同时克服上述双重死亡的状态——不过他的这种信心在其他的道家学者那里并未被彻底坚持下来。实际上,在先秦除了别有用心的神仙方术,绝大多数思想家都无法回避现实中客观上的"人死",而在道家谱系内,为了解决这种无可抗拒的"人死",慎到和庄子发展出了不同的技巧。从《天下》中庄子对于慎到的嘲讽和其文本中其他的迹象来看,庄子看待死亡问题时,在某种程度上是以批评慎到为出发点的。从《天下》的论述来看,慎到的相应观点大约是要我们在主观上"至于若无知之物而已",所达到的也就是他所谓"块不失道"的状态,也就是说,慎到是要大家通过先行达到心如死灰的"块然"状态——"心死",来以此消解"人死"的威胁——在心灵死亡之后,客观上肉体是死亡还是继续生存已经没有意义了。慎到的看法实际上是一种放弃了精神生活和内心追求的"至死人之理",在这种情况下无论肉体的还是精神的生命都没有任何意义,而庄子对此种道理是持反对态度的——在他看来肉体生命是可以放弃的、没有意义的,但精神生命却绝非如此,这便如《齐物论》开篇的那句反问所要表达的意思:"形固可使如槁木,而心固可使如死灰乎?"与上述思路相反,庄子显然不认同于慎到所提倡的那种心如死灰的"块然"状态,在面对人可能经历的双重死亡的时候,他要求我们追求精神生命而放弃肉体生命,平静地接受"人死"的现实而努力达到"心未尝死",直面不可避免的客观生命之死亡而克服"心死"所带来的真正的绝望,在某种程度上讲,庄子的这种思路也可被视为通过先行到死中去而克服死亡本身。

庄子接受"人死"的方式便是我们非常熟悉的以"齐万物"的思路"齐生死",如其所言:"天下也者,万物之所一也,得其所一而同焉,则四肢百体将为尘垢,而死生终始将为昼夜。"(《庄子·田子方》)应当明确的是,此处所谓死,只是肉体生命意义上的"人死",而未涉于精神生命意义上的"心死",而庄子的目标便在于说明,后者对于本真地生存着的、达到理想人格的"至人"或"真人"来说是完全可以避免的。早有论者注意到上述庄子以"齐生死"而达成"心不死"的观点："庄子要人们放大心胸眼光，把宇宙万物（知之所知的全部内容），都看成一体，'物视其所一而不见其所丧'，经常具有这种高远的理想，这就叫作心未尝死。他所追求的是……超越有限而与无限结合的理想。这种思想……带有一些神秘主义的色彩……但和宗教的灵魂不灭说又不相同。……他不是把世界分为若干仅有外在关系的部分，而是用有机的观点、一体的观点，把宇宙看为一个整体。认为个人只是整体中的一部分。个人的生命，以整个宇宙为依据；个体的死亡，又以整体为归宿。宇宙是永恒的，而能认识到万物一体并有深切体会的人（'一知之所知'），也将是永恒的（'万化而未始有极'）。这种追求永恒，'得其所一而同焉'的玄想，就是他希求的'心未尝死'的人生。"[①]上述判断中最值得注意的地方已经向我们指出庄子所谓"心不死"与通常意义上讲的灵魂不灭不同，后一种论点包含一个对于某种精神实体之存在性的假设，但我们知道，这方面内容对于中国哲学而言是陌生的，先秦诸子所拥有的那个文化传统缺乏对于"鬼魂"式的灵魂实体的设想。那么庄子所谓"心不死"可在什么意义上被加以理解呢？上述观点将此种"心不死"的意义置于某种对人和宇宙之间关系的看法中，前者的"心不死"是由于后者的永恒，当前者以后者为归宿时，人便能认同于这种永恒性。从这种角度展开的对于"心不死"的理解或不失为一个解释庄子思想的方案，进而言之，这种"心不死"的永恒性应该来自人心对于永恒之道的认同——后一层意思乃通过人与宇宙万物间的关系来加以体现，但却并非就是这种关系本身。如前文所说的，在人认同于宇宙的万物一体或"齐万物"意义上的"齐生死"，所观照的是"人死"，而先行将此种肉体生命的死亡视为无可奈何的事情接受下来，则是达到"心不死"的更高目标的必然环节。

在关乎死亡的问题上，庄子的精神修炼意义上的思考经历了两个步

---

① 张恒寿：《庄子的哲学思想》，载胡道静主编《十家论庄》，第473—474页。

骤，一是区分"人死"与"心死"，二是通过"齐生死"的姿态先行到"人死"中去并因此而进一步认同道，这些精神修炼工夫便是庄子所谓"养生"。《庄子·达生》中有一段话大体表达了上述意思：

> 达生之情者，不务生之所无以为；达命之情者，不务知之所无奈何。养形必先之以物，物有余而形不养者有之矣。有生必先无离形，形不离而生亡者有之矣。生之来不能却，其去不能止。悲夫！世之人以为养形足以存生，而养形果不足以存生，则世奚足为哉！虽不足为而不可不为者，其为不免矣！夫欲免为形者，莫如弃世。弃世则无累，无累则正平，正平则与彼更生，更生则几矣！事奚足遗弃而生奚足遗？弃事则形不劳，遗生则精不亏。夫形全精复，与天为一。天地者，万物之父母也。合则成体，散则成始。形精不亏，是谓能移。精而又精，反以相天。

王夫之对于此《达生》篇所表述的"养生"有贴切的理解，庄子意义上的所谓"养生"，"非徒养其易谢之生也"[1]，他思想的重点在于"养心"——使"心不死"，而这也就要通过"齐万物""齐生死"精神修炼。在《庄子解》中，王氏总评《达生》曰："此篇于诸外篇中尤为深至，其于内篇《养生主》《大宗师》之说，独得其要归。盖人之生也，所勤勤于有事者，立德也、立教也、立功也、立名也。治至于尧，教至于孔，而庄子犹以为尘垢秕糠而无益于生。使然，则夷跖同归于销陨，将纵欲贼物之凶人，与饱食佚居、醉生梦死之鄙夫，亦各自遂其逍遥，而又何事于知天见独，达牛之情，达命之情，持之以慎，守之于默，持不可持之灵台，为尔劳劳哉？唯此篇揭其纲宗于'能移而相天'，然后见道之不可不知，而守之不可不一，则内篇所云者，至此而后反要而语极也。"[2] 这里王夫之已经揭示出庄子所谓"达生命之情"的精神意义，若非此种内容的支持，但纯的对于肉体生命的否定则同时也是否定了具

---

[1] （清）王夫之：《庄子解》，中华书局1985年版，第156页。
[2] （清）王夫之：《庄子解》，第154页。

有更高精神境界之人与"凶人鄙夫"——庄子所谓"形不离而生亡者"之间的区别,并主张庄子所谓"养生"的重点在于"能移以相天"。这个说法的意思,在王夫之看来也就是"庶乎合幽明于一理,通生死于一贯"①,而用庄子自己的话讲便是:"养形果不足以存生……莫如弃世。"

如继续追究庄子此种说法的深层理由,便是因为在他看来肉体的生死问题完全取决于人力所不能及的"天",对于真正的智者便不应挂怀——"知不可奈何,而安之若命,唯有德者能之"(《庄子·德充符》)。王夫之发明上述这层意思以为:"唯生死为数之常然,无可奈何者,知而不足劳吾神;至于本合于天,而有事于天,则所以立命而相天者,有其在我而为独志,非无可奈何者也。"②这段解说对于庄子对人的肉体生命的理解的看法无疑是正确的,但其后半部分却带有某种程度的儒家色彩,这大概是因为庄子在极端重视人心及其精神生活的意义上表现出类似于儒家的某种理论趣味——虽然他们对于这种精神生活和心灵存在的根本理解完全不同:儒家正视构成我们理想人格的美德,而道家则将其最高境界诉诸虚静,前一种品质可以完全取决于人自身的决断而后一种精神状态则最终须以超乎人心之上的最高观念——道为旨归。如果庄子对"心不死"的追求仍然不得不诉诸永恒的道,则他的上述看法一如其所谓"逍遥"之理想境界,并不能被认为已经提供了一个对于问题的完美解决方案。但庄子的创造性突破在于,他在看待上述问题的时候没仅将其简单、直接地诉诸道,庄子通过将自己思考的焦点对准心灵与精神,从塑造主体的精神修炼的生存论的角度,而非从专注于观念性的道的认识论或准形而上学角度来探索人的存在的秘密——这同样也就是我们在上一节中通过"蝴蝶梦"的寓言所希望揭示出的内容。

(三)丑怪的反抗意义

庄子强调精神生活的价值,对人的肉体生命和种种"外在"的事物均持无所谓的态度。对于他的这种观点,有学者将其与以赛亚·伯

---

① (清)王夫之:《庄子解》,第154页。
② (清)王夫之:《庄子解》,第155页。

林（Isaiah Berlin）所谓"退居内在城堡"的比喻相提并论，而后一个比喻所反映出的是"希望通过退居内心而寻求所谓安全、解放或精神自由，实质上等于放弃对真正自由的追求，无条件地接受暴君对个体的肆意压制，这必将导致主动陷自身于绝对的被奴役状态中"[1]。伯林以此比喻来说明的那种对自由的追求，是当外在行动的道路被阻塞之后，我们为了保护自己而不得不放弃对与客观境遇的主张而单纯地转向内心。伯林将这种出于不得已的主动选择视为类似于"东方圣者的寂静主义"的东西，并讽刺说后者在一定程度上也是"对大独裁者的专制主义的反应"[2]。如仅从伯林所了解的这种意义来讲，庄子强调内心的确可在一定程度上被视为某种对于外部政治责任的逃避，但伯林所谓的"退居内在城堡"并未穷尽庄子思想的全部。已经有论者有见于此："庄子则希望以个体生命的理由去抗衡、超越君主政治，并拒绝将自我置于压制性的政治化生存场域之中。"[3] 在我们看来，这种论点正好与庄子论心灵时的两个方面内容相关，一方面是我们已经非常熟悉的通过本章中前后论及的种种"心斋""坐忘""卮言"或"齐生死"这样的精神修炼技术来塑造主体、真实之"吾"之所是；另一方面则是庄子在面对外在的恶劣的社会政治生活时所表现出的反抗性——庄子所谓"逍遥"并不意味着从客观世界的荒谬面前无原则地消极退缩，他的态度更表明了一种主动的、积极的对于绝望的反抗。

政治问题非本研究关注的重点所在，这里只是表明庄子专注于心灵的思考在此层面上显现出的不可忽视的积极意义。与孔子的时代相比，身处战国乱世的庄子所面对的，是一个政治上远为绝望的、"每下

---

[1] 邓联合：《"逍遥游"与自由》，《中国哲学史》2009年第2期。

[2] Isaiah Berlin: *Liberty*, edited by Henry Hardy, Oxford University Press, 2002, pp. 185—205. 可与此形成对照的是，如果说早期希腊哲人未放弃政治上的客观诉求，则希腊化时期的哲学家在面对世界的不公正时也曾表现出类似的趣味："亚里士多德坚持特定的'外在的善'对于 eudaimonia 是必要的，他转向政治计划以为人民带来善的世界；希腊化时期的思想家相反却要人们调整其目标以适应不确定的且不公正的世界。"（Martha C. Nussbaum, *The Therapy of Desire: Theory and Practice in Hellenistic Ethics*, p. 502）后一种态度也可算是"退居内在城堡"的一种方式。

[3] 邓联合：《"逍遥游"与自由》，《中国哲学史》2009年第2期。

愈况"的世界,其中以往孔子"吾其为东周"的理想已经被社会现实证明其必然失败。面对此种不断恶化、毫无希望的政治现实,庄子在政治上显然不是一个理想主义者,而他在此种境遇中所做到的,除了在上述"退居内在城堡"的意义上放弃对外在福利与政治自由的追求,更为重要的就是以自己独特的方式来保持应有的反抗精神。《庄子》中对于上述趣味最为集中的反映,便是对出现在《德充符》里的丑怪的形象的描述。这些丑怪之人,都是一些德全而形不全之人,也就是说他们具有健全的内心与残缺的肢体,对于这种人的整体观感,用庄子本人的话说便是"德有所长,而形有所忘"。与庄子所谈论的丑怪相类似,古希腊哲学中也曾出现过极端重要的丑陋形象,尼采曾写道:"意味深长的是,苏格拉底乃是第一个丑陋的希腊伟人。"(Friedrich Nietzsche, "Socrates and Tragedy", *Posthumous Writings 1870-1873, Second Lecture*, in *Friedrich Nietzsche, Sämtliche Werke*, eds G. Colli and M. Montinari, 15 vols, Berlin 1980, vol. 1, p. 545)[1]我们都知道古希腊对于形体美有很高的要求,因此哲人们强调苏格拉底的丑陋必定是出于不寻常的目的,实际上,这一目的便如庄子欲通过有德之丑怪所反映出的内容一样,都是出于对人的内在性的重视——心灵对于哲学家而言远比外貌更为要紧。

重要的是就庄子而言,其所欲通过丑怪所传达的意思并未停留在对于精神层面意义的正面评价上面,如论者以为:"庄子以这些巫师的丑怪身体来打破正统的身体观念,借此也瓦解了传统的认知方式及价值体系。"[2]与此类似,巴赫金也曾提出以丑怪的身体(the grotesque body)来对抗意识形态束缚,以讽刺嘲弄来瓦解本来的中心(decentralization)。[3]他们的这些主张,都是希望用一种触目惊心的不正常来反抗那些被政治现实所规定为"正常"的东西——庄子和巴赫金都是举身体问题为例,但其目的却均在于反抗围绕这个身体所编织起来的制度本身。

---

[1] Pierre Hadot, *Philosophy as a Way of Life – Spiritual Exercises from Socrates to Foucault*, p. 148.
[2] 廖炳惠:《两种"体"现》,载杨儒宾主编《中国古代思想中的气论及身体观》,第 225 页。
[3] 参见廖炳惠《两种"体"现》,载杨儒宾主编《中国古代思想中的气论及身体观》,"中央研究院"中国文哲研究所 2004 年版。

庄子由上述层面入手，首先所反对的大约就是孟子意义上"睟面盎背"的儒家式的身体观："庄子认为传统儒家提倡的这种人格美，因为不是内在阴阳气化自我的体现，而是强制性的礼仪规范长期在人身体上约束模铸的结果，所以它本身并不具备正面的价值，毋宁相反，它是人异化的一种象征。"[①] 由此出发，他真正希望反抗的对象无疑便是使人的身体异化的那种礼乐制度。庄子上述对于丑怪的正面看法，与《庄子》外篇的《天地》中的如下言论矛盾："执道者德全，德全者形全，形全者神全。神全者，圣人之道也。"这里显然是如同儒家的思路一般，将"形全"视为最高层次的"神全"的一个必要部分。出现这种情况大约是因为庄子后学未能完全了解庄子本人的观点，在我们看来，在"全形"与"离形"之间，后一种主张更加具有威力。

---

① 杨儒宾主编：《中国古代思想中的气论及身体观》，第 23 页。

第五章　杨朱思想的逻辑结构及其学派归属

杨朱可能是中国思想史上最典型盛名之下，其实难附的例子，某种程度上是一位"思想史上的失踪者"。众所周知，孟子视其为重要的论辩假想敌，将其与墨家并置齐观，明指其言论"盈天下"，是儒家的对手。墨家的事迹和言论，遗存下来的非常丰富，与之对照，杨朱其人其学却非常渺茫，其事虽或散见于一些子书，但多语焉不详，其学虽有《列子·杨朱》一篇总述，却几乎没有与其他诸子形成讨论的互动与呼应，如钱穆所言，"先秦诸子无其徒，后世六家九流之说无其宗，《汉志》无其书，《人表》无其名"[1]。更为严重的是，传世的《列子》争议颇多，《杨朱》篇能否顺利作为杨朱观点的写照自然需要清算了。从上述角度来看，似乎杨朱并不具有孟子所认定的那种思想史上的重要性，[2] 而孟子攻击一毛不拔的杨朱是无君的禽兽，这种激愤之辞是否真的有的放矢，大概也需要进一步思量。杨朱现已形成的思想史形象，由是观之尚有进一步探讨的余地。

---

[1] 钱穆：《先秦诸子系年》，商务印书馆2001年版，第284页。
[2] 如钱穆言："儒墨之为显学，先秦之公言也。杨墨之相抗衡，则孟子一人之言，非当时只情实也。"，钱穆：《先秦诸子系年》，第285页。

第一节　杨朱其人其说

对杨朱其人,以往学者多有考证,但观点相互出入。较为极端的例子,是蔡元培曾提出的一个观点:杨朱就是庄子,这实际上是否认杨朱其人的实际存在。20世纪80年代初,尚有人为此观点再做论证。[①] 对此看法,早有较为系统的反驳[②],而从先秦古书中的一些痕迹来看,此论也实恐难以成立,尤其是荀子言庄子也言杨朱[③],可谓是有力反证。多数现代学者的看法,如钱穆、胡适、冯友兰、陈奇猷、顾实、唐钺等,都主张杨朱虽身份不甚明朗,但还是确有其人,而如阳子居、阳子、阳生、杨子等,大概都是其别称。[④] 虽有其人,但是否有其书,也就是说《列子》里的《杨朱》篇是否至少大部分可信,仍有不同看法。

秦火之后,刘向整理的《列子》也早已亡佚,后人所见,只是魏晋时张湛注的《列子》。对其真伪的争辩,大约始于唐代柳宗元《辨列子》,其后自宋、明、清至近代,对《列子》真伪的质疑更频起迭出。从近代学术辨伪的立场出发,认为《列子》全书存在极大疑点的代表人物如马叙伦、梁启超、吕思勉等人及古史辨派。马叙伦在《列子伪书考》中提出了二十多条质疑其真伪的理由。后又有今人杨伯峻撰《列子集释》一书,其附录收录了历代关于《列子》辨伪的文字二十四篇,认

---

① 参见冯韶《杨朱考》,《学术月刊》1980年第11期;冯韶、冯金源《杨朱考补充论证》,《学术月刊》1981年第6期。
② 参见孙开太《杨朱是庄周吗——〈杨朱考〉及其〈补充论证〉质疑》,《学术月刊》1983年第5期。
③ 《荀子·解蔽》《王霸》两篇,曾分别言及二人。
④ 有关杨朱的身份考证情况的讨论,参见葛然《杨朱及其思想学派研究》,硕士学位论文,东北师范大学,2008年。

定《列子》是魏晋人伪作的赝品。如果上述看法完全成立，那么先秦时代杨朱的思想史形象，大概就只能永远隐藏在历史的云雾当中。近代学术辨伪，对于厘清古书源流极有帮助，确实让不少杂芜的作品变得"可读"，即在相对确切定位后，可充分发挥其思想史作用，尤其是对某些古籍神话般权威形象的打破，对建立现代学术系统功不可没。只是不少近代学者的观点，站在今天的角度看，为了破坏以往陈陈相因的说辞，有时用力不免过猛，反而从相反的方面束缚了我们研究古代学术的手脚。关于《列子》，晚近的观点，则多认为其书不能全伪，并对较早时辨伪所用书有新的检讨。对此，余嘉锡对所谓"古书通例"的理解，确有助于我们重新考虑古书的"真伪"问题，如《列子》在整理当中或有后人掺入的内容，间杂一些相互矛盾或不可能见于先秦的观点，但这并不足以否认其主体内容仍是来自先秦的思想，尤其是《列子》与《吕氏春秋》多有文辞相合之处，考虑到古书编成的过程之复杂，完全以其书为魏晋伪作的观点，似乎过于简单了。海外学界，大体没有如近代国人般峻急，更多直接以《列子》为可用的先秦材料。[①] 总体而言，如下看法或可成立："《列子》是一部基本反映先秦时代列子学派思想的著作，其文句可能有后人增益整理的成分，但其哲学思想和文本面貌，却基本仍是先秦古籍的本来面目。可能的出入抵牾之处，尚不足以否定其时代属性，正如今本《老子》与郭店简和马王堆帛书文句差别颇大，却并不足以否定《老子》的先秦真书身份一样。"[②]

若对《列子》全书作如是观，则《杨朱》一篇大概最为可用了。如张湛在《列子序》中所言："先君所录书中，有《列子》八篇，及至江南，仅有存者。《列子》唯余《杨朱》《说符》'目录'三卷。"如不以恶意揣测，《杨朱》篇中的记载，大部分应不失为探讨杨朱思想的可靠材料——当然，这不意味着当中不包含张湛在编次其书时掺入的其他成

[①] 有关讨论情况，参见安东《〈列子〉文本考辨及其价值研究》，硕士学位论文，曲阜师范大学，2010年；杨孟晟《〈列子〉考辨及思想研究》，硕士学位论文，南京师范大学，2011年；杨富军《〈列子〉研究述列》，硕士学位论文，东北师范大学，2012年。

[②] 杨孟晟：《〈列子〉考辨及思想研究》，硕士学位论文，南京师范大学，2011年，第32页。

分，但后一种成分的存在，也未必应视其为故意做伪，如认为其出于编次者自己对《杨朱》原文的理解而代入的内容可能更为恰当。事实上，以先秦哲学或思想史为研究指向的众多学者，从国内的胡适到国外的葛瑞汉（Angus C. Graham），也大体都作如是观，即有所拣择地使用《杨朱》文本作为探讨先秦思想的素材。

《列子》全书既与《老子》有联系，也与《庄子》有关系，其中还称引《黄帝书》，放在先秦的思想史语境当中，将其归为黄老学者的撰著大约不差。一般来说，多数现代和以往学者在此基础上进一步将杨朱也归为道家或者黄老学者——甚至冯友兰曾一度视杨朱为道家先驱，当然，也有将其归为法家或独立一派。[①] 各种说法如何裁处，如联系现有可用的记载，恐尚费思量，我们似乎不能简单由于《杨朱》篇出现在一部主要是黄老学倾向的书中，就断定杨朱是其思想同道。

出于稳妥，暂不考虑先秦著作中可能与其思想有关但没有直接提到杨朱其人的部分篇章，尤其是暂时悬置《吕氏春秋》中如《重己》《贵生》等显然与《杨朱》篇的内容有联系的相关篇章[②]，仅对比《列子·杨朱》当中的故事和散见于《列子》书中其他篇及先秦其余子书的有关杨朱的直接记载，包括以"杨朱曰"开头的文字，以杨朱为主角的故事，和《杨朱》中虽未提到杨朱其人，但显然是被编者认为可用以论证杨朱观点的假托其他人为主角的故事，可以发现这些材料分别涉及五个主题。其一是与"拔一毛而利天下"的话题有关，包括《列子·杨朱》中杨朱与禽子的对话、随后禽子与孟孙阳的对话、孟子的严词批评（《孟子·滕文公下》《孟子·尽心上》）、韩非子对此话题的转述（《韩非子·显学》）等。涉及这个

[①] 有关杨朱学派归属的现有讨论，参见任明艳《杨朱伦理思想研究》，硕士学位论文，西南大学，2015年。
[②] 笔者在本文的讨论中，故意未采用《吕氏春秋》中的内容，虽然《杨朱》与后书间的联系早为学者所见，葛瑞汉甚至直接将《吕氏春秋》中的部分内容作为杨朱思想的再现（参见 [英] 葛瑞汉《论道者：中国古代哲学论辩》，张海晏译，中国社会科学出版社2003年版）。从时间来看，《吕氏春秋》中的相关内容，应是杨朱后续或其思想发展后的产物，细读其文本，也已经包含与《杨朱》篇中的核心观点不同的要素，如论"养性""全生"等。这些内容，或许可视为杨朱观点的某些进一步的发展，但对于厘清杨朱本人的观点，并没有直接的作用，反而有可能混淆视听。

话题的内容从分量上来看并不是最多，但由于受到孟子的批评，现在已经成为杨朱的"思想招牌"。其二是涉及生死问题的讨论，包括《列子·仲尼》和《力命》中有关季梁的叙述和《杨朱》篇中的大部分内容。其三是有关养生和欲望的讨论，仅存在于《列子·杨朱》中，典型如"晏平仲问养生于管夷吾""子产相郑""卫端木叔"三段故事和杨朱对"舜、禹、周、孔"和"桀、纣"这"四美二凶"的评价。其四是涉及或针对"名"的一些评述，如《列子·杨朱》开篇杨朱和孟氏的对话，后文中杨朱的一些自道则涉及名与"寿""位""货"的关系等。上述二、三、四主题，相互讨论多有交叉之处，其间展现了杨朱思想的某种连续性。其五是有关杨朱行状的一些故事，如《列子·黄帝》载杨朱见老聃、过宋东逆旅，《杨朱》载杨朱见梁王，《说符》载歧路亡羊和犬吠其弟，这些故事，有的也见于其余诸子的记载，如阳子居见老聃之事另见《庄子·应帝王》和《庄子·寓言》，阳子宿于逆旅事另见《庄子·山木》和《韩非子·说林上》，杨朱见梁王事另见刘向《说苑·政理》，犬吠其弟事则另见《韩非子·说林下》。此外还有一个杨朱哭衢的小段子，见于《荀子·王霸》《淮南子·说林训》和《论衡·率性》。这些故事的目的与指向并不一致，从先秦诸子惯用寓言的手法来看，是否可作为真实记载大可存疑，恐怕很难直接作为杨朱思想的真实证据采用。

杨朱的核心思想，古人似已论之甚明，要之不外所谓"为我""贵己"和"重生"①，"为我"的评价源于孟子："杨子取为我，拔一毛而利天下不为也。"（《孟子·尽心上》）"贵己"的议论源于《吕氏春秋》："老聃贵柔，孔子贵仁，墨翟贵廉……阳生贵己。"（《吕氏春秋·不二》）"重生"的说法源于韩非子："今有人于此，义不入危城，不处军旅，不以天下大利易其胫一毛。世主必从而礼之，贵其智而高其行，以为轻物重生之士也。"（《韩非子·显学》）这三种评价里面，孟子的负面否定态度人所共知，"杨氏为我"，是无君的禽兽（《孟子·滕文公下》）；《吕

---

① 韩非子原文，"重生"前尚有"轻物"二字，这个说法的来源，大约与《杨朱》篇中"一毛"与"天下"的对比有关，其细节容后文详论。

氏春秋》里的态度，仅从上文看似乎是客观描述，但如联系到该书中存有杨朱观点影子的篇章，可以断定其实际上对其基本赞同；至于韩非子的态度，如联系下文"今上尊贵轻物重生之士，而索民之出死而重殉上事，不可得也"，实际上同孟子一样也是负面的。

　　近代以来，对杨朱思想的讨论，仍然大体不出以上"为我""贵己"和"重生"的范围，只是出于某些与现代性思想联系的立场，对其有不同方向的发挥。正如古人，今人对杨朱核心思想的评价，也是既有肯定，也有否定，较早时多以否定为主调，如认为其思想主利己、纵欲，唯心而代表某些没落阶级，晚近渐有意为之平反正名的声音，多有学者强调杨朱"重生"的思想反映了对生命的重视，具有积极的重视个人价值的意义。[1]典型如陈鼓应以为："杨朱的'贵己'，乃是强调尊重自我，强调个人生命的价值与尊严。"[2]由此进一步推演，大可认为杨朱"为我"的主张完全是合理的，"为我"是我们为了保证每个个体的存在，从而保证社会、国家之存在。[3]而追求自己的欲望也有其合理性，并不一定意味着极端的利己主义。甚至这种对个体生命、欲望的看重，有所谓反对政治压迫、发展传统民本主义的意义。[4]以上今人见解的出入，无疑与他们评价杨朱时各自潜在的学术立场有关，如暗自认同某些诸如个体与生命的价值、欲望的合理性等带有现代性色彩的见解，自然会得到与主张集体主义伦理和清教徒式道德规范的学者完全不同的结论，而这些结论，都可以从各自的角度出发，被视为是对杨朱思想的合理发挥。那么，如果回到杨朱的基本主张，回到思想史现场，暂时悬置对于其本来观点的推论和评价，我们可以发现，目前的针对杨朱思想或哲学的研究，实际上存在两个尚未充分回答的问题：一是仍然缺少足够的对于杨朱思想本身内在逻辑结构的精细处理，太轻易如古人般将之归结到少数

---

[1] 有关研究状况讨论，参见葛然《杨朱及其思想学派研究》，硕士学位论文，东北师范大学，2008年。
[2] 陈鼓应：《杨朱轻物重生的思想——兼论〈杨朱篇〉非魏晋时伪托》，《江西社会科学》1990年第6期。
[3] 参见葛然《杨朱及其思想学派研究》，硕士学位论文，东北师范大学，2008年。
[4] 现有观点综述，参见任明艳《杨朱伦理思想研究》，硕士学位论文，西南大学，2015年。

某几个关键词——对这些关键词的讨论，又往往较为主观；二是未能充分说明孟子何以激烈反对杨朱的主张，笔者以为，这绝不能被简单视为曲解或夸大其词。

第二节 "理无不死"：杨朱思想的逻辑起点

重新对杨朱的思想加以探讨，最可靠的方法无非从前文所述有关杨朱及其思想的五个主题的记载开始。五个主题当中，生死问题和有关养生与欲望的讨论，以及专门针对"名"的一些评述高度相关，从篇幅来看占到有关杨朱思想记载的大半，如欲首先对其思想内在结构做精细研究，正可由上述三个主题出发。实际上，古人对杨朱思想的原有概括，也主要是针对上述主题。

涉及以上三个主题的内容，从分量来看，无疑是杨朱思想最主要的部分，纵观其文，可留下三个非常鲜明的印象，一是反复讨论生死问题；二是颇多对酒色放逸的赞美；三是明指"名"与礼义毫无意义。在先秦的思想传统中，学者多好论生而鲜论死，这大概正应和了国人好生恶死的本能，中国大概是世界上唯一的缺少人格化的灵魂观念的古老文明，没有不灭的灵魂作为支撑，死亡对于人生来说成为不可逾越的极限，这种无法抗拒的、丝毫没有余地的终极毁灭，让讨论死变得非常艰难。先秦主流的对待死亡的态度，大约不外三种：如孔子般拒绝讨论，将其作为不可言说的问题悬置起来；如某些道家方士般发挥老子的"长生久视"之道，尝试通过一定的诸如行气之类的方式部分或彻底地克服肉体的死亡[1]；如庄子般强调通过精神境界的提升，打破生死梦觉的界

---

[1] 参见匡钊《专气、行气与食气——道家方士对"气"的不同理解及其后果》，《中国哲学史》2013年第2期。

限，安时处顺以求"悬解"，即否认死亡对精神生活的意义，迂回地达到克服死亡的目的。孔子和庄子的态度实际上都是在以不同的方式回避问题，而方士们的努力，从战国中期以前的情况来看大概还没有提供出什么成功的案例——成仙的故事直到战国末年和秦汉之际才蔚为大观。在这种情况下，杨朱正面谈论死亡而不是设法对其加以回避，可谓是特立独行的。杨朱反复强调死亡的必然与不可避免，典型如杨朱曰："万物所异者生也，所同者死也……十年亦死，百年亦死，仁圣亦死，凶愚亦死……腐骨一矣，熟知其异？"又如与孟孙阳的对话所表达的：

> 孟孙阳问杨子曰："有人于此，贵生爱身，以蕲不死，可乎？"曰："理无不死。""以蕲久生，可乎？"曰："理无久生。生非贵之所能存，身非爱之所能厚。"

一句"理无不死""理无久生"，将死亡的必然性表现得淋漓尽致。这种对于生命必然面对死亡的毫不留余的揭示，实际上就是杨朱所有思想的逻辑起点。

既然"万物……所同者死也"，如是，则基于死亡的必然性可做出一系列推论。推论一：一切以延续生命为目标的努力，最终都是无效的，如《列子·仲尼》《列子·力命》中讲杨朱与季梁的交往，季梁病甚，而杨朱歌曰："天其弗识，人胡能觉？匪祐自天，弗孽由人。我乎汝乎！其弗知乎！医乎巫乎！其知之乎？"继而季梁死，杨朱仍"望其门而歌"。这里杨朱当然不是在歌颂死亡本身，而是在说明一个道理，病死之事终究不可阻挡，没必要试图徒劳地延迟其来临。推论二：由于生命本身所包含的各种"苦"，也没有必要去延续它，如杨朱所谓"且久生奚为？……百年犹厌其多，况久生之苦也乎？"所谓"久生之苦"，指的就是杨朱所说的："百年寿之大齐；得百年者，千无一焉。设有一者，孩抱以逮昏老，几居其半矣。夜眠之所弭，昼觉之所遗又同居其半矣。痛疾哀苦，亡失忧惧，又几居其半矣。"虽然充分考虑到死亡的不可避免和生命本身之苦，但杨朱的深刻之处在于，他认为这并不意味着我们就应该轻易放弃生命，如他的学生孟孙阳就问，如此是否就应该"践锋刃，入汤火，得所志矣。"杨朱的回答是否定的，理由是："既生，则废而任之，究其所欲，以俟于死。将死，则废而任之，究其所之，以放于尽。"这里"废而任之"大概说的是不要有多余的无谓行动而应听凭生命本身的发展，于是，就有了推论三：唯一有价值的就是现世的生命及使生命感到快乐的声色之欲："人之生也奚为哉？奚乐哉？为美厚尔，为声色尔。"这个观点，杨朱持论用力最多，极力主张活着的时候要"究其所欲"，而这就是他所谓"养生"。如"晏平仲问养生于管夷吾"，管夷吾曰："肆之而已"，意思仍是"究其所欲"，后文遂有对"所欲"的具体说明："恣耳之所欲听，恣目之所欲视，恣鼻之所欲抽，恣口之所欲言，恣体之所欲安，恣意之所欲逸。"这也如同文中端木叔的生活方式："墙屋台榭，园囿池沼，饮食车服，声乐嫔御，拟齐楚之君焉。至其情所欲好，耳所欲听，目所欲视，口所欲尝，虽殊方偏国，非齐土之所产育者，无不必致之，犹藩墙之物也。乃其游也，虽山川险阻，途径修远，无不必之，犹人之行咫步也。宾客在庭者日百住，庖厨之下，不绝烟火；堂庑之上，不绝声乐。"如果这些欲望得不到满足，即是对生命的"废虐"，而如果活着的时候得到了满足，死亡本身乃至死后如何也就无所谓了，"且趣当生，奚遑死后？"如晏平仲曰："既死，岂在我哉？梦之亦可，沈之亦可，瘗之亦可，露之亦可，衣薪而弃诸沟壑亦可，衮衣绣裳而纳诸石椁亦可，唯所遇焉。"《杨朱》中的有关子产之兄弟公孙朝和公孙穆好酒色的主张："为欲尽一生之欢，穷当年之乐，唯患腹溢而不得恣口之饮，力惫而不得肆情于色"和卫端木叔"不治世故，放意所好。其生民之所欲为，人意之所欲玩者，无不为也，无不玩也"的观点，也都是为了进一步强调应尽量满足现实生命欲求才算是养生的道理，并进一步牵连出有关"名"和礼义的讨论。如果仅仅考虑此生的逸乐，将死亡作为个体一切意义毁灭的终点，那么就不应以任何理由来干扰生之所欲的达成，更不必考虑死后世人的评价，于是有推论四："名"和礼义，在生命本身的欲望和必然来临的死亡面前，都是毫无意义的，包括它们在内，没有任何东西值得我们以生命本身为代价去追求。"名"在杨朱这里的用法,专指名声、名誉,即《尹文子》中所谓"毁誉之名",这些生前身后的美誉,不值得以付出肉体生命或者压抑欲望的方式去博取,如公孙朝、公孙穆所言:"欲尊礼义以夸人,矫情性以招名,吾以此为弗若死矣……不遑忧名声之丑,性命之危也。"杨朱对舜、禹、周、孔"四美",桀、纣"二凶"的对比,也仍然是为了说明这个道理:"凡彼四圣者,生无一日之欢,死有万世之名……彼二凶也,生有纵欲之欢,死被愚暴之名。"但是一旦"同归于死",则美誉恶名都同样毫无意义。既然如杨朱所言,"仁圣亦死,凶愚亦死",则应"不违自然所好,当身之娱,非所去也",至于生前之虚誉、死后之余荣都不必在意:"故不为名所劝",亦所谓"死后不名……名誉先后……非所量也。"甚至如果放宽眼光,从大尺度的历史时间来看,"太古至于今日,年数固不可胜纪",仅"伏羲已来三十余万岁,贤愚、好丑、成败、是非,无不消灭,但迟速之间耳。""贤愚、好丑、成败、是非"这些毁誉之名本身的意义,被其最终的"消灭"所消灭,所以杨朱主张:"矜一时之毁誉,以焦苦其神形,要死后数百年中余名,岂足润枯骨?何生之乐哉?"至于礼义,杨朱直接将其作为扭曲生命、压制欲望的枷锁,这从《杨朱》文中对公孙朝、公孙穆,端木叔生活方式的肯定和对舜、禹、周、孔"四美"的人生的否定可以非常清晰地看出,杨朱主张的是"纵欲于长夜,不以礼义自苦"。

众所周知,"名"是先秦诸子当中的重要话题,学者常在政治或论辩可接受性的意义上谈"名位""名分"或"名实""形(刑)名"之"名",现代论之者亦甚众,但坦白而言,对其理解似乎还远未形成具有融贯性的足够的共识。杨朱所言毁誉之名,虽然涉及对人的善恶评价,但从上下文来看,其谈毁誉之名的目的,并非是为了论证某种政治观点,仅是在主张相关善恶评价从人终有一死的角度看是无意义的。如此,这种"无意义"的"名",与"实"处于何种关系当中就需要再推敲了。《列子·杨朱》中记载了两段杨朱对"名"的专论,言及名实关系,而《列子·说符》中则记有杨朱的两句话专谈名利关系。杨朱这方面的言论，受到《庄子》的重视，《骈拇》《胠箧》中杨、墨并举，均视之为以无用之言乱天下的辩者，大概就与此有关。在《杨朱》中，杨朱在与孟氏的问答中，先谈博取好名声的副作用和需要付出的代价："名乃苦其身，燋其心。""凡为名者必廉，廉斯贫；为名者必让，让斯贱。"这里的"名"专指好名声，在杨朱看来，人博取好名声，在生前是为了富贵，在死后则还幻想能"益于子孙""泽及宗族，利兼乡党"，但是如果有了富贵，就不需要名的附丽，而管仲、田氏的例子更表明好名声未必具有泽及子孙的作用。最终，杨朱得出"实无名，名无实；名者，伪而已矣"的结论，观其上下文，大体是将人生中富贵之类的各种实惠视为实，而好名声只是对于实惠而言毫无补益的虚名。如此，杨朱实际上是将"名"与"实"对立了起来，而我们可以由此推论，由此杨朱有将两者完全分离的意思，如前文论"四美二凶"时所言："实者固非名之所与也"。仅就杨朱这种"离名实"的态度而言，他的确大有辩者风格。《杨朱》篇全文的最后一段，粗看似乎是在归纳前文的各种主题，但在细节上实则大有出入。如前所述，该段文字首先再次肯定人对"丰屋美服，厚味姣色"的欲求，进而主张忠义足以"危身""害生"，故而应灭绝忠义之名。在谈到欲求的时候，文中随即谈到对"无厌之性"的排斥，似乎表现出某种要求欲望适度的观点，后文再次表现出对名的否定，但否定的根据却不是由于忠义之名为虚誉，而是由于忠义本身的危害，这两点与前文杨朱的一贯观点并不完全一致。前述杨朱的思想结构中，并没有任何保持欲望适度的主张，虽然认为"名"与礼义都无益于人生，但始终是将两者作为两个并行的例子来处理，而没有将两者联系起来，也没有一字言及礼义之"名"。本段文字中谈到无厌之性和忠义之名的方式，显然与前文对杨朱观点的讨论颇有出入。本段中后文接着引鬻子、老子"去名者无忧""名者实之宾"的观点，最后反对"守名而累实"，仅从结论看，似乎与前文杨朱"离名实"的看法相合，但鬻子的引文，不见于先秦典籍，而所谓老子言，非但不见于目前为止所见任何一种传世或新出土《老子》文本，反而出自《庄子·逍遥游》，是许由对尧欲让天下而不受的一个推辞。究其上下文，许由不受天下，以天子之名为虚，以天下之治为实的看法，与《杨朱》篇开头杨朱与孟氏的问答中最后一段话谈到尧让天下于许由时的观点着眼点完全不同，庄子强调的是天子之名应与治天下之实对等，而杨朱根本以尧让天下之事本身为"伪"，两者的观点并不能简单通约。这里文本层面表现出的扞格之处，笔者认为不能强行解释为杨朱受道家影响的例子，如果《列子》中确有魏晋人留下的痕迹，这里可能恰好就是一处。魏晋尚玄风，好言老庄，张湛改换庄子言论掺入《杨朱》并以之总括杨朱论"名"的观点，不是不可能。此段言论，笔者以为或许是张湛出于自己对《杨朱》篇的理解而在文末加上去的综合论断，但由于他戴着道家的有色眼镜，这段话所表达的观点只是表面上与杨朱的说法类似而实际上却相去甚远。

　　以上所述，可以认为是杨朱思想的核心内容及其逻辑结构，古人对杨朱"重生"的判断，或正是针对其"理无不死"的主张而言，"贵己"的判断，则可能由以上"推论三"而来——欲望总是个体自身的欲望，而这个判断，似比"重生"更进一步、更具体了一些。这两个判断，如前所述，都是肯定性，且既不是语义相同可相互置换，也不是平行地从不同侧面反映杨朱的思想，而存在某种递进。笔者猜测，两个判断间的递进，一方面由于杨朱思想本身的逻辑结构所决定，另一方面则由于《吕氏春秋》相比韩非子更多对杨朱"重生""贵己"之论调的同情和习用。现代人对杨朱的判断，自然也由上述种种推论而来，只不过多截取其思路之片段，再加上自己的发挥而已。综观杨朱上述思想，他可能是先秦诸子中唯一正面面对死亡，并以人之必死作为自己思考出发点的哲人，但杨朱与道家的关系，恐怕不如前人所判断的那样确切无疑。欲对上述问题进行分辨，关乎涉及杨朱记载中目前本文尚未处理的两类材料，一是有关"一毛"与"利天下"的关系的材料；二是有关杨朱的种种行状。后文便针对上述杨朱的"思想名片"和各种有关故事，力图在厘清其与上述已知的杨朱思想逻辑结构之间的关系，并在此基础上进一步回答杨朱的学派归属和为什么孟子对其深恶痛绝。

第三节 杨朱或非道家

必须承认，在有关杨朱的现有记载当中有部分段落，特别是有关杨朱行状的一些故事，均无法合理置于以上思想结构当中。如《杨朱》篇中论及使"生民之不得休息"的"寿""名""位""货"，似乎是在宣传某种老子式的自然观，而论"人肖天地之类，怀五常之性，有生之最灵者人也"的一段，不但带有汉人的思想痕迹，其目的也在主张某种老子式的"不有""去私"，至于言及"丰屋美服，厚味姣色"的几句话，如前所述，则似乎是在主张某种欲求的适度。对于这几个论点的理解，如与笔者前文对《杨朱》篇末一段的解释相协调，也并不能被认为是杨朱在某种程度上受到道家影响的结果，其在思想层面上与前述杨朱的逻辑不合。这些道家式的言论，笔者以为或者均是《列子》书在重新编订过程中掺入的内容——如前所言，魏晋尚玄谈，张湛重编《列子》时加入自己的理解，有意无意地以道家观点来诠解《杨朱》篇十分自然。将这些内容作为《列子》被称为"伪书"的痕迹，而不是为了将其与杨朱其他观点相协调而曲为解说，认为其是杨朱本人受到道家影响的结果，笔者认为更为合理。至于有关杨朱行状的各种故事，如杨朱见老聃、梁王，过宋东逆旅，论歧路亡羊和犬吠其弟事，虽然其中有的也见于其余诸子的记载，但其反映的思想却不能一概而论，或许只有部分观点属于杨朱本人，其他说法，或者与上述杨朱思想逻辑结构相冲突，或溢出其外，并无法与之建立合理的联系。

由于《杨朱》篇存在于《列子》书中，而与关系密切的《吕氏春秋》虽被认为是杂凑之书，但其中保存着许多来自黄老道家的一贯主张，这样看，杨朱被认为也是应属于黄老道家学派的思想家，似乎有一定道理。但是除上文言及的杨朱与老子思想层面的明显差异之外，这个对于其学派归属的认定，包含一个重大的、无法回避的缺陷：黄老道家的思想潮流当中——如当今学界所知，黄老学覆盖面极广，其中不少人物的关注重心并不相同，视为一种思想潮流似乎比视为一个学派更恰当——包含一个统领其他各种观念的核心：道或者"一"，无论黄老道家学者从何种角度立论，道或者"一"在其思想逻辑中一定具有原点或最高位阶观念的地位，一定是无所不包的、整全性的，能覆盖天人之全体，而其他任何对于具体问题或观念的讨论，都可由此而导出。这种思考模式，却在有关杨朱的记载中全然未见。《列子》全书涉及杨朱的段落中，道字凡十六见，除一次之外，均无法被视为基源性或整全性的第一观念，都是作为复数形式的多种道之"一"在使用。道字在《黄帝》中作"道路"义："老子中道仰天而叹"，《说符》中歧路亡羊的故事后杨朱学生心都子言中亦作此义："大道以多歧亡羊，学者以多方丧生。"《杨朱》中作"政治纲领"义，如"道行国霸""孔子明帝王之道"中的道字，与子路所谓"君子之仕也，行其义也。道之不行，已知之矣"（《论语·微子》）用法相同；也作方式、方法：杨朱所谓生死之"相怜之道"和"相捐之道"，另外文中出现的"君臣之道""君臣道"也可作如是观，指的是为君为臣的方式或君臣相处的方式；或抽象的"途径、进路"义：文中讲子产密语邓析："侨闻治身以及家，治家以及国，此言自于近至于远也。侨为国则治矣，而家则乱矣！其道逆邪"；还作"言说"义："口之所欲道者是非"；亦作"时局"义："不知世道之争危"，这里的"世道"和现代的用法几乎没有不同；《说符》中作"学说"义："仁义之道""先生之道"，这两处或指儒家的学说，或指杨朱自己的学说。除上述较为明显的用法外，另有两处道字需要再深加辨析，《杨朱》中管夷吾与晏平仲尽论"生死之道"，后文则有杨朱自道"君臣皆安，物我兼利，古之道也"。联系上下文，"生死之道"无疑是指有关生死的终极真相或法则，这种道在杨朱处可被视为核心话题，甚至可能是其思想推演的关键，但其位阶，仍未达到黄老学中道的地位，似不具备无所不包的整全性。至于《杨朱》篇末段所言"古之道"，是唯一一处在字面上看很像黄老道家所讨论的道,也具有覆盖天人物我的总括性,但如我们前文对这段文字的分析,有关的说法,恐怕不能被作为讨论杨朱思想的可据材料,这个用例,大概需要被排除在讨论之外。如是观之,确不能将杨朱简单归于黄老道家。当然杨朱的思想是否与黄老道家存在某种联系仍需要讨论,此点容后另论,但从根本的理论逻辑来看,不能认为杨朱就是黄老学者。笔者以为,杨朱非道家,以上对道的用法的讨论,可算是强有力的否定性证据。

还有另外两点值得注意,一是在前述杨朱思想的逻辑结构当中,推论一二,即主张以延续生命为目标的努力最终无效且实际上也没有必要去努力延续生命,明显与老子追求"长生久视"的立场不同;二是上述推论三中杨朱对"养生"的理解也和老子、方士们或庄子完全不同,后者可谓传统道家式的养生,其目标是或在肉体层面,或在精神层面克服死亡的威胁,但对于杨朱来说,人是必死的,所谓"养生"不过是从此生人之所欲而已。这种"养生"的主张前所未见,进一步考虑到老子明确反对声色之欲——"五色令人目盲;五音令人耳聋;五味令人口爽;驰骋田猎,令人心发狂;难得之货,令人行妨"(《老子·第十二章》),该"养生"的主张和对延续生命的努力的否定,可作为杨朱不属于黄老道家的肯定性证据。由此立场出发,摘下黄老学的有色眼镜,对于现有记载中杨朱的其他种种行状,或能有更恰当的理解。

《列子·说符》中载杨朱论歧路亡羊事,仍以他和学生孟孙阳等人的对话展开,对话结论,是要说明"学者以多方丧生"的道理,如杨朱举学操舟的例子所暗示的,学者之学往往无益于"养生",反而可能危及生命。这个观点与杨朱前述思想大体一致,礼义虚誉无益人生,所谓"学"大抵也可作如是观。出现在《荀子·王霸》中杨朱哭衢的小段子,笔者怀疑是由此歧路亡羊的故事引申而来,其虽简单,但主旨大体一致。至于见于《淮南子·说林训》和《论衡·率性》中的杨朱哭衢事,大约都由《荀子》中的记载而来。

《列子·黄帝》则记载了一个杨朱见老子的故事,文字几乎与《庄子·寓言》中的一段完全相同,笔者怀疑是编书的人直接从《庄子》中抄出的，不但不能被作为杨朱真的见过老子的证据，反而如前述《杨朱》篇末段落一样，是《列子》书中掺入非先秦原有观点的痕迹。《庄子·寓言》一文本身并不连贯，且如其文自道："寓言十九，藉外论之"，里面的故事，当假托之而申明自己观点而已。对照《庄子·应帝王》中另有"阳子居见老聃"事，或亦可作如是观，此段论所谓"明王之治"，与《寓言》中所述相去甚远，由此正可见两事均为伪托而已。道家推重老子，其后学在自己的书中炮制某某见老子的故事，恐怕不外是为了通过尊奉老子显示自家学问的高明，除了这里杨朱见老子的故事，孔子见老子的故事就更有名了——这些大约都是道家后学喜爱并惯用的主题。① 《列子·黄帝》中还有一个杨朱过宋东逆旅的故事亦见《庄子·山木》和《韩非子·说林上》，从行文繁简看，《黄帝》与《说林上》中的段落，恐与前述杨朱见老子事相同，均是由《庄子》书中抄出。这两个抄写，文字略有出入，但都是对《山木》原文的缩写——很可能是《说林上》抄《山木》，《黄帝》抄《说林上》。更重要的是，以上两个故事主旨分别是在说明"大白若辱，盛德若不足"和"美者自美""恶者自恶"的道理，从思想关联的角度看，也与杨朱前述思想逻辑结构无关，既不能被视为杨朱本人的思想，也不能被认为是他受到道家影响的例证。《列子·说符》还有一个犬吠杨朱之弟的故事亦见《韩非子·说林下》，笔者以为，可能如杨朱过宋东逆旅事一般，也是《列子》编者抄自《韩非子》，该段文字主题是要说明人对事物的认识，难免随外部条件的改变而改变，而这与杨朱其他的思想并无任何关系。

综合来看，杨朱应非道家，其思想从人的必死出发，主张一种仅以生命欲望为指向的养生观，其思想在先秦诸子中可谓独树一帜。更如前文分析的，他与战国时蔚为大观的黄老道家，也未见思想上的实质性

---

① 从时间上推断，钱穆以为"杨朱辈行较孟轲、惠施略同时而稍前"（钱穆：《先秦诸子系年》，第284页），则若实有老子其人，且其长于孔子，则杨朱无论如何不可能得见老子。汉初墓、祠中多见画像石，图画内容常有孔子见老子、孔子见神童项橐之类的主题，依笔者所见，大约都是黄老学兴盛的遗产，全然不能作为史料采用——同样的画像石上，还有著名的伏羲女娲交尾图。

联系，一些字面上的类似，并不足以作为其受到后者影响的证据。至于《杨朱》篇中黄老思想的痕迹，反而可能均出自重编其书者个人对杨朱思想并不贴切的理解。那么如何理解《杨朱》篇出现在一部道家式的《列子》书中呢？这一事实，应非重编者张湛所为而是先秦古书成卷册时的安排，也大概就是他会从道家立场对其加以阐发的重要文献层面的理由。对此笔者以为，道家与杨朱可能有共同的思想源头，已经有冯友兰等学者指出，杨朱思想在一定程度上是对以往隐逸遁世思想的总结[①]，隐者早被学界作为道家的源头，如也是杨朱思想的源头，则道家和杨朱也就能并只能在上述意义上被联系起来，在此意义上《杨朱》篇被编于《列子》书中，也是完全合理的——毕竟杨朱本人的原始文献太少。至于以杨朱为法家的论点，统观杨朱的全部可靠记载，均缺少思想层面内容的支持，且韩非子对杨朱的态度颇为负面，这种论调可不予考虑。有关杨朱和庄子的关系，还需要略加赘言。杨朱当然不是庄子，《庄子》书中有多处关于杨朱的故事和评价，但杨朱与庄子或庄子后学之间却没有什么真正的共同点。《庄子》对于杨朱的态度，也是批评性的，称之为辩者的"无用之言"（《庄子·骈拇》）、"非吾所谓得也"（《庄子·天地》），虽然有时两者之间也会呈现出某些字面和话题上的相似之处。杨朱的"贵己"，如再加以推论，可认为其包含着一种对于个人与社会之间关系的否定，即将自己作为唯一可贵的对象从社会中加以隔绝，而这也是现代诠释中往往视杨朱为"个人主义者"的理论基础。这种态度，恰与"独与天地精神往来"的庄子好像有某种类似之处——儒家、墨家和黄老道家，都不否认个人与社会之间的联系，只是尝试从不同角度来发展、调节这种联系。但是，杨朱与庄子如此作想时的出发点完全不同，庄子是出于对某种更高境界精神生活的追求，而杨朱强调的只是肉体生命的欲望。这种不同是根本性的，如《庄子·人间世》开头，记孔子教颜回不可轻身去说卫君以免生命之危，似乎也有类似杨朱的"重生"之意，但庄子却从来没有把肉体生命置于首要的地位，《人间世》

[①] 参见饶尚宽《杨朱论》，《新疆师范大学学报》（哲学社会科学版）2005年第4期。

后文随即转入对"心斋"的讨论便是明证。学界以往曾有调和庄子、杨朱说法的努力，如论者以为老庄之学的"无己"与杨朱之学的"贵己"，一主无我、一主为我，只是方法或途径上存在差异，他们的目的则是一致的，即全生。若说"贵己"是正题，"无己"是反题，那么追求"全生葆真"的境界就是他们的合题。[1] 这样尝试调和庄子与杨朱，甚至全部道家与杨朱的努力，基本是建立在对文献的过度诠释之上的，在笔者看来，我们无需对杨朱的思想曲为解说，努力将其归于汉人归纳的某一已知流派，而否定其思想的独特存在。[2]

第四节 "一毛"与"天下"

最难判断的故事，是《列子·杨朱》中载杨朱见梁王事。此事另见《说苑》，而从时间上推断，有学者认为其完全可以成立。杨朱见梁王，谈的是"治天下如运诸掌"，而达到此目标的方式是"治大不治细"。有关杨朱的全部记载中，很少有涉及治天下问题的讨论，在前文讨论过的比较可靠反映其思想的段落中，完全没有任何言论直接针对此问题，这里杨朱忽然见梁王而大谈治天下，可谓是非常可怪的。处理这个问题，就牵扯到至今本文未加正面研究的最后一个主题：杨朱的"思想名片"，即"拔一毛而利天下"的问题，对此问题的解答，将有助于我们合理解释杨朱是否关心治天下，或者是以何种态度关心治天下。

孟子对杨朱的严词批评众所周知，而以往学者也论之甚众。有论者

---

[1] 参见李季林《庄子"无己"与杨朱"贵己"的比较》，《贵州社会科学》1996年第1期。
[2] 高亨、詹剑峰均曾将杨朱视为独立的学者，参见高亨《杨朱学派》，载罗根泽编《古史辨》，上海古籍出版社1982年版，第4册；詹剑峰《杨朱非道家论》，载《中国哲学》第七辑，生活·读书·新知三联书店1982年版，第55页。

以为孟子误解了杨朱的原意，也就是说，杨朱的意思并不是不愿意以自己的"体之一毛"以"济一世"，而是不愿以一毛的代价，从天下获利。[1] 由于孟子后文还涉及对墨子的批评，戴卡琳（Carine Defoort）认为，这里解释上的难点，实际上涉及利的双重意思："对杨子它意味着'从天下获利'，对墨子则是'有利于天下'。"[2] 对照《列子·杨朱》中杨朱与禽子谈及一毛与天下关系的原文和《韩非子·显学》中对杨朱这一主张的评价，杨朱的意思，应该确实是哪怕付出一毛的代价从天下获利也不愿意，"不以一毫利物"，"损一毫利天下，不与也"，这也就是《杨朱》文中"善逸身者不殖"的意思，并拒绝回应相反指向的、墨家式的问题："去子体之一毛以济一世，汝为之乎？"如此。韩非子视杨朱为"轻物重生"之士，"重生"之前"轻物"的评价，大概就是针对不愿以一毛的代价从天下获利的观点。这个看法，与前文所述杨朱的一贯思想逻辑相一致，既然珍爱自己的生命，就不应以任何理由对其造成丝毫的损害或威胁，极端一点儿看，哪怕是自己一毛的损失，也不应付出。考虑到韩非子对杨朱这种看法的否定和他自己完全对立的主张，也就是要求人主"陈良田大宅，设爵禄"而设法"易民死命"，应该可以确定杨朱的意思就是"不以天下大利易其胫一毛"。至于有的古代与现代解释者认为此处杨朱的意思是与此相反的"不以一毛的代价有利于天下"，或许一方面是受到利字双重用法的影响，另一方面是受杨、墨对举的干扰——《杨朱》后文谈到大禹的例子也的确对问题的讨论方向有一定的误导作用，这让读者误以为杨、墨之间的对比，存在于"不计代价也要利天下"的大禹和"不以一毛的代价有利于天下"的杨朱之间，实际上，这里的对比存在于前一个大禹的形象和"不愿哪怕付出一毛的代价从天下获利"的伯成子高之间。可将上述杨朱的主张推广到了更极端的地步，"从天下获利"的极致就是获得天下本身，而戴卡琳认为杨朱所看到的，实际上是拥有天下这种"大利"对自身潜在的可能损害，所以

---

[1] 顾颉刚曾持此说，而冯友兰有保留地同意。有关讨论参见 [比利时] 戴卡琳《不利之利：早期中国文本中"利"的矛盾句》，《文史哲》2012年第2期。

[2] [比利时] 戴卡琳：《不利之利：早期中国文本中"利"的矛盾句》，《文史哲》2012年第2期。

他所推崇的伯成子高才会"舍国而隐耕"——杨朱要反对的,是即使获得保有天下这种大利,也不足以补偿人自身可能为此付出的身心代价。戴卡琳进一步将上述观点和"禅让"及新出土文献《唐虞之道》中的某些看法联系起来,《唐虞之道》后文中明确主张尧"致仕"而禅天下于舜,是出于"退而养其生"的考虑,而这归根结底是由于尧"此以知其弗利也"——治理天下即使对于天子来说也是个得不偿失的苦差事。① 《杨朱》其他地方明确认为大禹属于为名所累,哪怕当天子也是苦差事的观点实际上潜藏于《杨朱》篇中杨朱和禽子的对话当中。那么,如果孟子没有误解杨朱的意思,那么他是否是从与韩非相同的角度展开对杨朱的批评的呢?

回答无疑应是否定的,孟子肯定不会同意韩非式的法家主张,"陈良田大宅,设爵禄"而"易民死命",他所反对的,是杨朱的上述立场当中包含的那种明确的对于社会政治责任的拒绝。如前所述,杨朱主张某种个人与社会之间的隔绝,而"不以一毛的代价从天下获利"可谓是对这种隔绝的正面表达,这个表达实质上也就意味着个人对社会政治责任的彻底拒绝。

回到孟子对杨朱的批评,他也采用了杨、墨对举的方式,虽然可能"孟子所谓杨墨之言盈天下者,亦其充类至极之义,非当时之学术分野之真相也"②,不过孟子这种杨、墨对举的方式,实则既契合于《杨朱》中杨朱与禽子的对话,也与《庄子》中的情况一样,是将杨朱视为辩者。这位辩者杨朱的主张,与墨子相比,在孟子眼中正好处于两个极端:"杨子取为我,拔一毛而利天下,不为也。墨子兼爱,摩顶放踵利

---

① 参见[比利时]戴卡琳:《墨子和杨朱的血液在儒家的筋肉里:〈唐虞之道〉的"中道观"》,载李国章、赵昌平主编《中华文史论丛》总第八十四辑,上海古籍出版社2003年版。类似的观点和态度,也与庄子嘲笑惠施"以子之梁国吓我"有类似之处,不过其理由完全不同——一是出于精神生活不受干扰,一是出于肉体生命不受连累。如溯其源头,杨朱与庄子的上述态度大概都和较早时的隐者有关,如长沮桀溺这样的隐者作为避世之人,其行为中正包含着对社会责任的回避。《庄子》的《逍遥游》和《让王》里,以及《列子·杨朱》中尧以天下让许由而后者不受的传说,大概都是从不同角度对上述源流的形象化表述。
② 钱穆:《先秦诸子系年》,第285页。

天下，为之。"如前所言，这里形成对比的，是"不以一毛的代价从天下获利"的杨朱和"不计个人代价也要利天下"的墨子，而孟子本人的态度，或如戴卡琳所言，如《孟子》后文所表现的，与主张一种"执中"有关。① 涉及"中"及其他可能问题的讨论非常复杂，超出了本文的意图，粗糙而言，我们可以认为孟子与儒家在自己与天下的关系方面，主张某种既不同于杨朱，也不同于墨子的立场，这种立场，处于"为我"和"兼爱"两种极端的立场之间，对于自己和天下的关系，有孟子认为更为合理的安放。墨子的意思比较清楚，就是要求人不惜代价、不怕辛苦而去做对天下有利的事情，或许可称为"重利轻生"之士，"利"也可以是"物"，在这个意义上，"轻物重生"的杨朱，恰好与"重物轻生"的墨子对立起来，并在孟子眼中成为两个极端。孟子与儒家在处理自身与天下、"物"和"生"的关系时，其立场处于杨朱的"不为"和墨子的"为之"之中，权衡生命和天下之治，既不否认饮食男女、礼乐文化等生之欲，也同时希望天下能有善治，在"利"与"生"之间努力达到某种平衡——大同世界的理想，建立在所有人"皆有所养"的基础上。但孟子的批评之所以如此严厉，还不仅是因为杨朱和墨子各执一端，而是由于他们"为我""兼爱"的主张意味着"无君""无父"，而这在孟子看来，是儒家所坚持的一切价值的毁灭，是禽兽行径。墨子兼爱无父，在儒家眼中意味着对基本人伦关系和人伦价值的破坏，这一点非常清楚，无须多言，但"为我"为什么就会"无君"呢？杨朱所谓"养生"，包括纵情声色、不顾名誉、无视礼义之种种，这些行为都是儒家所深恶痛绝的，但孟子对其"无君"的评价，所针对的应是杨朱所表达出的那种个人对社会政治责任的完全拒绝，这种态度，是主张致力于追求社会善治、东周之礼的儒家无论如何不能接受的。对此态度的表述，亦如《杨朱》中假托公孙朝、公孙穆的话的回答："以我之治内，可推之于天下，君臣之道息矣。"这里的意思，用现

---

① 参见［比利时］戴卡琳《墨子和杨朱的血液在儒家的筋肉里：〈唐虞之道〉的"中道观"》，载李国章、赵昌平主编《中华文史论丛》总第八十四辑，上海古籍出版社2003年版。

代的语言可以解释为人人仅专注自己的生命与欲望而无需对社会或他人承担任何政治责任，如此社会或呈现出无政府状态。杨朱又说："人人不损一毫，人人不利天下，天下治矣。"这似乎是在暗示某种天下的自动运行，而很容易让我们联想到老子的看法。但实际上杨朱的这种说法不同于老子。老子强调的是圣人无为，而无为的目的是让天下循道自化，至于杨朱所说的"不为"是拒绝对天下承担任何责任，且并没有同时为天下的运行指出任何可能遵循的道路。如果人完全退缩到个体的生命欲望当中隔绝于社会，那么人类社会就会崩溃，当然也就不会有君臣之道，不会有任何社会治理存在，而这可能就是孟子所谓"无君"。这种局面下的"天下治矣"，当然只是一种不切实际的幻想，是一种不明所以的对"治"的想象，与老子意义上的有明确内容的、以道作为支撑的"无为而治"并不相同。

从以上角度看，杨朱见梁王论治之事，恐难以作为可信材料，很难想象主张君臣道息的杨朱会去和君主谈论治天下，也正如韩非子在《显学》中所说的，同样很难想象陈良田大宅、设爵禄的战国君主会让完全主张相反观点的杨朱来到面前逞其巧舌。此事虽然复见于《列子》与《说苑》，但从思想的契合性角度看，还是将其存而不论更妥当。

坦率而言，杨朱的思想中实际上包含内在的、无法解决的矛盾。人人自利，必起纷争，仅仅考虑自己的欲望，一定会对他人造成威胁，这些复杂的问题，从现有的记载看，杨朱似乎均未正面考虑。当然，考虑到材料的流失，可能杨朱本人的思想要比现在所见更复杂，但这种复杂性，大概永远都不会再次展示给后人了。站在今天的角度回看，杨朱思想结构中最具有思想史意义的内容，仍然是其思想的起点，即那种对于死亡的无条件正视，明确在先秦诸子中间存在这样的思想家，或许为中国古代的思想拼图贡献了本来就不应缺失的一片。

第六章 《吕氏春秋》中的心、身与道

  《吕氏春秋》大约是我国最早目的明确、形式严整的著述。著述成书的主导者吕不韦为秦相,其与秦始皇恩怨及种种历史表现脍炙人口。吕不韦虽然长期主持秦国政治,但其在行政领域的成就现在已经难以稽考;门客虽多,但"吕不韦似乎并未能充分发挥这些食客的才能与力量为秦国打开一个新的政治局面",从政治遗产的角度讲,"吕不韦作为执政者,没有留下任何积极为政的功业"[①]。上述情况的存在,似与吕不韦其人的政见,与秦国政治的现实并不协调有关,如《吕氏春秋·谨听篇》有言:"今周室既灭,而天子已绝,乱莫大于无天子,无天子则强者胜弱,众者暴寡,以兵相残,不得休息,今之世当之矣",对此议论,钱穆以为:"吕不韦为秦相国,乃绝不称道秦政",且《吕氏春秋·序意》言此书制作,称"维秦八年","不以始皇纪元,乃统庄襄言之,其事甚怪"[②]。若吕不韦与始皇初年之秦国政治之间的确存在不协调,则《吕氏春秋》的制作,便包含吕不韦申明自己之政治主张,且暗自欲与秦国政治之现实大势相抗衡的意图,即"以一家《春秋》,托新王之法,而归诸吕氏"[③]。吕不韦身为秦相而其志如此,则其后坐嫪毐谋反失位身

[①] [日]西嶋定生:《秦汉帝国:中国古代帝国之兴亡》,顾珊珊译,社会科学文献出版社2017年版,第26—27页。
[②] 钱穆:《先秦诸子系年》,第562页。
[③] 钱穆:《先秦诸子系年》,第562页。

死实非不辜。

《吕氏春秋》为新王制法的意图,上承战国游士,下启汉初今文经学,无疑属时人对战国时代中国历史大变局的反应之一,依其书主旨归依,被《汉书·艺文志》列为杂家:"杂家者流,盖出于议官。兼儒、墨,合名、法,知国体之有此,见王治之无不贯,此其所长也。及荡者为之,则漫羡而无所归心。"此一判断其实掩盖了该书的基本论证立场——典型的黄老学视角。

第一节 《吕氏春秋》的黄老学底色

《吕氏春秋》篇幅宏大,且吕不韦以"春秋"为其名,足见其欲以此书作为治世大法的野心,更如《不二》《执一》等篇所示,亦欲以此书作为天子统一天下思想的准绳。若吕不韦由此立场出发而制作此书,则可设想其或有一根本线索统贯其中。吕本人非学者,但其作为秦相,广招门客之时未必没有自己的立场。《吕氏春秋·序意》一篇,可视为对他本人和全书基本立场的说明,其中明确说吕不韦"尝得学黄帝之所以诲颛顼",且欲法天地而验于人事之治乱存亡,可谓直接表明了全书的黄老学底色。如晚近的研究所见,战国时代大量存在托名黄帝的黄老学著作,此类意在提供治理天下的根本法则的"黄帝书",大约为吕氏所喜,并成为他学黄帝之言的来源。

吕不韦好黄老学,或可有两方面的理由。一方面无疑是因为黄老学可以提供一套从天道到人事的对于世界运行的完整说明,这为新的治理形式和君臣关系提供了合法性论证。实际上,直到汉代初年,黄老学仍然是可与儒家竞争的、有希望成为官方意识形态的思想体系,而吕氏所看重的首先也是这一点。另一方面则可能与吕不韦本人的特殊身份有关，他作为秦相辅佐幼主，黄老学提倡的"君逸臣劳""无为而治"应该非常符合他的胃口，使他以秦相的身份秉持国政显得更为合理。

这种黄老学的底色，也以新的方式显示在《吕氏春秋》全书的结构当中。以天道推究人事，是战国黄老学的基本思路，从《老子》标举道，直至《管子》和新出土马王堆帛书《黄帝四经》等莫不如此，《吕氏春秋》以《十二纪》①作为全书纲目的撰著体例，则是对此思路的新发明。这种发明包含新的思想贡献，即广泛运用本来未被充分纳入黄老学视野的数术知识来充实原有的天人宇宙架构。无论存世的《管子》还是近年新出土的黄老学文献，其中或多或少都有一些数术的影子，但均未全面将其采纳为自身学说的内容，并由此为世界提供总体说明。如司马谈、刘向等早期学术史研究者所言，阴阳家与道德家仍然有较为清晰的区分，阴阳家所掌握的，显然主要是与天地运行节律有关的数术知识，而道德家所看重的是"本""一"这样的根本原则。但是，道家完全可以容纳阴阳家的知识，如司马谈所言："其为术也，因阴阳之大顺"，此"大顺"即为表述天地运行节律的"四时之大顺"，而《吕氏春秋》以《十二纪》统贯全书，在某种程度上可被视为从道家黄老学的立场出发"因阴阳之大顺"的典型。

《十二纪》篇首先论各月份之天文，后言相应的数术知识，再说有关祭祀方法和人事层面的可行之事与不可行的禁忌，强调人间的作为要与天道运行的规律相应和，而其每一纪之后附加的文章，则多是出于典型的黄老学立场的言说。如《季春纪·论人》有言："无以害其天则知精，知精则知神，知神之谓得一。凡彼万形，得一后成。故知一，则应物变化，阔大渊深，不可测也。德行昭美，比于日月，不可息也。豪士时之，远方来宾，不可塞也。意气宣通，无所束缚，不可收也。故知知一，则复归于朴，嗜欲易足，取养节薄，不可得也。"其中"得一""知

---

① 亦有学者主张《十二纪》与"八览""六论"均为独立的篇章，可以没有隶属关系，如许维遹《吕氏春秋集释》（中华书局2009年版）中孙人和在《吕氏春秋集释序》说："'十二纪'初为一部。""'八览''六论'自可别行。"但司马迁既然将其作为整体看待，我们仍然倾向于从此立场出发将《吕氏春秋》全书视为整体。

一""复朴"之类的说法,完全都是出于黄老道家的术语,既将对道的把握作为展开其他一切事务的前提,也将"朴"的状态视为最终的目标。《吕氏春秋》这种结构上的安排,可谓运用来自阴阳家的数术知识进一步充实并论证了黄老学抽象的天人原则。

这种思路,与秦政所本之法家完全不同,后者一味尊君,仅看重政策的实际效果,而对其是否存在源于天道的合法性论证漠不关心。吕不韦希望通过《吕氏春秋》强调政治的天道根源,或一方面委婉表达了对秦国政治缺少理性论证之支持的不满;另一方面也表达了他对君权无限扩张的不满——在黄老学思想中,天道同样是制约君权的重要因素。这些因素,大概均是吕不韦与秦国政治之现实之间的不可调和之处。

第二节 心与"心气"

众所周知,心的问题在战国中期已经成为得到广泛关注的重要话题,就其在道家语境中的呈现形态而言,自老子始,下及《管子》与新出土之《黄帝四经》,论心均将其视为道的下位观念。也就是说,黄老道家此前无不以道或道的对等观念,如"一""精气"等来论心之短长,不但人心所有之认知智能最终根源于道,其作为修养的对象,养心的目标亦是得道,尤其如《管子》"四篇"所言,更直接将人心作为受道的场域:所谓"精舍"。但此种以道论心的思路,在《吕氏春秋》中却似乎付之阙如。

战国论心,主要关乎两个方面:一是心智方面,常将此意义的心视为其他感官和身的主宰,论者普遍凸出一心对全身的统御作用;一是精神修炼方面,心通常被作为修身或养生的基本场所,获取德性的相应努力首先便以人心为修炼对象。《吕氏春秋》论心,亦从上述两方面着眼。

如《情欲》有言："耳不可以听，目不可以视，口不可以食，胸中大扰，妄言想见，临死之上，颠倒惊惧，不知所为，用心如此，岂不悲哉！"《当染》有言："愁心劳耳目。"《尊师》有言："且天生人也，而使其耳可以闻，不学，其闻不若聋；使其目可以见，不学，其见不若盲；使其口可以言，不学，其言不若爽；使其心可以知，不学，其知不若狂。"均将心与耳目等感官对举，实际是遵循了将心从感官或身体当中剥离出来的思想传统，且将前者视为后者的主宰者。心相对于身体感官的优先地位，在《适音》中更清楚地呈现出来："耳之情欲声，心不乐，五音在前弗听。目之情欲色，心弗乐，五色在前弗视。鼻之情欲芬香，心弗乐，芬香在前弗嗅。口之情欲滋味，心弗乐，五味在前弗食。欲之者，耳目鼻口也；乐之弗乐者，心也。心必和平然后乐，心必乐然后耳目鼻口有以欲之，故乐之务在于和心，和心在于行适。"耳目鼻口之所以能够发挥视听嗅味的功能，都是由于心的作用。类似看法，大体为战国时期学者通见，目前可见的先秦文献中，对等的说法大量存在，如《管子·心术上》谓心体君位，《荀子·解蔽》谓"心者，形之君"，新出土文献《五行》谓"耳目鼻口手足六者，心之役也"等都对心与身体其余诸器官的关系做同样理解。

心之所以相对于身占据上述统治性的地位，《吕氏春秋》的论说较为简单，《君守》有言："身以盛心，心以盛智。"据此处文中递进关系，可推知心的主宰之力，或即来源于"智"。视心为心智或理智的载体，亦为战国通见，在《吕氏春秋》或看作常识，故未加专门讨论。类似说法如孟子所谓"心之官则思"，而较早的黄老学派著作，如《管子》亦视心为"智舍"，在将心等同于理智载体的意义上，与此处《吕氏春秋》所言并无二致。也因为心的上述特点，其亦是由心智力量所推动的学习活动的基本要素，《听言》谓："凡人亦必有所习其心，然后能听说。不习其心，习之于学问。不学而能听说者，古今无有也。""习其心"无疑被认为是其余人所特有的活动，如听、说，也就是理解并运用语言的前提。

同时，此相对于身体居首要地位的心，亦是自身修养或"养生"的主要目标，如《尊师》有言："生则谨养，谨养之道，养心为贵。"或许因为在此维度讨论以往黄老学派已经着墨颇多,《吕氏春秋》亦并未将其作为重点话题再加申说。由心的以上关键地位,可以推知,其是我们欲对他人施加影响时首先需要考虑的对象。如《观表》谓:"凡论人心,观事传,不可不熟,不可不深。天为高矣,而日月星辰云气雨露未尝休矣;地为大矣,而水泉草木毛羽裸鳞未尝息也。凡居于天地之间、六合之内者,其务为相安利也,夫为相害危者,不可胜数。人事皆然。事随心,心随欲。欲无度者,其心无度;心无度者,则其所为不可知矣。人之心隐匿难见,渊深难测,故圣人于事志焉。"此处对心的讨论,大概重点一方面在于指出影响心的活动的负面因素"欲",另一方面在于对他人之心难以把握的判断,由于无度欲望的影响,心的运转变得不可知、隐匿难见,这实际上对圣人的治理提出了挑战。在现实的治理当中,无疑通过影响人心而影响他人是必然的选择,如《论威》有言:"凡军欲其众也,心欲其一也,三军一心则令可使无敌矣。"那么,如何使他人的心统一到治理者的意志之下,便成为必须考虑的问题。结合上述对欲与心关系的说明,可以想象,在《吕氏春秋》的思考谱系中,影响他人必然经由对他人之欲进行调节。

这一点亦非《吕氏春秋》的创见,先秦诸子论人心,早已广泛将心与欲相联系,并视对后者的调节为对前者施加影响的重要手段,典型如孟子"养心莫善于寡欲"的说法。此处所言欲,朱熹在《集注》中《孟子·尽心下》云:"欲,如口鼻耳目四支之欲。"也就是说,孟子以为以养心为目标必定涉及对身体欲望的控制,联系大、小体之论,可视为孟子一贯之观点。《吕氏春秋》中所言欲,联系前引《适音》文,亦当如此理解,只是其视角不再局限于对自然欲望的调节,而延展到调节他人的欲望问题,也就是说,该问题不仅仅是修身问题,亦同时是治国的要求。如何从上述两方面对身体欲望加以干涉,《吕氏春秋》则将其与乐教联系了起来,而类似说法如《礼记·乐记》所示,亦为儒家所主张。可以如此操作的理由,《吕氏春秋·音初》谓:"凡音者,产乎人心者也"与《礼记·乐记》:"凡音之起,由人心生也"完全一致。音乐对于自身修养的作用,自孔子起便被儒家视为不言而喻的内容,或由于此，《乐记》通篇所强调，多为通过乐来实现对他人的治理，即所谓乐教——重在教化他人。这种教化可得以实现的关键，恰在于乐对于欲的节制作用。《乐记》谓："乐者乐也。君子乐得其道，小人乐得其欲。以道制欲，则乐而不乱；以欲忘道，则惑而不乐。"此处希望通过"以道制欲"而达到音乐活动合乎规范的快乐，即文中所说："先王之制礼乐也，非以极口腹耳目之欲也，将以教民平好恶而反人道之正也。"

乐教之所以能够发挥如此作用，无疑是由于乐与人心的直接关系，治理他人作为自身修养的延伸，是因为调节音乐可以对人心施加作用，具体来说就是对欲加以节制。对于这层意思《吕氏春秋》给出了与《乐记》类似的、带有数术背景的说明，如《仲夏纪》谓："是月也，日长至。阴阳争，死生分。君子斋戒，处必掩，身欲静无躁，止声色，无或进，薄滋味，无致和，退嗜欲，定心气，百官静，事无刑，以定晏阴之所成。"在极端的情况下为了调节心与欲，甚至需要完全放弃音乐活动。此处真正值得注意的是，《吕氏春秋》中出现了一个《乐记》当中未见的术语"心气"，且在后文中亦有其他用例。如《侈乐》有言："乱世之乐与此同。为木革之声则若雷，为金石之声则若霆，为丝竹歌舞之声则若噪。以此骇心气、动耳目、摇荡生则可矣，以此为乐则不乐。"这均是将"心气"作为乐教调节的直接对象。

"心气"与心差一气字，如将其视为对心的进一步说明与规定，则其与身体感官的关系与心和两者的关系并无不同，如《察贤》谓："宓子则君子矣，逸四肢，全耳目，平心气，而百官以治义矣，任其数而已矣。"但这个术语，却是完全属于黄老学的，《管子》与《鬼谷子》当中，均可见"心气"的说法。《管子·内业》有"心气之形，明于日月，察于父母"的说法，后文随即谈到"抟气"的问题，应是将气作为自身修养或精神修炼的重要对象看待，而类似考虑在先秦黄老学和儒家谱系内有较多线索，从《黄帝四经》到帛书《五行》和《孟子》，均可见将气作为修身实践中所需要重点关注的对象的主张，只是未采用"心气"的术语。明确将"心气"陈述为修养对象的，可见《鬼谷子·盛神法五龙》中的说法："故道者，神明之源，一其化端，是以德养五气，心能得一，乃有其术。术者，心气之道所由舍者，神乃为之使。九窍十二舍者，气之门户，心之总摄也。"这里是将"心气"表述为得自道的"五气"之一，其是否稳固对于思虑志意这样的心灵能力具有决定性的作用：如《鬼谷子·养志法灵龟》有言"志不养，则心气不固；心气不固，则思虑不达，思虑不达，则志意不实"。可以明显看出，无论《管子》还是《鬼谷子》当中，论"心气"均先言道，但在《吕氏春秋》中同样不见相应线索，也就是说，该书虽然遵循了战国言心的思路，但却在有意无意间将心与道的关系剥离了。如考虑到《吕氏春秋》全书的整体基调仍然是强调道的根源性作用，那么上述心、道的分离，或许可被理解为该书希望在一定程度上给予心相对独立的地位。

第三节　杨朱思想的痕迹及其进化

　　与上述心与道的疏离不同，《吕氏春秋》对感官身体的理解，却又重新将其置于道的笼罩之下。书中有关该方面的思想，在传统中往往被与同样关注形躯身体的杨朱联系起来，甚至常被作为杨朱本人残存的思想遗迹来看待。如《吕氏春秋·孟春纪》与《仲春纪》以下数篇，早被认为与杨朱思想存在联系。笔者以为，从思想逻辑和时代先后的角度看，其内容或在一定程度上可被视为对杨朱思想的发明，但双方旨趣的差异仍可经由文本的细节清晰看出。结合上述对《吕氏春秋》中道、心关系的辨析，其间差异正可进而成为辨析杂家之所以"杂"的突破口。

　　杨朱其人，在先秦思想界中反复讨论生死问题，并颇多对酒色放逸的赞美，甚至以适己之欲作为"养生"的原则。杨朱思想的起点，在于对生命必然面对死亡的毫不留余地的揭示，并由此做出一系列推论：推论一：一切以延续生命为目标的努力，最终都是无效的；推论二：由于生命本身所包含的各种"苦",也没有必要去延续它;推论三:唯一有价值的就是现世的生命及使生命感到快乐的声色之欲;推论四:"名"和礼义,在生命本身的欲望和必然来临的死亡面前,都是毫无意义的,包括它们在内,没有任何东西值得我们以生命本身为代价去追求。[1] 上述这些内容,在《吕氏春秋》当中,有的得到延续,有的则被改造。

《吕氏春秋》对死亡的态度,与道家传统并不一致,没有那种对于"长生久视"的信任,而完全认同杨朱的观点,典型如其《节丧》篇称:"凡生于天地之间,其必有死。"但是,在如何面对这种必然来临的死亡的问题上,却重新以黄老学的观点再加审视,书中没有因此就接受杨朱的纵欲之论,而如其在论乐时所称,重新给欲望加上了道的束缚。如《吕氏春秋·情欲》有言:"圣人修节以止欲,故不过行其情也。"又称:"古人得道者,生以寿长,声色滋味,能久乐之,奚故?论早定也。论早定则知早啬,知早啬则精不竭。""啬"的概念,显然来自老子,《吕氏春秋》视之为得道者的标志,亦是以道作为节制欲望的阀门。从道的角度对欲望再加论证,是杨朱所无的思路,而在《吕氏春秋》中却成为被反复强调的内容。《吕氏春秋·本生》有言:"人之性寿,物者抇之,故不得寿。物也者,所以养性也,非所以性养也。今世之人,惑者多以性养物,则不知轻重也。""世之贵富者,其于声色滋味也多惑者,日夜求,幸而得之则遁焉。遁焉,性恶得不伤?""贵富而不知道,适足以为患,不如贫贱。贫贱之致物也难,虽欲过之奚由?出则以车,入则以辇,务以自佚,命之曰招蹶之机。肥肉厚酒,务以自强,命之曰烂肠之食。靡曼皓齿,郑、卫之音,务以自乐,命之曰伐性之斧。三患者,贵富之所致也。故古之人有不肯贵富者矣,由重生故也,非夸以名也,为其实也。则此论之不可不察也。"通过知道而知以物养性之轻重,并由此可知纵欲对性命的伤害。于是,《吕氏春秋》意义上的养生,就是"以道节性",如《重己》中所言:"昔先圣王之为苑囿园池

---

[1] 参见匡钊《必死者的养生抉择——杨朱思想逻辑结构及其学派归属》,《江汉论坛》2018年第6期。

也，足以观望劳形而已矣；其为宫室台榭也，足以辟燥湿而已矣；其为舆马衣裘也，足以逸身暖骸而已矣；其为饮食酏醴也，足以适味充虚而已矣；其为声色音乐也，足以安性自娱而已矣。五者，圣王之所以养性也，非好俭而恶费也，节乎性也。"这也就是所谓的"贵生之术"，《吕氏春秋·贵生》有言："圣人深虑天下，莫贵于生。夫耳目鼻口，生之役也。耳虽欲声，目虽欲色，鼻虽欲芬香，口虽欲滋味，害于生则止。在四官者不欲，利于生者则弗为。由此观之，耳目鼻口，不得擅行，必有所制。譬之若官职，不得擅为，必有所制。此贵生之术也。"上述观点，与杨朱所谓的养生之间的差异是巨大的。

反观《列子·杨朱》篇末尾数段，尤其是论及使"生民之不得休息"的"寿""名""位""货"的部分，似乎是在宣传某种老子式的自然观，而论"人肖天地之类，怀五常之性，有生之最灵者人也"的一段，不但带有汉人的思想痕迹，其目的也是主张某种老子式的"不有""去私"，至于言及"丰屋美服，厚味姣色"的几句话，如前所述，则似乎是在主张某种欲求的适度。这几个论点，显然与上述《吕氏春秋》的思路大体一致，而这或也是以往学者往往直接以《吕氏春秋》来讲杨朱思想的逻辑起点。但笔者并不认为《列子·杨朱》中的上述内容能够反映杨朱的思想，或者说在某种程度上受到道家影响。这些道家式的言论，笔者以为或者均是《列子》书在重新编订过程中掺入的内容——如前所言，魏晋尚玄谈，张湛重编《列子》时加入自己的理解，有意无意以道家观点来诠解《杨朱》篇十分自然。将这些内容作为《列子》被称为"伪书"的痕迹，而不是为了将其与杨朱其他观点相协调而曲为解说，认其为杨朱本人受到道家影响的结果，笔者认为更为合理。[①]出现这样的思想上的错置，大约一方面与《吕氏春秋》的确接受杨朱思想中的某些内容，比如对死亡之不可避免的认识有关；另一方面则与《吕氏春秋》中主张节欲的内容在道家的意义上更容易得到广泛接受有

[①] 参见匡钊《必死者的养生抉择——杨朱思想逻辑结构及其学派归属》，《江汉论坛》2018年第6期。

关，而这些内容，恰恰是从黄老学立场重新理解欲望问题的后果。

当然，《吕氏春秋》主张节欲，也绝不是拒绝欲望，《吕氏春秋·贵生》最看重的"全生"，就是"六欲皆得其宜"："子华子曰：'全生为上，亏生次之，死次之，迫生为下。'故所谓尊生者，全生之谓。所谓全生者，六欲皆得其宜也。所谓亏生者，六欲分得其宜也。亏生则于其尊之者薄矣。其亏弥甚者也，其尊弥薄。所谓死者，无有所以知，复其未生也。所谓迫生者，六欲莫得其宜也，皆获其所甚恶者，服是也，辱是也。辱莫大于不义，故不义，迫生也，而迫生非独不义也，故曰迫生不若死。奚以知其然也？耳闻所恶，不若无闻；目见所恶，不若无见。故雷则掩耳，电则掩目，此其比也。凡六欲者，皆知其所甚恶，而必不得免，不若无有所以知，无有所以知者，死之谓也，故迫生不若死。嗜肉者，非腐鼠之谓也；嗜酒者，非败酒之谓也；尊生者，非迫生之谓也。"只不过，欲望必须要受制于道而已。

《吕氏春秋》之所以标榜道的威力，或与其所设定的目标读者有关。杨朱的思想，未必一定面对王者，但《吕氏春秋》却一定是一部给王者准备的"养生"行政手册，其目标读者实际上是新登场的"天子"。《吕氏春秋·本生》有言："始生之者，天也；养成之者，人也。能养天之所生而勿撄之谓天子。"所以如《吕氏春秋·贵生》所言，天子应"以道执身"，一方面成帝王功业，另一方面完身养生："道之真，以持身；其绪余，以为国家；其土苴，以治天下。由此观之，帝王之功，圣人之余事也，非所以完身养生之道也。"于是其书对尧让天下的判断完全不同于杨朱："尧以天下让于子州支父。子州支父对曰：'以我为天子犹可也。虽然，我适有幽忧之病，方将治之，未暇在天下也。'天下，重物也，而不以害其生，又况于它物乎？惟不以天下害其生者也，可以托天下。"这是主张在不以天下害其生的意义上，可以做天下的治理者，而在杨朱看来，这是不可能的——治天下是个对自己没有任何好处的苦差事，所以才"拔一毛利天下不为"。杨朱式的对于政治责任的完全拒绝，对于《吕氏春秋》当然是不可接受的。

《吕氏春秋》亦有专篇《正名》，引同样属黄老学者的尹文子言论为例,但通篇对名的看法并无特殊见解,与杨朱论"名"亦无任何联系。从其引用或假托尹文子大体可以推想,书中对"名"的实际理解,大约不出黄老学形名家的范围,至少不至于如杨朱般完全将"名"的意义虚化,由此角度,无法看出双方的关系,此问题可置之不论。

第四节　从心道关系与心身关系看杂家之"杂"

如前所论可见《吕氏春秋》在不同篇章中呈现出了不同的对于道的地位的理解。在论心之时,该书未涉及道,似未遵循黄老以道论心的传统,但在论及身的时候,明确表现出了以道规制形躯及其欲望的主张。尤其是后一方面内容,可见《吕氏春秋》对于杨朱思想的明显继承,而以道的名义对其加以改造也是清晰的。其书对杨朱的评价大体正面,如《不二》言:"老聃贵柔,孔子贵仁,墨翟贵廉……阳生贵己。"但这种"贵己"必须受到道的节制。考虑到《吕氏春秋》"序意"中呈现出的明确的黄老学色彩,我们可以认为,这种对道与其他关键概念之间关系模式的讨论中出现的差异,大约正好体现了《吕氏春秋》的思路上的不一致。

该书无疑是目标明确的编辑作品,但为全书基调负责的吕不韦大约也未能在各种层面上彻底统合集体创作中的不同理论取向,而这一点大约是《艺文志》之为杂家的主要理由。从《吕氏春秋》的大部分内容来看,其编成的原始设计,应绝非以"杂糅"或"无所归心"的方式将以往先秦各家思想组合在王者之治的主题之下,而是希望以清晰的黄老学论证脉络作为其统合现有各种观点的线索。此即以道及道所包含的种种特点作为进一步解释其他思想主题的论证起点——这是黄老学在战国末期的新发展趋势,其话题不再局限于传统的道家内容,而有意识地、创造性地开始从道出发对其他各家的观点加以再诠释。这种黄老学的新发展，比较成功的作品大概是《淮南子》，比如对于此书我们就不能因为其书为集体创作、其话题涉及先秦其余诸子的学说便认可其归属于杂家，而现代研究者也大多能够直接将其视为黄老学著作。相比之下，《吕氏春秋》的情况则更为复杂，由我们以上讨论可知，该书从黄老出发统合百家的努力不能算完全成功，典型如前文讨论的心与道的疏离可见，《吕氏春秋》未能坚决彻底地将道作为论证其言及的所有重要观念时的理论起点。

我们知道，心观念在战国中后期成为诸子讨论的焦点问题，而心相对于身的统御性地位也为百家所公认，而《吕氏春秋》亦遵循此种见解。于是，在论及身的时候，该书中实际上便有了两个主宰者，一是心，一是道，但此两者之间呈现何种关系，却未有正面回答。如不认为这是《吕氏春秋》的编定者故意回避问题，那么此种理论上的不一致之处，猜测起来或与书中在论以乐修身之时调用的儒家思想资源有关。《吕氏春秋》未放弃以乐修身的进路，而道家本身并未提供任何有效的相应论述，老子云"五音令人耳聋"，对音乐的反面态度可见一斑，而后黄老学传统当中，亦无任何进一步有关音乐或乐教的说明，《吕氏春秋》仍然希望将此话题纳入自己对修身的思考当中，那么相关思考只能依赖儒家的传统并不难想见。在儒家的谱系内，当然无从寻觅道与心的逻辑关系，将理论场景转换到《吕氏春秋》的语境中，相关文字的作者不知出于何种考虑，也未能进一步对上述内容从黄老学角度加以阐发，而为后来的读者留下了一块理论上的空白和不一致之处。而这最终损害了《吕氏春秋》以黄老学统合百家的努力，使该书跌落到《汉志》所谓杂家的行列。

第七章　专气、行气与食气

——道家方士对气的不同理解及其后果

在中国传统的修身与养生之术中，气是一个非常重要的关键词，从先秦的老子与黄老道家开始，无论在战国的方士还是秦汉后的神仙家那里，直到近现代对所谓"气功"的修习者，关于气的炼养方法，始终受到各种不同身份与立场的关切者们的高度重视。回溯反映上述内容的早期文献，其不但常见于诸如《老子》《管子》《庄子》和《黄帝内经》这样的传世文献，也反复出现在诸如《黄帝四经》《行气铭》和《却谷食气》这样的新出土文献中。所有这些文献，并不能被简单归为同类，但它们均与先秦道家存在千丝万缕的联系，且以《老子》中的某些说法为源头与基底，而我们如果对这些文献中虽然表面相似但却存在微妙差别的各种关于气的说法进行细致分析，则会辨识出从同一源头分化出的对于气的两种不同理解——其中一部分思考转向了哲学性的对于精神活动的把握，而另一部分思考则启发了后世内、外丹道的修炼。

第一节　老子所谓"抟气"

从文献角度来看，关于气的记载早见于春秋以上，典型的说法如《左传》中著名的"伯阳父论地震"时提到的阴阳二气与秦国医官对"六气"，即"阴阳风雨晦明"的说明。根据《说文》与甲骨文、金文等，气最初的含义就是大气、云气之类，也与四方风有关，在此基础上，则引申为上述《左传》中的天地之气，并被具体细化为"二气"或"六气"。这些自然之气，因为人的呼吸作用，进而成为气息之气，而可能首先是在这个层次上，气与人的生命现象联系起来。气息之气一旦与生命现象相联系，便进一步在其基础上产生了春秋时人们所讨论的食气、血气之类的说法。[①]

如果天地之气、气息之气与血气之气早在先秦诸子时代之前就已经出现在中国人对于人和世界的认知中，那么这些气一方面被视为构成万物与人自身的质料，另一方面当其专门与人的生命现象相联系时，气已经可以与医疗、养生或者修身活动发生关系。春秋时代对于气的了解虽然已经涵盖上述种种因素，但这种了解却是静态的，并没有出现有关如何通过对气加以操作或者说炼养以获得养生或修身效果的思想。后一种设想的源头，埋藏在《老子》[②]文本之中。

《老子》言气，最重要的说法有三条：

---

① 详细的讨论可参见［日］小野泽精一、福永光司、山井涌编著《气的思想——中国自然观和人的观念的发展》，李庆泽，第13—36页。
② 本文所涉及的《老子》中与气有关的材料，不但见于通行本和马王堆帛书，也出现在郭店简本的《老子》当中，说明这个部分是《老子》文本最原始的内容之一。就这些材料而言，新出土文献与传世文献之间并不存在文字上的实质出入，因此，我们的讨论将以通行本为依据，而不考虑《老子》诸版本的区别。

> 专气致柔，能如婴儿乎？（第十章）
> 万物负阴而抱阳，冲气以为和。（第四十二章）
> 心使气曰强。物壮则老，是谓不道。（第五十五章）

上述第二条材料中所谓"冲气"比较简单，在语义上判断，所指应是质料层面的天地之气，或许就是伯阳父较早所谈及的阴阳二气，而从人为万物之一的角度来讲，此种"冲气"也不是不可能与气息和血气相关。如果说这条材料仍然属于对于气的静态描述，那么专气与"使气"的说法，则已经与对于气息或血气的炼养有关了。

专气或"使气"的技巧，仅从其前后文判断，不但性不同质，甚至是完全相反的针对气的操作，前者达到"柔"，而后者意味着"强"。"柔"与"强"，在《老子》中是一组矛盾的概念，前者具有正面的价值而后者则是受到批评的对象。"心使气曰强"的后文是对"强"的进一步解说与批评，其文所谓："物壮则老，是谓不道。""强"就是"物壮"，其结局便是"老"，这在老子看来意味着"不道"——偏离或者丧失了道，显然是一个负面的评价。全部《老子》对于"强"的负面态度非常明确，在其他章节中，此种对于"强"的批评得到继续的强化，并不断将"柔"作为与之相反的东西提出来，反复强调"柔弱胜刚强"（第三十六章），"人之生也柔弱，其死也坚强"，"故坚强者死之徒，柔弱者生之徒"（第七十八章）等。从这种强烈对比我们可以推知，《老子》所要反对的正是"心使气"，而赞成并倡导能使气"致柔"的专气技巧。如果将心视为人的内在意识这样主观性的东西，将气视为质料性的客观的东西，那么"心使气曰强"的意思就是说，不要以人的主观性来扭曲外在世界的客观性，或者说不要把自己的意志强加于事物。这延续了老子一贯的人应顺应外物、自然无为的主张。既然不能以强"使气"，那么面对质料性的客观世界，人当然应该采取柔弱处下的态度与物委蛇，而这一思路稍加发展，如果专门就气息或者血气的炼养而言，出现与上述"使气"相对的"专气致柔"的炼养技巧则是十分自然的。后一种针对气的操作，在"致柔"的基础上更会使人达到"婴儿"的状态。"婴儿"也就是"赤子",是《老子》中对于得道有德之人的一个比喻性的刻画:"含德之厚者,比于赤子。"(第五十五章)如此专气技巧,首先应有助于得道成德,或者说精神境界的提升——而这是哲学意义上的修身问题;同时在《老子》文中,还有所谓"长生久视"(第五十九章)的说法,而这一目标对于得道之人或许是应有的效果,也就是说如果得道首先意味着某种精神境界,那么这种精神境界也有相应的身体保存方面的效果。全面地看,专气欲达到两方面的目标:心灵境界的提升和肉体生命的长久保存,而在后一种意义上,专气已经从哲学上的修身转入了养生术的范围。

那么专气何意?参照马王堆帛书本《老子》,据以往学者的研究,此专气或应作"抟气"[①],而"抟"则具有使东西集中的意思,如《周礼·考工记·鲍人》谓"卷而抟之",《商君书·农战》谓"国力抟者强,国好言谈者削",如此看来,陈鼓应先生曾释专气为"集气"(concentrate the vital force)[②]是完全正确的。此后同样的术语也出现在稷下黄老学作品《管子·内业》中:"抟气如神,万物备存","能抟气乎?"如果《老子》所谓"抟气"同时服务于精神与肉体两个层面的目标,那么这种思路在《管子》中不但得到了继承,甚至还被从特定的角度加以进一步的发挥——这是因为《管子》所谓气,不但是天地之气、气息或血气,更是"精气"。

相对于质料性质的天地之气和身体层面的气息或者血气,"精气"的问题较为复杂。"精气"二字连用的例子,出现在《管子·水地》篇中,讲人之初具形体,是由于"男女精气合"。但这里的"精气"二字的意思恐怕与《内业》所说的:"精也者,气之精者也"当中反映出的"精气观"有区别,《管子》"四篇"中,特别如《内业》开篇所提到的那种"精气",是另外一种非常高妙的气,"下生五谷,上为列星。流于天地之间,谓之鬼神;藏于胸中,谓之圣人"。这种"精气"与"鬼神"

---

① 参见高明《帛书老子校注》,中华书局1996年版。
② 参见陈鼓应:《老子注释及评介》,中华书局1984年版。

有关，指向人的精神活动："气之精者谓之'精'，春秋以前叫作'鬼'或'神'的东西，战国称作'精'或'精气'，也经常借用传统的术语'神'，合称'精神'，或'神气'。"①

如果说以精论气是《管子》"四篇"中的主要见解，那么"《管子》所说的精气……又叫心气，笼统地说，又可称作道"②。因此《内业》中所谈论的"抟气"，主要是指某种使人得道、也就是让精气驻留于人心的修身技巧——人心在《内业》中被称为"精舍"："凡道无所，善心安爱[处]"；"安心在中……可以为精舍"；"有神自在身……失之必乱，得之必治。敬除其舍，精将自来……正心在中，万物得度"。与"精气说"有关，先秦还曾有"魂气"的说法，如《礼记·郊特牲》谓："魂气归于天，形魄归于地。""魂气"这种说法，仍然是将气与人的精神活动联系起来："人不但肉体充满气，连抽象的魂魄、精神，对战国之气论者而言，亦不外是气的作用。"③

如果说与精神活动，或这种层面上的修身有关的"抟气"表达了《老子》与《管子》相关说法的第一层意思，那么其所谓"抟气"，还有第二层意思在内：关注肉体生命之存养，这种"养生"意义上的"抟气"，在较强的意义上可被理解为出于"长生久视"的目的而使气在人体内聚集，在较弱的意义上，至少指向某种对于气息或血气的调整——当然无论集气还是调气，都不是对气的故意控制，而是顺应与疏导。整体而言，上述两方面的意思普遍存在于整个先秦道家的思想谱系当中，除了前引文献之外，在《庄子》和马王堆新出土帛书《黄帝四经》中，都能找到其踪迹，且上述第二层意思主要在与道家存在千丝万缕联系的战国方士那里被发扬光大，最终围绕气的炼养而形成了与哲学活动无关的、专门的养生术。

---

① 杜正胜：《形体、精气与魂魄：中国传统对"人"认识的形成》，载黄应贵主编《人观、意义与社会》，第66页。
② 杨儒宾：《儒家身体观》，第59页。
③ 杜正胜：《形体、精气与魂魄：中国传统对"人"认识的形成》，载黄应贵主编《人观、意义与社会》，第57页。

第二节　行气与食气

在先秦道家系统内，气尤其是"精气"与修身的关系，和心的观念密不可分，这些精神修炼指向的内容，并不是我们这里所欲关注的重点[①]。从《老子》开始，养生术意义上对于气的炼养，则不但在道家内部，更在方士中间产生了巨大影响，而近数十年的考古，也发现了一批足以反映此话题在两者间演变的重要文献。首先仍就"抟气"而言，《老子》中与之相关的说明较少，更进一步的理解，或可以《管子》"四篇"当中出现的某些有关说法为基础。《内业》中的"抟气"，虽然更多是一种使精神专一，或者说使心灵与道相互结合的精神修炼工夫，所"抟"之气不仅是气息或血气，更是"精气"，也就是希望通过"静""敬"之道而在心灵中加以接纳的"神"。但是，正如《内业》看来，具有大智慧的理想精神状态不但与"耳目"有关，也与"四枝"有关："安心在中，耳目聪明，四枝坚固"，其所谓"全心"也同样会在"形容"和"肤色"上有所表现，而从这个角度讲，所"抟"之气也并非不可以包括气息或血气在内，至于其目标也就不仅仅停留在精神修炼领域，更与对人的形体的保存、改善相关。

《管子》"四篇"一方面认为人的形体从根本而言是受制于心或心术的，如《心术上》称："心术者，无为而制窍者也"；"心之在体，君之位也"。另一方面，与此种心对于形的支配性相对，形体方面的因素

[①] 关于精神修炼与气的关系，相关研究可参见笔者文《试论〈黄帝四经〉中的心》(《中国哲学史》2010 年第 2 期)、《〈管子〉"四篇"中的"心论"与"心术"》(《文史哲》2012 年第 3 期)与《道家"心"观念的初期形态——〈老子〉中的"心"发微》(《天津社会科学》2012 年第 4 期)。

同样会对人心产生反作用，如《心术下》中还谈道："形不正者德不来；中不精者心不治。"此处"中不精"就是"德不来"的意思，最终是希望说明"形不正"则"心不治"，也就是说，如果人在形体方面有缺陷，则人心同样无法做好迎接道的准备，无法拥有真正的智慧。形体方面的缺陷，可能由于气的缺陷所导致，而此缺陷又产生精神层面的后果，如《心术下》云："气者身之充也……充不美则心不得。"从相反的角度来说，如果能通过"抟气"之类的技巧，使得充身之气"美"，也就是说克服气的缺陷，那么心自然便会有得于道了。如果"抟气"的技巧使充身之气得以完善，那么其第一个后果就应该是身体方面，即使形得以"正"，而由此稍微推广开去，便恰可以合乎道家对于"长生久视"的追求了。此种充身之气，即便不排除其具有"精气"的意味，主要则应是天地之气聚集于人的部分、与人的生命现象密切相关的气息或血气。对于所"抟"之气究竟为前者还是后者，《管子》"四篇"并未明言，但从《管子》中其他地方的记载来看，上述之气或许偏重于血气的意思。

《管子·中匡》中出现了专门的"导血气"的说法，或可与"抟气"形成对照，其文谓："导血气以求长年、长心、长德，此为身也。"这里的意思是说，通过"导血气"的方式达到养身长生的效果，而如果结合《水地》中同样出现的血气的说法，我们或许可以较为合理地推测，《心术下》中的充身之气，主要也是指血气。因此在修身与养生的两个层面上，《管子》对"抟气"的理解一来与"精气"有关，二来即便不排除会涉及气息，也主要与血气有关——在此层面上，贯穿在《老子》与《管子》中的对于气的炼养技巧"抟气"，与"导血气"有相通之处，却未明确指向对于嘘吸之气或者说气息之气的调理。

抛开哲学意义上的修身不谈，这种在"养生"层面上偏重血气炼养的思路，在战国方士那里，却出现了一个转折，他们关注的重点完全转移到了气息的聚集与调理方面，而"抟气"的技巧，也被行气或食气的说法所取代。明确从气息运行的角度来谈行气对于"养生"的意义的文献，出于一件玉器的铭文——这段明确谈论到具体的行气技巧的文字被称为"行气铭"。此铭文据陈梦家考定,为战国初期的齐器铭文[①],如此考定无误,则此铭文的出现或不晚于《管子》之成书。铭文中无论行气的说法,还是专门将所行之气视为嘘吸之气的主张,均与以往或同时道家谱系内的思考大相径庭。

《行气铭》原文,据于省吾、郭沫若和陈邦怀等学者考释[②],可隶定如下:

> 行气:吞则畜,畜则伸,伸则下,下则定,定则固,固则萌,萌则长,长则复,复则天。天其本在上,地其本在下。顺则生,逆则死。

此文涉及一个完整的呼吸过程与对其效果的说明,首先"吸气下行",继而"呼气上行":"下吞吸气,使气积聚,气聚则延伸,延伸则下行,下行则稳定,稳定则牢固,牢固则萌发,萌发则生长,生长则返行,返行则通天。天的根在上,地的根在下,顺此程序则生,逆此程序则死。"[③]将气与生死问题相联系的例子,另见于《庄子·知北游》:"人之生,气之聚也。聚则为生,散则为死。"这里《庄子》言及的气,虽然不好骤然断言其所指究竟为何种气,但视其与《行气铭》中有关说法存在联系,表达了某种为道家与方士共享的理论资源或许没有问题的。无须推究其细节,这里所谓行气,是指人通过调整呼吸或者气息最终达到形体上养生的目的。这样的技巧,随后应在方士与仙家中广泛流行,《列仙传》中对于彭祖、邛疏的想象性描述,都有"导引行气""行气炼形"的说法,彭祖、邛疏其人虽然渺不可考,但由此可见在战国之后实际的炼养者中间,行气养生的观念已经成为主流。

行气的操作对象是气息之气,而后者最终还是来自天地之气:"大

---

① 参见白奚《稷下学研究——中国古代的思想自由与百家争鸣》,第174页。在《中国方术考》(修订本)(东方出版社2000年版)中,李零同样认可"行气铭"铭文为战国时期文字。
② 参见李零《中国方术考》(修订本),东方出版社2000年版。
③ 李零:《中国方术考》(修订本),第345页。

约直到西元前500年以前，中国人讨论人体内外气的交流仍然只停留在天地之气经七窍而入的层次……气在体内运行之观念产生的时代今尚难考,大抵不出于春秋末叶到战国中期的百余年之间。"① 在这个时间段内，先秦诸子活跃于思想界，而在他们的外围，则活动着各种与道家关系最为密切的方士，后者对于行气的看法，大约主要受到道家的影响——不但如前引《庄子》文所示，且《行气铭》如确为齐器铭文，而齐国的稷下学宫，正是黄老学的胜地。但行气的想法本身，与道家"抟气"的说法相比，在思维方式与深度上实际上是退步了。所行之气不但退回到气的各种义项中最初级的质料性质，放弃了对于"精气"的追求，甚至在对人自身肉体的反思方面，也不再深入到血气这样的构成人之形体的质料——仅仅出于日常经验，便可单纯地将生命现象与呼吸作用联系起来。

上述以养生为目标的并不复杂的行气技巧，则因另外一种所谓食气，或因在关于神仙方士的种种记载中也被称为"服气"的说法的出现而变得丰富起来。在以往的文献与研究中，对于行气与食气往往不加区分，这从上述技巧的基本内容与目标来说并无不妥之处，所谓食气还是与行气同样地以养形长生为目的的呼吸之法，但我们为了探讨食气的话题下出现的复杂性与相关的新问题，则须对其加以专门强调。

就食气的设想而言，其可能比《管子》中所谓"导血气"起源更早。马王堆新出土文献《黄帝四经》被以往研究者认为很可能早于《管子》②，其中《十大经·观》有言："是[故]赢阴布德，[重阳长，昼气开]民功者，所以食之也；宿阳修刑，童（重）阴长，夜气闭地绳（孕）者，[所]以继之也。"不但出现了"昼气"与"夜气"的对比，还出现了应"食昼气"的主张，只是食气二字尚未联用。值得说明的是，这里言及的"昼气"与"夜气"（此观念在《孟子》那里有

---

① 杜正胜：《形体、精气与魂魄：中国传统对"人"认识的形成》，载黄应贵主编《人观、意义与社会》，第50—51页。
② 参见李学勤《〈管子·心术〉等篇的再考察》，《管子学刊》1991年第1期；陈鼓应注译《黄帝四经今注今译——马王堆汉墓出土帛书》，商务印书馆2007年版。

一个与养生无关的回响），或许就来自对早期的阴阳二气的进一步发挥。食气二字联用，且内容上更复杂的说法，则见于另外一件马王堆出土的帛书文献《却谷食气》。此文献包含两部分内容，一是谈"却谷"，即所谓不食五谷等的"辟谷"；二是谈食气。在关于"却谷"的部分中，本文献所主张的并非完全断绝食物，而是在不进食食物的同时，进食一种代食物。所谓"却谷"，是要人"食石韦"。"石韦"在《神农本草经》中是一种药物，"味苦平，主劳热邪气，五癃闭不通，利小便水道"，在这里被用作辟谷时的代食物。[①] 至于对食气的描述，则不但比以往可见的行气技巧复杂很多，也比《十大经》中所言"食昼气"更加详细。具体来说，《却谷食气》中提出的食气之法包含多个部分，分别涉及食气的时间、频率和四时所避所食之气，以及对于所避所食之气的具体解释。此帛书谈及所食"六气"，很可能是对来自《十大经》中的"食昼气"的设想的继续发展，而其对"六气"的解说，则与《陵阳子明经》佚文、《广雅·释天》和《庄子·逍遥游》中对"六气"的解说，均大体相同。所食之"六气"分别是：北方夜半气沆瀣、东方平旦气朝霞、日出气（与天相配）铣光、南方日中气端阳、西方日入气输阴、黄昏气（与地相配）输阳。[②] 上述对于"六气"的说法，与春秋时"六气"的说法相比，显然更为复杂且充满了术数的味道。此处被认为应食的"六气"，在性质上看仍属于天地之气，且与时间、方位呈现一定的对应关系，应是对战国后中国人宇宙自然观的一个反映。类似的"食六气"的说法，还见于《抱朴子·遐览》，其中有《食六气经》，有学者认为其或为《陵阳子明经》的某一部分[③]，而这至少说明此种"食六气"的养生技巧，在中国历史上具有相当长远的影响。在时代近似的《黄帝内经》中，则有另外一种"食五气"的说法，如《素问·六节藏象论》谓："天食人以五气。"这里"五气"的说法，显然与贯穿在《黄帝内经》中的战国中后期流行

---

① 参见李零《中国方术考》（修订本），东方出版社 2000 年版。
② 参见李零《中国方术考》（修订本），东方出版社 2000 年版。
③ 参见李零《中国方术考》（修订本），东方出版社 2000 年版。

的"五行"自然观有关,至于《黄帝内经》的作者与《却谷食气》的作者,虽然并不具有完全相同的理论背景,但在某些气可以食的意义上,他们则有相同的见解。

食气这个词,作为名词使用曾出现在春秋时期,但其所指或为食物的性质,而与此处《却谷食气》中动词化的用法相去甚远。至于文献中对"却谷"与食气关系的描述,却并不是很清晰,我们难以判断两者是否存在某种因果关系,还是为达到养生的目标而必须同时采用的两种相互平行的技巧。不过从前后的其他文献来看,"却谷"并不一定与食气有关,而《却谷食气》将此两者相联系,或出于某些方士的个人创造,却未必是被普遍认可与接受的观念。在一同出土的马王堆帛书《十问》中,也同样出现了食气的说法,但其却与"却谷"无关。《十问》讲食气,大部分内容与房中术有关,实际上在这个话题下面谈论的是所谓"合气"的问题。但其中第四问,"黄帝问于容成"则主要讲严格意义上的食气,即通过调节呼吸而达到养生的效果,而较少涉及房中术。此文问答开头讨论食气与人生寿夭的关系,作者形容说人之初生好比熔铸金锡,从无形的溶液凝固成一定的器形,类似于此,人是从无形的气而来,得气则生,失气则死。后文同样谈到食气的原则、禁忌与具体要领等。其中"食气有禁"的部分与《却谷食气》中所避之气有关系,而提及呼气要上合于天,吸气要如藏于渊,则与《行气铭》的要求相似。[①]《十问》中这些与食气有关的内容,一方面通过明确将人的形体的产生与气,或严格来说即质料意义上的天地之气联系起来,包含着对于食气必要性的反思性说明;另一方面则在谈论上述问题时引入了一个前所未见的与冶炼技术相关的比喻。这些文献或许足以表明,在战国至汉初的一部分方士那里,围绕食气已经形成了相对稳定的技巧,他们无论对于食气的原则还是禁忌都有具体要求,而从总体过程来看,则其仍与最早言及此问题的《行气铭》如出一辙,同时食气还可以与辟谷或者房中术发生或然性的联系,但此种联系对于食气的技巧本身而言,却并无

---

① 参见李零《中国方术考》(修订本),东方出版社 2000 年版。

损益。

出现在《却谷食气》与《十问》中的可独立视之的食气之说，应是综合了《十大经》与《行气铭》相关内容之后，有关行气技巧的复杂版本，而这个版本应该反映了战国时期与稷下黄老学关系密切的方士们对于以养生为目标的气的炼养的较完整的看法。在狭义的养生领域，如从年代学角度来排列上述专气"行气"与"食气"等术语及涉及这些内容的关键文献，《老子》与"专气"的说法最早，《十大经》中出现的"食昼气"的言语和《行气铭》中行气的用语则次之，而《却谷食气》与《十问》中食气的术语应最晚——其中《十问》的内容明确表示气息之气实际上即天地之气，且对于人经由气的变化而产生形体引入了与冶炼有关的新比喻，其写定估计应该最迟。至于《管子》中出现的"抟气"与"导血气"的说法，虽然无疑晚于《老子》和《十大经》，但估计其或许晚于《行气铭》而早于《却谷食气》和《十问》——不过对于《管子》与以上后一组文献之间的关系实际上难以轻易断定。在内容上讲，从《老子》到《十大经》，再到《行气铭》《却谷食气》和《十问》，围绕专气、行气与食气形成了一个由简单到复杂的、以养生为目标的针对气的炼养传统，而《管子》中涉及"抟气"与"导血气"的观念，则处于这个传统之外——这个炼养传统可能更多属于方士，而《管子》中的内容则仍然停留在道家思想内部。具体来说，《管子》中涉及"抟气"的内容，从养生术的角度来说，与《老子》中较早的设想相比并未从气息调节出发而有更进一步的发展，其意义指向更多与"导血气"相通，而后者则此后既未在战国至秦汉方士所主张的气的炼养技巧中出现，也未对历史上后来的其他身份的炼养者发生远期影响。

第三节　从食气到内丹

专就从专气、行气发展到食气的由简而繁的炼养传统而言，"专气说"虽然已经提出对气加以操作的设想，但既未明确说明所"专"之气即气息之气，也未给出具体的、如何使气聚集的炼养操作技巧；"行气说"则一方面限定操作的对象为气息之气，另一方面则对具体的行气技巧给出了一个基本的说明：以先下后上的一个完整呼吸过程为基础，如"伸则下，下则定，定则固"《行气玉佩铭》这样言语所表示的，提出了缓慢的腹式呼吸的技巧，而此技巧大约最终使气在人体的下腹部，即后世所谓丹田的位置聚集；"食气说"则是从多角度出发的对行气技巧的复杂化：增加了对应食之气和相应禁忌的说明，将食气分别与辟谷或房中术相联系，甚至在说明食气的必要性时，以冶炼技术为比喻，言及无论构成人体的气还是嘘吸之气，实际上均属同一类型，都来自我们所说的天地之气。从术语的角度来看，由专气到行气再到食气的转变或许并不偶然。专气虽然具有使气聚集的意思，但未直接反映这种技巧与呼吸活动的关系，而行气的说法则偏于气息调理，只是在对其加以具体说明时才涉及如何获得气。只有食气的术语较为完整地反映了在呼吸过程中通过集气而得气的意思；"食"是对人如何集气、得气的一个比喻性的说明，在此意义上食气即专气或"抟气"，至于《行气铭》在对于吸气技巧的说明中则使用了"吞"字，而此"吞"也就是"食"，也是将呼吸而得气的过程比喻为通过"食"气而使气聚集于人体的过程，或可被视为该文献中对于行气技巧的必要补充说明。炼养者之所以认为养生首先需要集气，自然与认为人之生死即气之聚散有关，如以得气并对其加以保存为目标，则他们吸气时必然欲其深、欲其下，而要达到这样的效果，大概必须利用腹式呼吸的方法——这使炼养者感觉到似乎有一些气被保存在了下腹部。此呼吸过程在炼养者看来，或许就相当于食气了。至于早在《十大经》中出现的"食昼气"的设想，一来并未将食气作为完整的术语使用；二来也未明确将"食昼气"的方式与特定的呼吸技巧相联系，其仅被视为出现在《却谷食气》与《十问》中确切具体的食气术语与相应技巧的先导，而后者中食气的说法则应是综合了《十大经》中某些气可"食"与《行气铭》中行气基本技巧之后的再创造。如以《十问》的内容作为食气的养生技巧从战国至秦末汉初最完整的版本，则其中有三点内容值得特别注意：首先是"食"这个形象化的表达方法，此表达与以往专气或行气这样较"虚"的表达相比，显然要更"实"一些，暗示我们可以通过"食"的方式聚集并保有某些类型的气——这虽然从思想的角度来说或许不能算作进步，但却会在修辞层面上引出其他重要后果；其次，在呼吸中获得的气与构成人之形体的质料性的气属于同类的意义上，针对人之形体的凝定运用了一个与冶炼技术有关的比喻；最后，虽然在这种对于呼吸养生法的了解中，还未出现丹田的概念，但从腹式呼吸的技巧来看，丹田的观念在食气的技巧当中呼之欲出。

仅就"食"这种形象化的表达而言，此问题在春秋时就已经受到相当关注，这最初可能就是对某些饮食对人的健康状况有所影响的朴素经验的总结，而将"食"的问题上升到养生的层面，则在《管子·内业》篇中或可找到通过饮食摄生的想法的最初源头。此文篇末谈到"食之道"的问题，恐怕不能单纯当作被用作哲学目的的比喻来看，而是将其视为对形体的养护有重要作用的因素。形体方面养生的极限不外就是长生不死的神仙，这层意义文中虽未出现，但更进一步认为能通过"食"特定的东西，而达到类似的目标是相当自然的想法。在食气的语境中，通过"食"而达到养生的对象乃被细分为"六气"的天地之气，而在后起的外丹学的语境中，为了达到相同或更为极端的目标——长生不死——时所"食"的对象则是"金丹大药"。

这也就意味着，食气的术语，与后世外丹的修炼有一定的关系，而其与内丹术的关系则更是一望而知——均强调呼吸的技巧,而在我们看来,据此可以借对食气的分析,对内、外丹之间的关系问题加以新的判别。

在以往的研究中,一般均认为内丹术的发生,是受到外丹烧炼之说启发后的产物。有的研究者固执于内丹术语的出现,以为道教内丹术始于南北朝时期,如陈代僧人慧思提出"借外丹力修内丹"便是其产生的明证。[1] 也有研究者从其他角度出发,区分了内丹修炼的技术与内丹之为确切的学说,并将前者出现的时间提前至汉末,而仍认为后者必须晚于外丹术。如李零以为"研究内丹术的起源……丹田学说的提出是一种关键",而丹田之说早见于东汉桓帝时的《老子铭》《仙人王子乔碑》和《抱朴子·地真》,据此他认为"它们应是内丹术形成之真正标志"。[2] 同时李零还指出:"内丹术的技术本身,像行气、导引、房中术当然都起源甚早,并不晚于炼丹术……但其概念术语是模仿外丹,必须出现于外丹术形成之后。"[3] 李零将有关气的炼养技巧与内丹术语所命名的专门学说加以区分无疑是正确的,如果一定要以内丹术语的出现与否,以及其细节是否包含与外丹修炼相通的一系列概念术语,且被用以指称特定的炼气方式作为标准,那么内丹术的确切成立自应迟至外丹术之后,但如以其核心技巧的形成为标准,则内丹术的起源,不但不止于汉末,更应早在战国中晚期,至少不应晚于汉初。至于李零以"丹田说"作为内丹技术的关键,则并非全无疑问,实际上在后世所谓内丹术的关键技巧当中,"丹田说"的地位,似不如食气的说法重要——前者之所以被认为是某种关键,可能仍与受到外丹烧炼启发所形成的、以人体为炉具的比喻有关,而并不反映炼养者最初对于内丹的较为单纯的理解——通过呼吸控制而达到养生的目的,且随着呼吸控制技巧的发展,比如对腹式呼吸的强调,丹田的观念大概迟早会产生——在后一种意义上,"丹田说"甚至能被视为"食气说"的某种逻辑后果。

---

[1] 参见胡孚琛《魏晋神仙道教》,人民出版社1989年版,第238页。
[2] 李零:《中国方术考》(修订本),第380页。
[3] 李零:《中国方术考》(修订本),第380页。

食气技巧的实质是调节呼吸，但在前引文献对其最后的描述中，包含着两种与后世丹道——无论外丹还是内丹——均关系密切的因素：其一是以"食"这种方式获得某些外在的但对养生有所助益的气；其二是在对上述过程的描画中运用了冶炼的比喻。将气作为"食"的对象，与外丹术强调的"假求外物以自坚固"的基本原理别无二至，只不过一者是"食"天地之气，一者是"食"丹。天地之气自然亘古不灭、不朽不坏，想象能通过一定的技巧——比如食气——来获得这种气，并因此达到养生的效果，甚至推广开去，更企望生命如天地般长久，这在方士们看来大约合情合理。后世对于神仙的描画，有其吸风饮露的形容，便是对仅凭借食天地之气即可长生不死的一种明确承认。至于对冶炼比喻的运用，则明显与外丹烧炼的设想有前后关联。从外丹术的发展过程看，方士们尝试以来自冶炼技术的技法烧炼长生药，应是秦汉时寻如此仙药不得的后果，但认为人能够通过"食"某种东西而达到"自坚固"的效果，秦汉时寻仙药方士的思路恐怕仍然与较早的食气者如出一辙。在我们看来，在战国末期的食气之法直接将天地之气视为食之后便可"自坚固"的对象的意义上，从通过"食"某种特定外物的方式而达到养生效果的角度来说，外丹之食丹，反而应受到了食气的启发；同样，求之不得的仙药或可烧炼而成，也与《十问》中天地之气被熔炼为人之形体的思路类似——只不过在诉诸冶炼之法时，所利用的材料大有不同而已。在内丹术的语境中，炼养者对古老的呼吸技巧的继承显而易见，在这个层面上他们与先前的食气者的关系众所周知、毋庸多言，比较重要的是，内丹修炼者设想对通过呼吸而获得的气再加锻炼，以往被认定为是受到外丹烧炼的启发，也就是说内丹炼养者先食气，再以比拟外丹术的方式以自身为丹炉进而炼气化神。但从《十问》中出现的与人之形体的气化形成有关的比喻性说明来看，不但后世内丹修炼者主张通过获得气而达到养生效果的基本思路，与战国时的"食气说"一脉相承，他们对于炼气的想象，也与更早的对于食气的理解有关——战国秦汉之际的食气养生者已经在气与冶炼之间建立了语义上的关联，而此种关联性在我们看来间接地以外丹烧炼者为中介，在数百年之后被内丹修炼者重新发现。

在上述意义上，食气的设想，实际上可被视为后世内、外丹修炼的共同源头，而后两者之间的关系，则多停留在术语运用与修辞比喻层面，比如内丹术强调炼气，似乎是受外丹烧炼启发的设想，但实际上这种与冶炼有关的比喻性说明已经在《十问》这样谈论食气的更古老文献中可见其踪迹。这向我们暗示，内、外丹术之间的相互关系可能并不比它们和食气的传承关系更为重要。因此我们或许可以认为，方士中间的内、外丹术是从同一个源头出发大体平行发展起来的，只不过在不同的情况下不同的炼养者侧重有所不同——外丹术偏重"假求外物"的方式而内丹术偏重对气本身的存养，而在内、外丹修炼方法之间则并不存在特别重要的启发或前后关联。此外需要说明的是，内、外丹道能在食气的基础上发展起来，徐市、李少君之类的神仙家为其注入了除此之外最为重要的因素：对于神仙的想象。从《老子》直到《十问》的所有先秦涉及气之"炼养"的文本，虽然都包含"长生久视"的诉求，但从未明确表示过可以通过任何一种炼养方式达到不死或成仙的结果——虽然这在中国古代思想中无疑可被视为前述种种炼养的某种极端后果，正式将后一种新的因素附加在食气的理论资源之上，后世无论外丹还是内丹修炼的基本原则便就此奠定了。

最后或可追加一句题外闲话，道家与方士在养生术领域内对气的关注，在先秦最终形成了食气这种影响重大的学说，而上述关注同时也与先秦医家之间存在广泛的相互渗透，而以后的历史上道家与其衍生物——道教——也与医疗问题存在复杂联系，或许正是在上述这些意义上，如鲁迅先生这样的思想家才认为道家是中国文化的基底。围绕关于气的思考，呈现在中国哲学中修身与养生、医疗的对比关系，也反映在希腊化时期的西方世界："希腊化时期希腊罗马的三个主要学派[1]均认可哲学与医疗技艺之间恰当的类似性。"[2] 在西方世界中上述联系的存在，

---

[1] 即怀疑主义、伊壁鸠鲁派和斯多葛派——引者。
[2] Martha C. Nussbaum, *The Therapy of Desire: Theory and Practice in Hellenistic Ethics*, p.14.

呈现出"修身实践和医学之间的一种特别明确和突出的对比"①,而这种对比也类似地呈现在道家学者与受其影响的方士之间,呈现在从《老子》这一源头流溢出的《管子》与《行气铭》《却谷食气》等两种类型的文献之间,呈现在哲学意义上的修身与以保存肉体生命为目标的养生之间。

---

① [法]米歇尔·福柯:《主体解释学》,第101页。

第八章　心灵与魂魄[①]

——古希腊与先秦观念的比较及形而上学的可能性

心观念在中国哲学中堪称少数枢纽性观念之一，儒学在某种意义上，其主要内容可被视为围绕此观念展开的心性之学，而其在道家和中国化以后佛学当中，也占据举足轻重的地位，黄宗羲因此有"释氏本心"的判断，黄老学与庄子则多言心术、"心斋"云云。在现代哲学语境中，将其视为一个独立的概念范畴而分疏其内涵，前贤也已略论如下："心字首见于甲骨文，其原始意义为人和动物的心脏。在甲骨卜辞和金石铭文中，开始用心表示人的思维器官和精神意识。在殷周古籍中，《易经》以心为人的心理，《尚书》《诗经》则以善恶道德释心……《左传》《国语》的心，不仅是'仁人之心'，而且是'帝心'，即天帝的道德意识，成为具有普遍性内涵的哲学范畴。春秋战国时期……心范畴的内涵获得多方面的展现。心既是人的心脏器官，又是人的思维器官、思想认识、感情欲望、道德意识、虚静自然的心态等……成为中国哲学的重要范畴。"[②]参照旧有典籍与新出土文献，上述讨论基本上涵盖了与心相涉的主要内容，大体可认为，诸如情绪、感觉、欲望、意志、思维

[①] 此处所谓"心灵"，即指中国古人所谓心，亦指古希腊人所谓 psuché；此处所谓"魂魄"，却与现代一般意义或基督教意义上所谓灵魂无关。

[②] 张立文主编：《中国哲学范畴精粹丛书·心》，第24页。

或者德性等均从不同角度对此观念有所揭示。这些内容一般被以往研究者们总称为精神或者意识活动,并为学界所周知。

但除此之外,在中国典籍当中,心尚与另外一些术语构成一定的关系,比较典型的除了"精""神",还有气、身、魂、魄等,相关言语,片段载于三代典籍,而具体论说多见于先秦道家著作,后者不但以心为身之主宰,也以心为"精气""神""营(魂)魄"等驻留于人的场所——"舍"或"虚室"。[①] 据此我们可以推想,在先秦时代,或已经形成了一个以心为主轴的"观念丛",即前文所言多种观念相互交织,呈现出的错综复杂的关系。对此"观念丛"各部分之细节加以探讨,将是庞大而烦冗的工作,前贤也已论之甚夥,笔者仅欲将其视为一个整体、对其所展现出的某种结构性特征加以讨论,并在较少涉及对其诸组成部分具体内涵之探讨的情况下,着重考虑其间所呈现之关系所引申的哲学意义。我们相信,对于此"观念丛"之结构的有效讨论,将有助于进而揭示心观念自身的意涵,换言之,后者的某些重要内容,或并不局限于以往学界所周知,而镜像般地投射在前者当中。

第一节 以"精气"论魂魄

在现代哲学语境中,中国哲学早已与西方哲学深度地纠结在一起,众多中国哲学范畴,也是海外汉学或哲学研究者讨论的对象。就心观念而言,熟悉海外讨论情况的读者可以很容易地发现,其似乎根本找

[①] 详细讨论参见匡钊《试论〈黄帝四经〉中的心》,《中国哲学史》2010 年第 2 期;《〈管子〉"四篇"中的"心论"与"心术"》,《文史哲》2012 年第 3 期;《道家"心"观念的初期形态——〈老子〉中的"心"发微》,《天津社会科学》2012 年第 6 期。

不到一个合适的英文对译①，较早的做法一般是将其译为"mind"或"heart"，而晚近多有直接利用其汉语拼音形式书写者。此种状况，在海外的中国哲学讨论中似乎较为普遍，其他多个中国哲学关键术语，均面临相似境遇，似不足为怪。心的上述翻译方法显示，在西方哲学的语境中，较早时通常是同时从心智和"器官—情感"两个角度的结合来理解此观念，而这两部分内容在西方哲学的传统当中，本来在相当程度上是相互分离的主题，后来研究者在逐步发现此种理解的不足之时——即心智和"器官—情感"两个角度仍然不足以描述中国的心观念的全幅内容，或者后者当中蕴含的上述因素，迥异于西方一般意义上的理解——则引入拼音的书写，将其直接作为专门的术语接受下来便是不得已地选择了。采纳拼音书写，表面上看似乎是对中国观念自身意义的某种尊重，但从此种书写完全无法进入西方哲学的讨论内部的角度看②，这种妥协的方式，实质上更应被看作一种诠释上的倒退或无能的表现。上述变化意味着，中国的心观念在西方哲学的语境中，如果放弃较早的乐观的两个角度的理解，则仍是一个有待分析和研究的对象。

较早地从心智和"器官—情感"两个角度理解心的方式，在整体上无法避免来自西方哲学影响的现代中国哲学研究当中，无形中也被视为对其加以分析的重要角度，如上文所引对心的分疏，便是从此两个角度生发出的一个扩展，增加了一般可被认为与之具有一定关联性的诸如道德之类的因素。但遗憾的是，对心观念的分析，似乎进入到这一层次，便再也无法前进了，如葛瑞汉认为："'心'对古代中国人而言，是思维与好恶的器官"③；徐复观主张："人多从知觉感觉来说心；人的欲望、能

---

① 笔者学力所限，对西方语言的参照限于英语，后文所使用的其他西方哲学概念，也以英语或英译为准。
② 某些西方哲学术语，也以音译的方式进入中国，典型如"逻各斯"，但与我们所谈论的心的英译翻译状况不同的是，由西方进入中国的音译术语，已经带着某种相对明确的意义融入了哲学讨论的语境内部，无论是否恰当，早拥有了自身的哲学身份。这种命运，与以拼音方式进入海外中国哲学讨论的中国观念完全不同。后者的意义尚处于人言人殊的状态之中，更远未成为被学界普遍接受的"硬通货"。
③ [英]葛瑞汉：《论道者：中国古代哲学论辩》，张海晏译，中国社会科学出版社2003年版，第115页。

力，多通过知觉感觉而始见，亦即须通过心而始见。"①这些对于心的解说，与上文所引的分析，并没有本质上的不同。通观先秦的各种类型文献，还有大量为我们所熟悉的从心字在先秦被作为重要观念来加以使用——这些字所指示的内容，均可被视为由心字的基本意义衍生出的相关概念。据研究者整理，如德、惠、念等均为西周金文中便已经出现的从心字；而后在战国金文与玺印文中又出现了如爱、慈、忠、仁（上身下心字形）、敬（下有心符之孽乳字）、忍、忧、志、虑等一系列的从心字。总体而言，先秦金文中多见的从心字有六十余个，反映了这一时期人们希望理解自身的精神活动所付出的努力，以及这种努力扩大与深化的过程。但论者仍轻易便将这些从心字分为两类：描述心能自觉感思德性的字和描述心有独立认知真理能力的字②，而这种区分，在考虑到德性问题在很大程度上与情感问题相关的意义上，仍然没有脱离心智和"器官—情感"两个角度的理解。

　　上述态度，可能掩盖了一个更为重要的问题：即便中国式的心观念，的确包含上述心智、情感、欲望、道德等诸因素——类似的例子在先秦文献中不胜枚举③，而中国古人围绕其所展开的思考，在何种意义上能够统一起来，成为某种具有形而上意味"心体"，并可以与西方类似层面有关"精神性"（spirituality）的内容发生联系，也仍然处于某种似是而非、有待论说的状态。前一种了解，并非现代新儒家的专利，其

---

① 　徐复观：《中国人性论史》，第4页。
② 　参见刘翔《中国传统价值观诠释学》，上海三联书店1996年版。
③ 　如甲骨文"卜辞有'王心若''王心无艰'之语，贞问王心顺善与否或有没有困难（忧虑）。卜辞所谓'心若'或'心艰'，大抵是指意志、情绪状态……以心描述某种情感状态，和《尚书·盘庚篇》的用法是相同的。……这样的心字意义通见于春秋以前的文献。……《诗经》讲到心的地方甚多，不能细引，一般常以'忧心''我心伤悲''我心则说''以慰我心'表达忧虑、悲哀喜悦和慰藉的感情；至于'实获我心''君子秉心维其忍之''他人有心予忖度之''母氏劳苦……莫慰母心'的心字则表示心意，西周中期以后的铭文往往盛赞祖先之心……这些'心'都指心意，不是具体的心脏。《左传》的'心'和《诗》《书》金文一致……所说的'心'也指精神状态。即使到春秋中期……心的意义依然沿袭殷商西周以来的说法，偏于心思、精神或情绪的状态。……举凡情绪、意志、精神等抽象的活动统统都是心的作用"。（杜正胜：《形体、精气与魂魄：中国传统对"人"认识的形成》，载黄应贵主编《人观、意义与社会》，第31—32页）

他学者在对心观念的内涵做出或许可被视为"通行的理解"的总结时，也持类似的主张："第一，心是主体意识。第二，心是天地万物的本原或本体。第三，心是心理活动或心理状态。第四，心是指道德伦理观念。"[①] 暂不论这里后两个解释，第一个解释当中主体意识在中国哲学中是什么意思本身就有待研究，而第二个解释与"心体"的说法大约并无本质的不同。至于后一种联系，则大量呈现在海外中国哲学研究对中国哲学，尤其是有关儒家精神性的讨论当中[②]，这些讨论所涉及的主要内容，在海内外学者看来，则又多与传统所谓"心性之学"高度相关。

为了寻找深入相关讨论的路径，笔者欲暂时搁置上述研究进路，放弃对于心观念本身的分析，而把目光转向上文所谈到的以心为主轴的"观念丛"，同时并不排斥利用比较哲学的方式来提升讨论的解释效力。

上述"观念丛"当中的主轴概念心，存在一个可与之互为诠释的语词——魂魄，对此钱穆曾有简要说明："《左传》乐祈曰：心之精爽是谓魂魄。是魂魄亦指人心言。故曰心魂，又曰心魄。又曰惊魂断魂销魂伤魂，又曰诗魂游子魂。此诸魂字，亦皆指人生时之心。《水经注》：瞰之者惊神，临之者骇魄。《本草》：安神定魄。张耒诗：萧森异入境，坐视动神魄。《云笈七签》：主管精魄谓之心。此证凡诸魄字，亦指人生时之心。刘向《新序》：龙降于堂，叶公见之，失其魂魄。此魂魄字，明亦指当时之心。"[③] 上引《左传》中以魂魄论心，应为某种早于先秦诸子的古老知识，其与以心为主轴的"观念丛"中的其他观念一起，在某种程度上构成了后来者相关思考的基础。但值得注意的是，魂魄与心的直接联系，似乎并未见于诸子尤其是儒道两家的言论，或因为当他们将心作为重要观念加以处理时，采取了其他的思路：道家论心更看重其与"精""气""神"等的关系，而儒家论心，更看重其与诸种德，以及性的关系。

---

① 张立文主编：《中国哲学范畴精粹丛书·心》，第4—5页。
② 典型的讨论，可参见 *Confucian Spirituality*, Volume One and Two, Edited by Tu Weiming and Mary Evelyn Tucker, The Crossroad Publishing Company, 1996。
③ 钱穆：《灵魂与心》，广西师范大学出版社2004年版，第94页。

先秦所谓魂魄，与西方意义上基督教传统中的"灵魂"（soul）相去甚远，似乎并不包含任何对于个体人格化内容的认定，而是视之为某些驱动人或物的力量——这种力量一开始似乎是"自然的"，但又会呈现出"超自然的"特征。钱穆曾有两文[①]，对于我们所谓以心为主轴的"观念丛"中的各观念呈现较为完整，可资参照。在《左传·昭公七年》中子产对于魂魄有一个明确的解说："人生始化曰魄，既生魄，阳曰魂。用物精多，则魂魄强。是以有精爽，至于神明。"这里子产与乐祈一样，用"精爽"来描述魂魄，而认为此处所论之对象，是一个与心对等，或者说对其加以再分析后得到的观念，应不至于十分大谬不然。子产的言论如仔细分析，对于所涉诸观念的运用，显然呈现出层层递进的理解，其由低到高的序列为：魄—魂—精—精爽—神明。魄是后续心之种种特有现象（借用现代术语，或可先称之为"精神现象"）的基础，其本身似乎被理解为一种人与生俱来的自然能力或素质，但对于其具体内容，如是否是一种独立的实体（平行于人身？）、其来源如何、以何种方式运作等，均无进一步说明；在此魄的基础上，其中具有阳之特性的部分，被称为魂，相对于魄，考虑到先秦对于阳的正面的、积极的理解，这应当是一个更高级的观念；笼统魂魄并称，其如能"用物精多"，按近人杨伯峻所言，即"养生之物，衣食住所资者。既精美且多"[②]，则力量强大——此说与孔颖达疏一脉相承，但对"精"字之义的理解略有出入，杨氏全按现代汉语的解释，而孔氏未加正面疏通，考上下文，如认为有权势者更能多获奉养之厚，那么此"精"字或可如《说文》，理解为"选择"的意思，也合乎文意；当魂魄变得力量强大，便有"精爽"，更进而达到"神明"。按《说文》，爽就是"明"，"精爽"与神明笼统来看，当可互训，如个别分析，前者似应指魂魄因力量强大而衍生出的能明辨、察识的能力（能"精"，即有所选择也精于辨识事物的能力），而后者依据子产言论的语境，应是指人鬼的相关能力的显现，或

---

① 参见钱穆《中国思想史中之鬼神观》《重申魂魄鬼神义》，载钱穆《灵魂与心》，广西师范大学出版社2004年版。
② 杨伯峻：《春秋左传注》（修订本），中华书局1990年版，第1292页。

对于某种远高于人的神秘境界的通达,如《易传》有"阴阳不测之谓神"之言语,此处所谓"神明",概可指更高层次之"明",而这是魂魄强大的最终结果。这里子产的解说中,并未直接运用阴阳观念,但从他对阳的提及,推测他在考虑魂魄问题时,联想到了阴阳观念,是十分可能的,而后人孔颖达《正义》总疏子产论魂魄之时,便做出了更为直接的说明:"人禀五常以生,感阴阳以灵。有身体之质,名之曰形。有嘘吸之动,谓之为气。形气合而为用,知力以此而强,故得成为人也。此将说淫厉,故远本其初。人之生也,始变化为形,形之灵者,名之曰魄也。既生魄矣,魄内自有阳气。气之神者,名之曰魂也。魂魄,神灵之名,本从形气而有。形气既殊,魂魄亦异。附形之灵为魄,附气之神为魂也。附形之灵者,谓初生之时,耳目心识,手足运动,啼呼为声,此则魄之灵也。附气之神者,谓精神性识,渐有所知,此则附气之神也。是魄在于前,而魂在于后,故曰既生魄,阳曰魂。魂魄虽俱是性灵,但魄识少而魂识多。"①

这里孔颖达所表述的核心意思,实际上是一种从先秦到两汉均通行的对于魂魄的理解,即以气论魂魄。气在先秦语境中,大体可离析为自然层次的天地之气、生命层次的气息或血气之气和人所特有的精神现象层次的"精气"三个层次,②而此处论魂魄之气,同时涉及以上三个层次的意涵,笼统来看,是从身体、气息开始,由这些内容过渡到生命力,并进而以此出于形体、气息的生命力来解释魂魄,最终从魂魄中分辨出其所具有"耳目心识"和"精神性识"这样的能力。

上述这段话非常复杂,几乎包含了中国古人理解心与魂魄的全部核心要素,而其中展现出的最为关键的信息,就是分别与魂魄相对应的两两平行的观念结构及其相互关系。事实上,出现在以上引文中的观念仍不完全,考虑如下文献,如《礼记·檀弓下》记季札言:"骨肉复归于土,命也;若魂气则无不之也。"《礼记·郊特牲》有言:"魂气归于天,

---

① 《十三经注疏》,中华书局1980年版,第2050页。
② 参见匡钊《专气、行气与食气——道家方士对"气"的不同理解及其后果》,《中国哲学史》2013年第2期。

形魄归于地。"此处《正义》引郑玄《祭义》注:"耳目之聪明为魄,是言魄附形而魂附气也。……以魂本附气,气必上浮,故言魂气归于天。魄本归形,形既入土,故言形魄归于地。"《淮南子·主术训》有言:"天气为魂,地气为魄。"《说文·鬼部》:"魂,阳气也。""魄,阴神也。"《汉书·杨王孙传》有言:"精神者天之有也,形骸者地之有也。"可以列出分别围绕魂魄展开的一系列起关键解释性作用的观念:

魂:阳、气、神、"精神性识",属天
魄:阴、形、灵、"耳目心识",属地

并且可以清晰地看出,在以上定位中,显然前一组观念处于较高的位置——阳相对于阴具有优先性、天相对于地具有优先性,所以魂"识多",有"精爽""神明"之类的高级精神活动,而后一组观念地位较低,所以魄"识少",只具备运动、发声等较简单的生命能力。利用现代术语来说,只有前者——魂——才是精神性的,而后者——魄——是身体性的。就魂魄两者的关系而言,无论较早时的子产,还是后来的孔颖达对其理解都非常明确,魄源于人的形体和大地,在其生成之后,魄中含有的来自天的阳气,也就是某种更为神妙精微的气——"气之神者"——进而形成了魂。这种阳气,一方面源于所谓"嘘吸之气",也就是人的气息,而最终显现出"附气之神"的特征。总之,魄关乎人的形躯,而魂关乎气(阳气、气息、气之神者),前者决定了人生来具有的(故而谓之"少")一些经验层面的感识("耳目心识")和运动等,魂则决定了人的高层次的(故而谓之"多")精神意识和认知("精神性识")。就这两种不同层次的"识"而言,其可被归于现代哲学意义上加以讨论的精神或者心灵的较为基础的经验感觉与较为抽象的认知能力,因后一种能力,人最终可有"所知"——知识或智慧,且后一种能力与其"所知"均以前一种能力为基础——"是魄在于前,而魂在于后"。

上述内容当中,另有三方面需要特别说明。其一,先秦时实际上仅以阳或阳气说魂,而并未用阴或阴气说魄,后一种说法,似乎汉代始见。除前引《说文》的解释外，更有直接用阴气说魄的解释，如《白虎通·性情》以魂为少阳之气，魄为少阴之气。阴阳观念本身在中国哲学当中具有某种"不对等性"，其中阳显然处于某种优先的、高级的地位，以阳气说魂，其先行的预设，应是为了凸显魂处于某种更高级的地位，而以阴气说魄，应为接受此种预设后的结果，也就是说，可能先秦一开始本并非对等以阴阳说魂魄，而应是先有对阳或阳气、对魂的强调和理解后，才发展出以阴气说魄的理论来。其二，在发展出以阴阳说魂魄的理论后，相关的解释，开始向更为术数化的方向发展，《白虎通》之后，汉人更将魂魄与五行、脏腑、三七之数相关联，进而还将魂魄问题和五行联系起来，而类似解说在道教典籍中更蔚为大观。[1] 这些汉人附丽于魂魄之上的内容，应该说超出了先秦与汉初的思想传统，本文对其暂存而不论，而认为其并不影响我们对于魂魄问题在较早时展现出的思想特点的理解。其三，无论子产较早的讨论，还是出现在《礼记》中的记述，在谈论魂魄的时候，有一个共同指向，就是欲进一步探讨"人鬼"的存在。但先秦所谓"鬼"，并不能断定其就相当于西方基督教传统中所谓的灵魂，或者古希腊罗马传统中所谓的具有人格甚至其生前形象的"鬼魂"（ghost），正如先秦所谓"神"，也并不相当于西方基督教传统中的"神"（god），或者古希腊罗马传统中的具有人格乃至人的面貌的奥林匹斯诸神。先秦和汉初所谓鬼神，大体多是指人死后魂魄离开形躯但未消散而产生的某种效果，但古人并未对此种效果背后可能存在的实体（reality）有明确断定，如《左传》有言有神降于某处，《汉书·杨王孙传》有言："精神离形，各归其真，故谓之鬼。"鬼神魂魄此处俱是笼统而言，如再细分，或可认为"神"与"魂"为一组，而"鬼"与"魄"为另一组，如《礼记·祭义》有言："气也者，神之盛也；魄也者，鬼之盛也。……死必归土，此之谓鬼……其气发扬于上为昭明……此百物之精也，神之著也。"也即仅以鬼为一般人死后的某种残留，而以神为其他"百物"所具备或能表现出的某种特异之处。但这一划分，

---

[1] 参见时国强《先唐的魂魄观念及招魂习俗》，《山西师大学报》（社会科学版）2012 年第 1 期。

不是特别严格，并为所有的谈论魂魄鬼神者所遵循，多数情况下，中国古人对上述内容总是笼统论之的。鬼神或者说魂魄离开人的形体后的效果或其背后的实体，亦并非本文所欲讨论的内容，值得特别明确的仅是，魂魄——严格来说尤其是"魂"（相关理由详后文）——作为某种气，是可以离开人的形体而存在的，故人死而有"招魂"之礼，换言之，在人的生命延续的时候，其仅仅是以某种方式驻留于人体而已。

如前文所言，对于"魄"的理解直接基于人的形体，但对于"魂"的理解，却是从"阳气"或"气之神者"的角度出发，如《礼记·郊特牲》中"魂气"的说法、《说文》中以魂为阳气的说法。此处所言之气，综合前文的讨论可知，其带有"精""神"的特征，而其最要紧的一层意思，大约相当于黄老道家所讲的"精气"，且与天的观念有关。黄老言"精气"，以《管子》"四篇"为甚，是一种非常高妙的、独立于人而运作的气，而其一方面是"可起到与今天说的精神性作用相似作用之物"①，另一方面又处于高于人的天或道的层面："《管子》所说的精气……笼统地说，又可称作道"②。这种高层次的、天道意义上的"精气"可以某种方式驻留于人——具体而言驻留于被《管子·内业》称为"精舍"的生理器官意义上的人心，并因此在古人看来，成为所谓"魂"，进而产生了与之相关的智慧能力，如《管子·内业》有言："有神自在身……失之必乱，得之必治。敬除其舍，精将自来……正心在中，万物得度。"所谓"万物得度"，不外便相当于孔颖达所谓"精神性识，渐有所知"。另外特别值得一提的是《易传·系辞上》中的论断："精气为物，游魂为变，是故知鬼神之情状"与《左传》和《管子》可谓一脉相承，与《礼记》中的相关言语并置同观，更能见出先秦古人对精神魂魄问题所具有的某种共识。

《管子》"四篇"中可见较为明确地将人心分为不同高低、不同层

---

① ［日］小野泽精一、福永光司、山井涌编著：《气的思想——中国自然观和人的观念的发展》，李庆译，第92页。
② 杨儒宾：《儒家身体观》，第59页。

面的言语①，魂魄之间，或者说"精气"与心之间的此种差异，即呈现为《内业》中关于"心中之心"或者说"心之心"的思想。对此以往一般的观点，是认为《管子》将心区别为生理意义上的作为器官的心和精神、思维活动意义上的抽象的心②，"心以藏心"，即抽象的心包藏于器官的心当中，如是才有"心中之心"的判断。这种理解，在我们看来并不十分贴切。心字在三代以来的文化传统中，早已多直指人的意识层面的内容，而鲜有同时兼有器官含义者③，此处虽不能完全排除低层次的前一种心具有器官的意义，但我们认为这并非《管子》所欲强调的重点所在，人心作为某种器官的存在，属于常识，考虑前文所述有关"魄"之种种，将《管子》中言及的低层次的心，理解为人所具有那些经验层面的意识，这为"精"或"精气"，提供了场所——"舍"，而"精"来"舍"之后两者相互结合为更高层次的执道之心，即所谓"心之心"。《内业》另有文句："有神自在身……失之必乱，得之必治。"其中所谓"治""乱"是指心之状态是否恰当合适，而作为其标准的"神"，正与"魂""精"同层次、可互训释，恰延续了我们前文所论的内容。"精气"或"魂"与人的高级的、抽象的智能有关，这被《管子》明白地称为"思"，《内业》谓："精也者，气之精者也。气道乃生，生乃思，思乃知，知乃止矣。"其中要点在于，"思"作为心的能力，根本来自"精气"，这也就是《内业》中所谓"思之思之，又重思之。思之而不通，鬼神将通之；非鬼神之力也，精气之极也"最终所要表达的意思：归根结底"精气"才是思而能通的总根源。思而能通的结果，便是中国古人所谓"智"或智慧，在这个意义上讲，心因其为"精舍"而进一步为"智舍"："心也者，智之舍也"（《管子·心术上》）。

"魂"与阳、阳气、"精气"、精神及天的联系，在越早的文献中越清晰，在较晚的文献中，由于与之相对的一系列观念的引入，整个观念

---

① 参见匡钊《〈管子〉"四篇"中的"心论"与"心术"》，《文史哲》2012年第3期。
② 参见陈鼓应《管子四篇诠释：稷下道家代表作解析》，商务印书馆2006年版。
③ 参见杜正胜《形体、精气与魂魄：中国传统对"人"认识的形成》，载黄应贵主编《人观、意义与社会》，"中央研究院"民族学研究所1993年版。

结构反而变得模糊与复杂起来，但总括上述讨论，仍然可以得到以心为主轴的"观念丛"的一个如下的结构：可将心理解为魂魄，而魂魄可以离开人的形体存在，并分属两个不同的层次，前者与儒家的最高观念天或道家的最高观念道有关，与阳气、精神及人所具备的高级智能、抽象的思有关；后者与地和人的具体的身体有关，与人的感官经验和运动能力等有关，相对处于较低的层次。处于前一较高层次者，究其本质并非人自身所本有，而是外来附加于人的，是某种宇宙中高于人的"精气"或阳气驻留于人身后的结果；至于后一较低层次者，古人论之较含糊，大约便是人作为生命体所具备的一些生物能力的驱动力与原因。特别需要注意的是，如果考虑到魂与"精气"的关联，其最初与生命气息也就是所谓"嘘吸之气"有语义上的联系，这种联系所揭示出的，或许是"精气"驻留于人的方式，是中国古人所理解的人通过气息吐纳而与广大宇宙相互交流的方式。

第二节　"Psuché"的构造

如欲在比较的语境中考察中国所谓心或魂魄与西方类似观念的关系，以增加我们对于前者理解的深度，基督教意义上的灵魂或古希腊罗马神话中的鬼神，也就是世俗或民间意义上的"鬼魂"与学院意义上的"精神实体"，并不是恰当的比较对象，它们之间的相似之处，仅仅在于其均可以在某种意义上离开人的形体而存在。在我们看来，并不完全等同于"soul"的古希腊观念"psuché"[①]，以及与之相关的一系列观念，是更合适的比照对象，围绕其所形成的那个古希腊的"观念丛"，与前

---

① 希腊语原有拼写为"ψυχή"，为简便行文，文中该词均采用其拉丁化拼写"psuché"。

文所讨论的以心为主轴的"观念丛",具有结构上的惊人的相似。

"Psuché"这个词在古希腊,在较早的时候,实际上具有更接近于"soul"的那层左右着普通人习见的意思,而其也是从荷马时代到柏拉图时代的通行意义,人间的英雄们死后其灵魂在冥府中飘荡,但是情况在亚里士多德那里出现了新的转变。"Psuché"这个词作为属于个体意义的灵魂或不如说"鬼魂"的那层意思在他那里消退于无形,根据其论说似乎将之理解为更为公共的超个人的精神力量或者心灵力量更为适当。① 古代流行于西方世界的各种宗教中都存在灵魂不朽的观念,如"希伯来—基督教"传统、古希腊的奥斐斯派(Orphic)、毕达哥拉斯派。② 这些观念仍然影响着柏拉图对灵魂的想象,甚至亚里士多德早期也接受柏拉图的灵魂观:不朽的被囚禁在肉体中的纯粹之物,生前与死后飞升天际与神相伴。但在亚里士多德后期的《论灵魂》[De anima (Peri Psuches)]中,灵魂(soul,psuché 或 anima)这个词具有了不同的意义:它成为身体之现实(actuality)的形式(form),先前具有神话色彩的灵魂的神圣起源、其不朽长存等均被拒绝。③ 对此亚里士多德说:"大多数有关灵魂的论证中都存在着一种荒诞不经的观点;人们把灵魂和肉体联系起来,并把它放进肉体里。"④ 实际上,"灵魂是在原理意义上的实体,它是这样的躯体是其所是的本质"⑤。亚里士多德的上述看法,应被视为剥离灵魂与具体的个体相关的、鬼魂化属性的努力,而这为探讨其具备的普遍性方面,扫清了道路。

中译文中出现的灵魂这个词在该文的英文本翻译中用的就是

---

① 参见 Arnold I. Davidson, "Ethics as ascetics: Foucault, the history of ethics, and ancient thought", *The Cambridge Companion to Foucault*, edited by Gary Gutting, Cambridge University Press, 1994。
② 参见 Marian Hillar, *The Problem of the Soul in Aristotle's De anima*, M. Hillar and F. Prahl, eds, *Contributors to the Philosophy of Humanism*, Humanists of Houston, Houston, 1994。
③ 参见 Marian Hillar, *The Problem of the Soul in Aristotle's De anima*, M. Hillar and F. Prahl, eds, *Contributors to the Philosophy of Humanism*, Humanists of Houston, Houston, 1994。
④ [古希腊]亚里士多德:《论灵魂》,秦典华译,载苗力田主编《亚里士多德全集》第3卷,中国人民大学出版社1997年版,407b,15—20。
⑤ [古希腊]亚里士多德:《论灵魂》,秦典华译,载苗力田主编《亚里士多德全集》第3卷,412b,10—15。

"soul"，但这个词并不完全等同于亚里士多德所谓的"psuché"。那么在这位古希腊哲学的集大成者眼中，"psuché"意味着什么呢？他先总结了以往关于"psuché"的种种说法："德谟克里特据此说灵魂是某种火和热。"①"第欧根尼和其他一些人认为灵魂是气。"②"除了土以外，所有的元素都被用来解释过灵魂。"③这些说法的趣味在于其与中国古人的心配火或土的说法形成了修辞上的对照，但其在此没有特殊的意义和额外讨论的必要。亚里士多德继而谈到德谟克里特与柏拉图的观点："德谟克里特……认为灵魂和心灵是同一的。"④"（柏拉图）所说的'万物之灵魂'很显然是指某种类似所谓心灵的东西。"⑤这里汉译的行文中出现了另外一个关键词：心灵。这个词在 De anima 的英译（J. A. Smith 英译）中用的是"mind"这个词，而其原文是"nous"，也就是说，德谟克里特与柏拉图都曾将"psuché"与"nous"联系起来。"nous"在亚里士多德那里是某种超乎个人之上的东西，亚里士多德在此认为作为纯粹形式与现实的心智（nous 或 intellect）部分是不朽和永恒的，且必然是绝对意义上的不动的⑥。此正如亚里士多德所言："理智和思辨能力……似乎是另一类不同的灵魂，其区别有如永恒事物之于生灭事物。"⑦从他的文章中我们已经知道，"psuché"具有营养、感觉、情绪、欲望，现在它又被发现还具备一种抽象思考的能力，而这最后一种能力就是

---

① ［古希腊］亚里士多德：《论灵魂》，秦典华译，载苗力田主编《亚里士多德全集》第3卷，404a，1—5。
② ［古希腊］亚里士多德：《论灵魂》，秦典华译，载苗力田主编《亚里士多德全集》第3卷，405a，20—25。
③ ［古希腊］亚里士多德：《论灵魂》，秦典华译，载苗力田主编《亚里士多德全集》第3卷，405b，5—10。
④ ［古希腊］亚里士多德：《论灵魂》，秦典华译，载苗力田主编《亚里士多德全集》第3卷，405a，5—10。
⑤ ［古希腊］亚里士多德：《论灵魂》，秦典华译，载苗力田主编《亚里士多德全集》第3卷，407a，1—5。
⑥ 参见 Marian Hillar, *The Problem of the Soul in Aristotle's De anima*, M. Hillar and F. Prahl, eds, Contributors to the Philosophy of Humanism, Humanists of Houston, Houston, 1994。
⑦ ［古希腊］亚里士多德：《论灵魂》，秦典华译，载苗力田主编《亚里士多德全集》第3卷，413b，25—30。

"nous"①:"灵魂有悲哀、欣悦、勇敢、恐惧,而且还能产生愤怒、感觉和思维。"②这里亚里士多德最后提到的"思维"便来自"nous",后者在他看来属于永恒的、绝对的,也就是超越的智能的形式——类似于中国所谓"精气",具有远高于人的崇高地位。

"Mind"这个词在现代主要是指理智的、认知的心灵,"mind"与"body"的二元对照带有比较严格的来自笛卡尔的信息,用"mind"来对译"nous"在英语世界自有道理,但用汉语心灵来对上述两个词加以翻译就难免带有一些含混性。如果考虑到先秦哲学所谓的心,那么这种含混性甚至会进一步发展为某种危险。正如对于中国古代出现的心字的英译为了避免误解,往往采用相当拙劣的方式,将其在研究中对译为"mind"或"heart",试图同时观照到古汉语中心字意义的不同维度:思维与情感。如果从术语的角度对古汉语中的心与现代汉语中的心灵的用法不加进一步区分,那么就其作为"nous"的对译而言,显然对原来的词义有所偏离。这里出于严格术语使用的考量,建议将"nous"译为"心智",而将心或者心灵这个汉语术语保留下来,替换灵魂以作为对亚里士多德文本中出现的"psuché"的对译。建议采用上述对译的另一个理由与亚里士多德对于作为人体器官的"heart"的理解也有关,亚里士多德将灵魂这种非质料性质的实体定位为人心(heart),非常类似于中国古人对于心脏与依附于其上的心灵活动的理解。亚里士多德认定心脏这一器官在人体具有核心地位:"这个核心感官就是心脏,其与个体其他感官相联系。"③"心脏不仅是核心感官,它是所有心灵能力(psychic capacities)的场所。"④"实际上亚里士多德在谈到心脏的时候,似乎多

---

① 参见[英]乔纳森·巴恩斯编《亚里士多德》(剑桥哲学研究指针[英文版]),生活·读书·新知三联书店2006年版,第174页。对于"nous"作为"psuché"中的"认识和思维的部分"的说明,还可直接参照亚里士多德的 De anima, Ⅲ.4, 429a, 10—25。中译见[古希腊]亚里士多德《论灵魂》,秦曲华译,苗力田主编《亚里士多德全集》第3卷,第75页。
② [古希腊]亚里士多德:《论灵魂》,秦典华译,载苗力田主编《亚里士多德全集》第3卷,408b, 1—5。
③ [英]乔纳森·巴恩斯编:《亚里士多德》(剑桥哲学研究指针[英文版]),第187页。
④ [英]乔纳森·巴恩斯编:《亚里士多德》(剑桥哲学研究指针[英文版]),第188页。

次将其作为心灵（psuché）自身的场所。"① 从这个角度看，亚里士多德的思路，与中国古人对于基于心的种种思考的相似性，应该说远远超过以往研究者的估计。

对于"psuché"与"nous"在亚里士多德文本中的意义，肯定不能等同看待，后者只是前者的理智部分，此两者间呈现的关系从这个角度看也很像先秦哲学中作为一个更复杂的复合体的心或者魂魄当中心与思或者思维、心智之间的关系，主要的不同之处在于，"nous"在亚里士多德的哲学中带有更多的信息。"psuché"这个希腊词在现代还有一个仍在使用的英文拼写"psyche"，这个词的存在也从一个侧面说明，肯定有一些场合，现有的对于"psuché"的现代英文翻译并不足以表达其全部内容。牛津英文字典中对"psyche"的解释动用了所有已知的与人的内在性有关的语汇："soul""spirit""mind"——这个词所包含的复杂程度恰恰类似于先秦所谓的心，就此我们可以更进一步，在将心字保留下来作为"psuché"的对译的基础上，用"psyche"这个现成的英语词反过来翻译先秦哲学中所谈论的心，这似乎比其现有的对译"mind"或"heart"更为简洁确切，虽然这绝对不意味着，我们就此简单地认为亚里士多德意义上的"psuché"或"psyche"便完全等同于先秦的心字所表达的观念，但这两个字所引导的"观念丛"的确具有结构上的相似。

亚里士多德明确认为"nous"具有某种永恒性或者超越于人的普遍性，"理性生物的心智（nous）的对象是内在于其中的，这种心智需要一种超越性的第一理性原因（First Rational Cause）、宇宙理智，来推动理智（intellect）的过程"②。心智作为人类心灵（psyche）中的创造性或主动的理性部分，同时也同一于外在于人的至高宇宙理智（Cosmic

---

① [英]乔纳森·巴恩斯编：《亚里士多德》(剑桥哲学研究指针[英文版])，6. Stephen Everson, *Psychology*，注 26。
② Marian Hillar, *The Problem of the Soul in Aristotle's De anima*, M. Hillar and F. Prahl, eds, Contributors to the Philosophy of Humanism, Humanists of Houston, Houston, 1994.

Nous）。① 这种心智（nous）作为心灵自身当中的思维或者说理智部分，在某种程度上，可以认为这样的"思维的我是一种纯粹的活动，因而没有年龄，没有性别，没有属性，也没有生活经历"②。这种思路实际上在后来的基督教哲学中，同样被延续了下来，"思维的我不是自我。在托马斯·阿奎那的著作中，有一个附带的注释……是难以理解的，除非我们知道思维的我和自我之间的这种区别：'我的灵魂（在阿奎那的思维能力中）不是我；但愿灵魂能得救，我不能得救，我也不是人。'［见托马斯·阿奎那的《〈哥林多前书〉第 15 章注释》（*Commentary to I Corinthians 15*）——原注］"③。这里所涉及的心智、"思维的我"与阿奎那意义上的灵魂都带有高于个体的超越意味，其作为某种宇宙理智，仅仅暂时驻留于个别的心灵，如亚里士多德的看法，既是其中不朽的部分，也是其中具有理智的部分。由这些内容，可导出西方哲学中围绕"精神性"所展开的种种，而我们已经看到，类似的魂魄结构，特别是为抽象思考和智慧提供支撑的"精气"的观念，也存在于先秦哲学之中，两相比照之下，我们或可推断，中国式的"精气"驻留后的心，亦同样体现着西方哲学中有关精神性的某些特征，两者具有的这种互通之处，正为现代学者从精神性的角度探讨中国的心观念提供了合法性依据。这一层意思，以往学者似视为当然，从未抉发其原委，本文分疏如前，或可为相关讨论补充一些背景性知识。

那么亚里士多德对于"psuché"的最终看法可以从何种角度加以总结呢？它作为推动从植物、动物直到人自身的生命活动的力量，也就是生物体所具有的生命力："'灵魂'（soul）这个词……只是对希腊语'psuché'的简单翻译，如其他术语一样，并不包含任何特定的关于人格的形而上学理论。其单纯代表这一生物的一切生命活动；在希腊化时期身体与"psuché"的对照中，其重要性尤其在于坚持无须否定有关

---

① 参见 Marian Hillar, *The Problem of the Soul in Aristotle's De anima*, M. Hillar and F. Prahl, eds, Contributors to the Philosophy of Humanism, Humanists of Houston, Houston, 1994。
② ［德］汉娜·阿伦特：《精神生活·思维》，姜志辉译，江苏教育出版社 2006 年版，第 46 页。
③ ［德］汉娜·阿伦特：《精神生活·思维》，姜志辉译，第 47 页。

的物理主义，而伊壁鸠鲁派和斯多葛派都是物理主义者。这种对照单纯地在于有机体的物质构成与其生命活动、意识状态等之间。"① 这也就是什么可以用拉丁词汇"anima"来对译"psuché"的原因，此两者在生命力的这层基本意思上相通。而英语词汇"soul"最初也是在同等的意义上被用作以上两个术语的对译，"soul"与德语中的"seele"相应："Seele（灵魂）这个词的起源是什么呢？就像英语中的 soul（灵魂）一样，它来自哥特文的 saiwala 及古代德文的 saiwalô，它们都与希腊文中的 aiolos 一词有关，意思是流动的、多彩的、彩虹色的。……另一方面，saiwalô 又与斯拉夫语中 sila 一词有关，它的意思是力量。这些联系可以揭示 seele 这个词的本义：它是一种力量，也就是生命力。"② 认为这种生命力具有不朽性，正如认为其具有普遍的心智这样的理性因素一样，都是额外附加的判断，只是前者来自古老的宗教传统，而后者为亚里士多德所强调。③

还有两个颇为意味深长的小问题应该稍加交代。其一是以上对于心灵（psuché 或 psyche）与心智（nous）做出的区分，对我们理解现代哲学中的某些思考不是没有影响的。海德格尔在评价笛卡尔将"我思"作为现代哲学的出发点时说道："这个徒有其表的哲学新开端，拆穿了，却是在培植一个不祥的成见，后世就是从这个成见出发才把以'心灵[Gemuet]'为主题的存在论分析耽搁下去的。"④ 德文"Gemuet"的英文解释本来就是"psyche"，但在《存在与时间》的英译本中，这句话中出现的"Gemuet"这个词却被译为"mind"，而将心灵问题缩减为理智问题——这恰恰将问题导向了海德格尔欲加以反对的那种思路。这里海德格尔谈及的对于心灵的存在论分析，也就是他后来展开的对于此在的

---

① Martha C. Nussbaum, *The Therapy of Desire: Theory and Practice in Hellenistic Ethics*, p. 13, Note 2.
② [德] 卡尔·古斯塔夫·荣格：《寻求灵魂的现代人》，赵雷译，载《未发现的自我》，国际文化出版公司 2007 年版，第 242 页。
③ 对于现在的《论灵魂》的篇目，基于以上种种有关术语的考虑，似乎将其译为《论生命力》更符合亚里士多德的原意。
④ [德] 海德格尔：《存在与时间》，陈嘉映、王庆节译，第 29 页。

生存论分析，而在某种意义上，将同类型的分析施与先秦诸子所谓的心，应同样是可能的。

另一个问题从表面来看似乎只是一个饶有趣味的文学问题。希腊语中的"psyche"一词还有蝴蝶的意思，而这层意思最终被表现为一个确切的神话形象。"psyche"在古希腊由蝴蝶来象征的传统似乎由来已久，但其在开始时并非以神话人物的形象出现，也没有围绕其的神话故事，至少晚至亚里士多德的时代，还没有对于这样的神话的明确记载。"Psyche"与神话系统相互联系的最初迹象可能与狄奥尼索斯（Dionysus）崇拜活动有关，但要等到晚于亚里士多德时代的罗马神话中，"Psyche"作为一个神话人物的形象和围绕其展开的神话故事才清晰起来。对于这些故事最早的记载出现在罗马人 Lucius Apuleius 所作的 The Golden Ass 当中，书中将"Psyche"明确指为女性神，并将她作为爱神（Eros）的伴侣，讲述了发生在他们之间的种种故事。如果我们知道"在缅甸语中，蝴蝶（Hlepa）一词意味着死者的灵魂"①，再加上对于"庄生晓梦迷蝴蝶"这段中国情节（或许后世关于梁祝化蝶的传说，在某种程度上也与此种将蝴蝶作为心灵的隐喻相关？）的参照，则蝴蝶形象的跨文化意味便非常值得推敲。至于有关"Psyche"与"Eros"的故事，大概并不是那种具有悠久历史渊源的原发性的神话，而是人们参照对始于苏格拉底的希腊哲学传统的理解，进行的新的文学创作，以故事的形式展示了苏格拉底式的"关心自己"（Epimeleia heautou 或 care of the self），我们都知道，相貌丑陋的苏格拉底曾被视为爱神（Eros），而这位爱神所追求的，显然不是人们的肉体，而恰是他们的心灵。

正如前文所言，在先秦哲学中，嘘吸之气与"精气"之间存在语义关联，将气息与生命力联系起来同样也是古希腊人的思想，而从其同样也引申出了普遍的精神、心智或理性的观念。希腊语"pneuma"最初指的就是人的气息，而后来具有我们所熟悉的现代意义的精神（spirit）这个词的拉丁语来源"spiritus"，最初指的也是人的气息或者

---

① ［美］爱莲心：《向往心灵转化的庄子：内篇分析》，周炽成译，第86页。

呼吸。同样的语义线索广泛存在于西方语言当中："拉丁文中的 animus（精神）和 anima（灵魂），与希腊文中的 anemos（风）是同样的。希腊文中另一个表示风的词 pneuma 也有精神的意思。在哥特文中我们可以找到同样的词 us-anan，呼气的意思。在拉丁文中则有 an-helare，意思是喘气。在高地德语中，spiritus sanctus 可以翻译成 atun，就是呼吸。在阿拉伯语中，风是 rīh，而 rūh 是灵魂、精神。这与希腊文中的 psyche 一词有着非常相似的关系，而 psyche 则与 psycho（呼吸）、psychos（凉爽）、psychros（冷）、phusa（风箱）等词有关。这些联系清楚地表明，在拉丁文、希腊文和阿拉伯文当中，人们给灵魂起的名字都与流动的空气即'精神的寒冷呼吸'这个概念有关。"① 以上这段引文中的一些汉译术语需要调整，比如"anima"更主要是生命力的意思，根据这个语义线索发展出了现代英语里的"animal"（有生命之物）这个词，但以上论点的基本线索是清楚的，精神这样的术语之所以会具有我们后来所理解的那种意义，最初都源于由人的气息所驱动的生命现象，而后一种生命力则被称为灵魂（psyche）或者说心灵。相同的语义线索也存在于希伯来文化中。希伯来《圣经》中的"nephsh"（Gen. 1:21; Lev. 11:46; Gen. 2:7）这个词，常被转译为灵魂（soul），其意味着生物体的某种生命原理，实际上也就是生命力（vital force）。这种生命力来自上帝的气息"ruach"（Gen. 2:7; Ecclesiastes 3:19）。但这种灵魂并不必然是不朽的，凡人的死后复活有待于救世主的恩典。而希伯来语"ruach"被翻译为精神（spirit），也就是拉丁语 spiritus 或者希腊语"pneuma"，这些词也都与气息（breath）有关，后者是我们因之与上帝沟通的超自然的神圣元素。②《圣经·创世纪》2：7 中涉及以上对象的语句为："耶和华神用地上的尘土造人，将生气吹在他鼻孔里，他就成了有灵的活人。"(And the LORD God formed

---

① ［德］卡尔·古斯塔夫·荣格：《寻求灵魂的现代人》，赵雷译，载《未发现的自我》，第 242—243 页。
② 参见 Marian Hillar, *The Problem of the Soul in Aristotle's De anima*, M. Hillar and F. Prahl, eds., *Contributors to the Philosophy of Humanism*, Humanists of Houston, Houston, 1994。

man of the dust of the ground, and breathed into his nostrils the breath of life; and man became a living soul）这句话里由气息（breath）到灵魂（soul）的语义线索相当分明。我们已经看到，类似的语义线索同样存在于中国先秦，依旧是在生命力的意义上，气（气息）、"精"或者"精气"（精神）与心纠结在了一起：气息通过心灵所表征之生命力而体现了精神性的意义。这里我们还可以与亚里士多德的相应看法稍微对照一下，以见在此问题上中西间的相通之处。亚里士多德认为："气息……在本性上与心灵同一的东西。"①这似乎便是从生命力的角度将气息与心联系在一起。他还说："气息则遍布全身。"②这种对于气息的看法，正与先秦对于嘘吸之气的看法构成对照。最后，在亚里士多德看来："呼吸具有内在的源泉，无论我们将它说成心灵的功能，或心灵自身，还是某种肉体的混合物。"③类似的解释，即气息的问题与心有关，正是中国先秦观念的题中之意。

在西方语境中，从哲学史的发展角度看，气息与心智这些话题大约最终导向了普遍精神或黑格尔式的"绝对精神"这样的理论设定，后者在漫长的时间里始终呈现出与个体心灵形成高低搭配、普遍与特殊相对的理论结构。在中世纪，这个结构如果出现在基督教神学的背景中，上述"宇宙理智""超自然的精灵"或者普遍精神便都会指向上帝，而人所拥有的那些精神能力则来自上帝（甚至等同于上帝，即Father, the Son and the Holy Spirit "三位一体"）。《马太福音》10：20："因为不是你们自己说的，乃是你们父的灵在你们里头说的。"（For it will not be you speaking, but the Spirit of your Father speaking through you）《哥林多前书》2：14："然而，属血气的人不领会神圣灵的事，反倒以为愚拙，并且不能知道；因为这些事惟有属灵的人才能看透。"

---

① ［古希腊］亚里士多德：《论气息》，秦典华译，载苗力田主编《亚里士多德全集》第3卷，481a，15—20。
② ［古希腊］亚里士多德：《论气息》，秦典华译，载苗力田主编《亚里士多德全集》第3卷，481a，15—20。
③ ［古希腊］亚里士多德：《论气息》，秦典华译，载苗力田主编《亚里士多德全集》第3卷，15-20482b，20—25。

（The man without the Spirit does not accept the things that come from the Spirit of God, for they are foolishness to him, and he cannot understand them, because they are spiritually discerned）[1] 这些表述的意思不外都是希望向我们说明，人所拥有的较为高级的理智并非出自我们自己，而是来源于更高级的绝对者。通过亚里士多德，我们已经了解到上述结构在古希腊的表现：完整的个体心灵无法脱离更高级的普遍精神或者心智，这种思路在近代西方哲学的思考中仍然得以延续。典型如在黑格尔看来，主体的成立仍然无法摆脱精神或者说"绝对精神"的笼罩："精神在否定的东西那里停留，这就是一种魔力，这种魔力就把否定的东西转化为存在。而这种魔力也就是上面称之为主体的那种东西；主体当它赋予在它自己的因素里的规定性以具体存在时，就扬弃了抽象的，也就是说仅只一般地存在着的直接性，而这样一来它就成了真正的实体，成了存在，或者说，成了身外别无中介而自身即是中介的那种直接性。"[2] 简单地说，这里的意思就是指精神决定着主体作为实体的存在。这种思路的一个严重的后果是，我们往往会因此将实体性的主体作为某种必然被规定为如此这般的、"现成的"东西不假思索地接受下来："我们就固执在像精神、灵魂、意识、人格这些概念上……导致把 Dasein 的'谁'阐释为这样的一种物：该物在 Vorhandensein 或作为 Vorhandensein 的主体这类实体同一性中永存。从此，人们徒劳地反对灵魂的实体性，反对意识的物化或人格的对象性，人们继续在存在论上把这个'谁'规定为在 Vorhandenheit[现成性]形式中的实体

---

[1] 《圣经》中在谈论人被圣灵"充满"（full of spirits）的时候，还常用到 Charisma 这个词。该词希腊语的拉丁化拼写是"kharisma"，意思是"神圣的礼物""属灵的恩赐"（divine gift）。这个词在《新约》里多次出现，如出现在《罗马书》《哥林多前书》等文中多处。在《哥林多前书》第 12 章第 1 节还使用了另一个希腊文"pneumatikos"来指同样的意思。这个希腊文本指"属灵的事物"，这里引申为来自上帝圣灵的恩赐，而"charisma"便是这属灵的恩赐之一种。这里仍然可以看到"pneuma""spirit"与人所具有的超人的心智能力之间的语义线索，而这种线索在某种程度上，或许也就是现代人类学家也以"Charisma"来称呼那种无文字民族中间时常存在的超人的、绝对的、神性的权威者所具有的属性的根本理由。

[2] [德]黑格尔：《精神现象学》上卷，贺麟、王玖兴译，商务印书馆 1997 年版，第 21 页。

性的主体。"① 被这种错误的后果延宕下来的对于心灵或者此在的有效分析,要等待海德格尔的生存论意义上的基础存在论分析来进行。虽然海德格尔已经成功地注意到主体的非现成性,了解到人之所是必须通过人自己的不断选择和筹划去实现,以尝试努力摆脱来自精神的笼罩,但他仍然将这种选择与筹划同真理联系起来,而恰恰是真理这种普遍性的东西,最终再次将主体的心灵与普遍精神结合在一起。这或许也就是为什么在德里达看来,海德格尔并没有真正摆脱来自黑格尔的影响②,这同时意味着,海德格尔也没有摆脱那个古老的贯穿古希腊、基督教神学和德国近代唯心论的理论结构:"Pneuma 和 psyché 之间的区别也属于……一个神学—哲学传统:海德格尔仍然在这个传统中阐释着 Geist 与 Seele 的各种关系。"③

第三节　形而上学之所以可能

　　春秋时代中国人对于魂魄的设想,正好可以继续与亚里士多德对于心灵(psyche)的理解构成有益的对照。在生命力的意义上,古希腊人的思想中已经将气息、精神与心灵联系在一起,比如"第欧根尼和其他一些人认为心灵是气"④,而亚里士多德也认为:"气息……在本性上与心灵同一的东西。"⑤最终,这种关乎生命力的气

---

① [法]雅克·德里达:《论精神——海德格尔与问题》,朱刚译,第 28 页。
② "那最让人无法摆脱的幻影之一,仍会是黑格尔。"[法]雅克·德里达:《论精神——海德格尔与问题》,朱刚译,第 134 页。
③ [法]雅克·德里达:《论精神——海德格尔与问题》,朱刚译,第 138 页。
④ [古希腊]亚里士多德:《论灵魂》,秦典华译,载苗力田主编《亚里士多德全集》第 3 卷,405a,20—25。
⑤ [古希腊]亚里士多德:《论气息》,秦典华译,载苗力田主编《亚里士多德全集》第 3 卷,481a,15—20。

息，在西方哲学史上与后世意义上的精神或精神性密切联系起来。类似于此，孔颖达在《左传正义》中所谈的魂魄也首先与气有关："气之神者，名之曰魂也。魂魄，神灵之名，本从形气而有。"其次，较低级的"魄"则与感觉和运动能力等有关："耳目心识，手足运动……此则魄之灵也。"最后，高层次的"魂"关乎人的高级认知："附气之神者，谓精神性识……魄识少而魂识多。"这些方面内容也正类似于亚里士多德的理解："心灵最不一般的特征有两点，即位移和思维、判断、知觉。"① 上述问题，前文中已经论之，在此对照亚里士多德对于心智（nous）的理解，可以深化我们对于中国古人所谓"精气"或者"魂气"的思考。

如前引孔颖达所认为的那样，"魂"与"魄"表征出心的不同的部分或者层次，前者"识多"且与高于个体的普遍精神相关，而后者"识少"且与个体意义上的心灵有关。从这个角度来看，"魂气"或者"精气"正近似于亚里士多德所谈论的超乎个人心灵之上的普遍理智——"nous"；"魄"或者感觉经验之心则更接近于个体意义上的心灵。在古希腊哲学的语境中，心智具有某种永恒性或者超越于人的普遍性，且这种心智"则是（与躯体）分离的"②，此正如中国古人设想"魂气"或者"精气"可以有依附于或不依附于人的身体的存在方式一样。将人的心灵区分为不同层次的部分，前文讨论以亚里士多德为典型，但此种设想在古希腊哲学中实际上并不限于他一人的理解，相关论点，可以说是顺理成章地被某些研究者认为可回溯至柏拉图：韦尔南认为柏拉图所谓的心灵（psuché）是附在我们身上的超自然的精灵（daimon），"这心灵作为非人的或超人的力量乃是'附于我的灵明而非我的灵魂（the soul in me and not my soul）'"。这种希腊式的对于自己的体验与笛卡尔意义上的"我思"完全不同，因为在普遍意

---

① ［古希腊］亚里士多德：《论灵魂》，秦典华译，载苗力田主编《亚里士多德全集》第3卷，427a，15—20。
② ［古希腊］亚里士多德：《论灵魂》，秦典华译，载苗力田主编《亚里士多德全集》第3卷，429b，5—10。此处的"心智"在原译文中为"心灵"。

上看，我的心灵中真正理智的部分或者说"超人的力量"恰恰与心理学意义上的自我无关。[①]在古希腊哲学后来的发展中，上述理解也影响着后来的斯多葛派："在斯多葛派看来，理性不仅是内在的神圣：它是我们的某些神性，居于整个宇宙的架构之中。"[②]这种希腊式的心智观，可与稷下黄老学所谓的"精气"和春秋时代更一般意义上的"魂气"形成极具解释力的对照，如进而将"psuché"的剩余部分与先秦所谓较低层次的"魄"或者经验感觉意义上的个体心灵相对照，我们在先秦发现的以心为主轴的"观念丛"所具有的结构，基本镜像式地在古希腊重现——心、魂魄与"psuché"均呈现为高低两个层次，前者是高于人的、普遍的、永恒的，在人心的驻留或附丽，决定着后者所能够展现出的那些高级的精神性能力。

以心为主轴的"观念丛"同时出现在中西哲学讨论的内部[③]，并在其中占据极为重要的地位，可由此生发出一个关键的推论，即直到近现代，无论中国还是西方思考心灵及精神性问题，均采取类似的背景性的基本立场。也就是说，贯穿古希腊哲学、基督教神学，并一直渗透到德国古典哲学当中的讨论精神或精神性问题的基源性态度是，个体的心智

[①] 参见 Arnold I. Davidson, "Ethics as ascetics: Foucault, the history of ethics, and ancient thought", *The Cambridge Companion to Foucault*, edited by Gary Gutting, Cambridge University Press, 1994。作者引韦尔南观点的出处见上书第 137—138 页注 44—51。

[②] Martha C. Nussbaum, *The Therapy of Desire: Theory and Practice in Hellenistic Ethics*, p. 326.

[③] 只需要对这个话题进行研究材料方面的扩展，上述从中西哲学之间发现的关于精神理解的共性，也同样可在印度传统中观察到，无论是较早时"梵我合一"的教导，还是佛教兴起后的一系列对"人无我""佛有真我"等问题的讨论，都可以为其佐证。特别是唯识学对于人的意识构造的详细划分，更与我们上文所论形成了极为有意味的对照，人的前五识均处于感官经验层面，对其综合运用形成了更高级的第六识——"意识"，但在这个层次之上，还有更加神秘的第七识"末那识"和深邃的第八识"阿赖耶识"。"末那识"作为第六识和第八识的中介，体现了"意识"返归自身的反思性确证及其由此引发的烦恼，究其实质，或可认为与"意识"同阶次，"阿赖耶识"则完全不同，是远超越人的意识的宇宙间创生时便出现的第一识，也被认为就是"真如"，决定着人之为人或人可成佛，且为人提供了真正的智慧（至于摄论宗另立第九识"阿摩罗识"，但其只是对"阿赖耶识"的清净面的表述，可不独立讨论）。"阿赖耶识"种子不生不灭，随缘流转，是包括人的意识在内的世界上一切现象的最终根据——这是一个典型的形而上的、超越的、精神性的对象。从"阿赖耶识"与前七识的关系角度对人的意识构造的揭示，与我们已经观察到的中西哲学中对于人的心灵构造的揭示，似乎是完全对应的。

或理性，最终决定于更高层次的、具有超越性普遍意义的宇宙精神或绝对精神；与此类似，中国人在思考个体之心的时候，也同样将心的抽象理智的根据追溯到更高层次的"精气"，而这种相似性，为我们在解释中国哲学中同类问题的时候，调用西方哲学作为比较性资源以充分激活其中的"哲学性的"（philosophical）解释效力，提供了合法性依据。在中国哲学的语境当中，以精神这个术语，来称呼相应的观念层面的构造，并与西方哲学的有关讨论形成呼应，绝非无的放矢。在三代文化系统中，理论上对于普遍的精神的设定，展现为"魂气"或阳气；在道家黄老学派那里，其内含于"精气"或道的观念；在儒家那里，围绕所谓"天心"或道心的理论设定，正是道家之"精气"的翻版。

无论中国还是西方的上述围绕心或心灵的"观念丛"，具有清晰而惊人的结构上的相似性，其最为核心的部分，即均将心灵区分为高低不同的层次，其中较低级的部分属于物质、世俗和人自身，而其中较高级的部分，则来自某种超出人与世界的普遍精神，后者可能是希腊式的宇宙理性、希伯来人的上帝，也可能是中国式的"精气""神明"。由此再追溯一步，可以认为，中西之间表现出的这种思想形态方面的相似性，显示了人类在面对人与世界的关系时，在欲对人自身所具备的某些高层次的精神能力加以解释的时候，所共同拥有的超越文化类型的一般观点，即某种高于人的普遍精神优先地决定着人自身的精神现象。这种决定性，如进而体现在哲学的、理论化的讨论当中，那么在某种意义上，其堪称不同类型的形而上学的共性提供了最终的支持与依据，也就是说，这解释了为什么在中国哲学的构造中，以往的研究者的确能够在一定程度上合理地宣称，中国人也拥有某种在深层次上类似于西方形而上学的思考。[1]

形而上学无疑是中西哲学当中最复杂的术语之一，在全部被归于哲学名义的讨论下面具有举足轻重的地位，在某种意义上甚至决定着我们

---

[1] 本处所论形而上学，限于现代学者对古代思想的阐发，而不涉及对现代学者自身种种理论建构的讨论，虽然归根结底，后者的建构，也一定是以前者和西方哲学史上的类似资源为前提的。

对于哲学活动的根本理解，相关讨论可谓车载斗量，而其在西方哲学当中，也自有其语境、主题和论证模式。这个术语，经由日本人的翻译引入中国后，几乎立即在较早的现代中国哲学史讨论中，不加任何合法性说明地被用以指称哲学史上的某些理论结构，暂不考虑其细节，大略而言，形而上学或被视为某种由"第一原理"导出的关乎天人宇宙之根本的理论系统，在 20 世纪初的中国就已经被广泛接受，被用以指称玄学、理学或道等中国哲学传统中的对应物，稍后典型如新儒家学者与方东美等，径直以形而上学指称中国旧有的，特别是宋明儒学当中的某些论述，并将某些中国式的论断归于形而上学中的关键部分——本体论——的话题之下，较晚近，还有学者以同样的姿态处理道家学说，并尝试为其建设形而上学体系；另一方面，当马克思主义哲学得到传播后，持此立场的学者又开始以形而上学指称某些中国哲学史上与辩证法相对的、静态而绝对化的思维方式或理论论证模式。无论不同学者对于形而上学术语所指称的内容在中国哲学史上之存在的评价或取舍如何，也不论他们对于中国式的形而上学有何种特异性之判断，该术语的上述两种用法，应该说基本可以涵盖学术界的基本理解。实际上，如果我们认为作为概念系统或理论体系的形而上学，可以从中提炼作为其基础的思维方式或基本论证方式，那么学者们在用之以指称中国传统哲学中的某些内容的时候，形而上学最终可被还原为历史上存在的一种论证模式或理论构造态度，据此古代哲人才能进行相应的理论系统建设，而其张力，则存在于普遍与特殊、抽象与具体、本体与现象之间。

　　将中西的形而上学归为一个大的类别之下，并不意味着两者之间缺乏最基本的形态方面的差异，being 无疑是西方形而上学中无法回避的关键词，但在中国的先秦思想当中，甚至不存在任何有关"谓词"的设想，而在诸子的言语中间，我们也几乎没有办法确定西方式的作为命题承载者的句子的存在。于是，在缺乏形态方面的、技术上的可比较性的情况下，如欲断定中国古人的某些思考，同样可被归于形而上学的名义之下，在以往不能提供其他的论证路径的前提下，就几乎仅仅是对于某种信念的武断表达，带有"上邦大国、无所不有"的粗糙自负，又不免流露出对于被视为哲学思考当中最为高级的部分的暗自羡慕。在亚里士多德看来，对于世界最终本原的一整套的探求，构成了我们所能够设想的最高级的知识，而这种知识或许只属于神，在此意义上，认为上述探求最终与高于人的心智（nous）相关，是顺理成章的。在此后的西方哲学传统中，在普遍与特殊、本体与现象的张力下，尝试将世界划分为可见可感的、有形的器物界和不可见不可感的、无形或形而上的思辨界，那么这种划分的一个可预见的后果，就是一般而言，在对世界之所以呈现出我们现在所见所感的面貌的根据的追问，一定会追溯到不可见不可感的所谓形而上层面——普遍的为特殊的、抽象的为具体的、本体的为现象的提供最终支撑，而存在于后一层面的世界的终极依据，其自身显然不能也是可见可感的对象——否则其也就落入世界之内，而难以具备那种必要的整体上的解释力。如果形而上学的张力就在此处出现，那么这里可以得出一个自然的推论，既然被认为具有更高解释效力的内容是超越经验的，也就不可能是器物化的或者经验化的，于是，那就只能是精神性的，追溯其源流，相关的形而上学理论系统，便是在以"psuché"为主轴的"观念丛"的笼罩之下发展而出的，在这种形而上学的论证模式当中，神的知识为人的知识奠基、普遍精神为个体心灵立法。但这种精神性绝非轻易就能为人所获得的，几乎很少有古代思想家具有这样的理论自负或对于人自身智能的乐观信赖，人的思考总是饱含谬误并磕磕绊绊地行走在各种无知中间，但是，精神性内容能为世界提供有效力的解释，即真理化的、永恒的或者普遍的解释——上述属性一定本来就属于这种精神性，而人之所以能够窥探普遍真理，则是由于以某种方式分享了来自其的滋养。

这种理路，在西方哲学当中较为清晰，在中国哲学当中相对模糊但同样存在，考虑到道家对于道的言说、《易传》的思想遗产和三代与儒家传统中对于天的信赖，在较为基础性的意义上，可以发现中国和西方在开始对世界的解释之时，均倾向于利用某种非经验或超经验的，且被认为具有更高级的解释效力的内容，来解释经验性对象，而中国的这种解释，便最终与前文反复探讨的三代以降与"魂气""精气"等相关的思想资源密切关联，即同样以先秦时便已经定型的、以心为主轴的"观念丛"为理论基础。这种观念意涵结构上的对应性，正好为完全类似于西方的形而上学论证模式在中国古代的存在，提供了最好的证据——亚里士多德对于"nous"在"psuché"当中所占据位置的设想与先秦中国哲人对于"精气"和魂魄关系的假定为此提供了典型的例子。

　　前文曾引《易传·系辞上》"精气为物"之说，后文即有两个堪称被多数学者认定为构造儒家形而上学之基础的论断："一阴一阳之谓道"，"形而上者谓之道，形而下者谓之器"。站在现代哲学、中西比较的角度看，这一认定的合法性根据，实质上便在上文所论种种之中，暂不论其理论细节，战国儒者的上述论断，正是对三代传统和黄老学思想资源综合后的结果，而这种综合一旦被置于可与西方对精神性的讨论相比较的语境中，对中国哲学史上形而上学之存在的发现，便是自然而然的。在西方哲学史上，普遍精神的优先存在，继续被与基督教的上帝或者黑格尔的"绝对精神"联系起来，继续支配着古典"神学—哲学"传统中的，乃至海德格尔的对于心灵的思考；在中国哲学史上，在《易传》、宋明理学的理论体系或老子的学说当中，也存在着同样形而上学化的论证模式——只是将其以形而上学的术语辨认出来，需待晚近西学滚滚而来之后。需要再次重申的是，承认形而上学在中国哲学史上的存在，并非否定其可能具备的特异之处，在从"精气"或普遍精神到个体心智的解释过程中，随后将出现"二元论"的取向，还是"天人合一"的主张，则是另外的问题。笔者也并不认为，中西哲学之类似的形而上学的总体的论证模式之下，存在类似具体论证方式，如将古希腊那种呈现理论的具体的逻各斯，在中国哲学语境中钩沉出来——这种直接的具体哲学论证层面的比附，正是较早时的中国哲学研究在现在看来难以取信于人的重要原因。实际上，笔者认为目前学界对于中国哲学特殊性的许多共识性理解，都是正确的，但更为重要的，一方面是在这些个性之后，并不放弃对哲学共性的探索，并将其以可靠的方式呈现出来，另一方面，是在此基础上，再以充分肯定中国哲学之特殊性的态度，重新深入分析其理论呈现的具体细节，而后一种工作，在目前距离全面开展尚远，或有待学术界的共同努力。

我们相信，在中西哲学当中均可以观察到的、基于对以心灵为主轴的"观念丛"的探索之上的普遍精神与人的个别的智能之间的关系，才是一切被归于形而上学的思考模式的核心构造——某种超级智慧或精神性，其本身必然异于个体心灵所能提供的那些与客观器物密切相关的"耳目心识"或者说感觉经验，而唯其如此，此精神性方足以为后者提供必要的理性支持与合理化论证。所以形而上学一定与超越的、永恒的、绝对的、普遍的等词语相关，这些词语显然也大都可被用来描述神、道、天或者上帝，与有限的、暂时的、相对的、个别的人针锋相对。人本来不能属于形而上的世界，但由于能以某种方式分享来自这个世界的恩赐，比如被"nous""spirit""精气"等所驻留或附丽，即心或魂魄中可解析出的高级的、外来的那部分，以某种方式与低级的、原有的部分相结合，便赋予后者某种超越其自身的智慧，凭借这种形而上的智慧，人便能部分甚至完全地通达形而上的世界——也就是说，无论在西方还是中国，最终围绕对精神性的思考和阐释，所建立起来的是被我们称为形而上学的一整套的东西，在此意义上，我们同样可以合理地宣称，即便本无此名，即便存在显而易见的形态差异，但在中国哲学的内部，的确存在类似于西方的形而上学思考，即我们完全可以运用形而上学这个术语，指称中国哲学史上的某些理论系统或论证模式。此一合法性的判断，或有助于在纷纷强调不同文化间理论个性的时代，重新评估人类哲学活动的共性所在，进而在对于这种共性的确认当中，摆脱不必要的学术偏见，以更具启发性的方式去探索中国与西方不同哲学道路的其他真正异同所在。

结语：作为修身工夫的道家哲学

先秦道家哲学的谱系中部分有关心的思想，从一个侧面反映了先哲们基于这个观念所表现出的对于人之所是如何的洞察。贯穿于我们的研究中的，并非对于某个心灵实体的认知，自始至终我们所坚持的，都是从修身或者改变自己的角度出发理解先秦道家有关心的思想最终如何成为对于人自身之存在状况的解答，从这个角度出发的考察，大概在某种程度上也更符合中国哲学乃至哲学在其原初的生成环境中的真实状况。我们主张，"心的作用一定是实践的"①，进而言之，"心的作用是由工夫而见，是由工夫所发出的内在经验，它本身是一种存在，不是由推理而得的（如形而上学的命题），故可以不与科学发生纠缠"②。

我们希望将修身工夫或者说实践活动与精神修炼这样的观念置于探讨古代哲学时的问题前景中，本研究据此所展开的理论重建，也许符合徐复观对于中国文化整体风格的一个判断："研究中国文化，应在工夫、体验、实践方面下手，但不是要抹杀思辨的意义。"③这意味着思辨属于我们，而工夫源于古人，这种对于先秦道家思想谱系中心观念的理论重建并不先行地诉诸某种特定的形而上学基础，恰恰相反，无论古人所体贴到的还是我们所加以重述的理论知识，本是自然出现在先贤们对

---

① 徐复观：《心的文化》，《中国思想史论集》，上海书店出版社2004年版，第217页。
② 徐复观：《心的文化》，第216—217页。
③ 徐复观：《心的文化》，第217页。

于修身问题的关注中,并预示着中国哲学所具备的那种似乎独特的宗教性:"对于任何关于精神修炼传统的巧妙说明而言有效的成分,一般而言对于任何关于宗教在人生中的地位的真正理解更合适:我们不得不承认所谓实践的优先性(primacy of praixs),其极端重要性被置于个人所开展的自我转化的实践之路径之上,而非简单的从事于理智探讨或哲学分析。"①

上述思考问题的角度,在更广泛的意义上决定着我们在自己的哲学史工作中对于全部哲学活动的看法:"哲学自身乃是智慧的修炼……在这个层面上,我们不再关心理论上的逻辑学——那种关于正确推理的理论,相反,我们关心在日常生活里不让自己被错误的表象所欺骗。我们不再关心理论上的物理学——关于宇宙起源与演化的理论,我们关心时刻都意识到自己乃是宇宙的一部分,而我们必须使自己的欲望符合此种状况。我们不再去履行伦理理论——对于美德与责任的定义与分类,我们单纯地以伦理的方式行为。"②但需要特殊说明的是,我们的这种处理史料的态度并不意味着将哲学化约为伦理学,而是在根本上抛弃近代西方式地看待问题与学科分野的方式,先秦道家哲人对于心的思考导向对人之存在状况的揭示,而我们对于这种揭示的再诠释并非从属于某一类型的现代哲学科目。

总的来说,如果在哲学活动中,"知识一词本来似乎不值得人们去为之斗争"③,而先秦哲人对于此似乎有极高的洞察。他们围绕心灵这个话题所汇集起来的那些言说或者可以被视为某种"有用的知识":"即质疑人的生存的知识,是一种关系认识的方式,既是论述的,又是规范的,而且能够引起主体生存方式的变化。"④由此出发,我们的研究所面对的主要内容是先秦哲人如何通过思考、讨论并传

---

① John Cottingham, *The Spiritual Dimension: Religion, Philosophy and Human Value*, Cambridge University Press, 2005, p.5.
② Pierre Hadot, *Philosophy as a Way of Life – Spiritual Exercises from Socrates to Foucault*, p.192.
③ [美]理查德·罗蒂:《哲学与自然之镜》,李幼蒸译,第332页。
④ [法]米歇尔·福柯:《主体解释学》,佘碧平译,第253页。

授哲学而带来的对于人自身的改变与转化,以何种方式引导常人趋向本真地生存,对于儒家来说,转变自己的目标、所欲达成的理想人格也就是富于美德与伦理价值的圣人或者君子,而对于道家来说,这个目标则是达到超乎人间价值的得道之"真人"或者"至人",但对他们而言,通过哲学活动而达到对于某种最高境界的追求则是相同的。

在道家的学术谱系当中,心的问题并没有取得像在儒家中那样的至高地位,老子一开始便将这个观念的重要性置于道和气之下,并同时对心与气的关系进行了初步的思考。心、气关系随后在稷下黄老学当中成为枢纽性的问题,也正是稷下黄老学家,对心与相应的修养技术进行了目前为止最为详尽的探索,并使"心术"这个话题成为一个对其后诸子都很重要的思想资源——黄老学中的上述话题同样影响了儒家学者,无论先于孟子的孔子后学还是孟子本人和荀子,在一定程度上在思考心的时候都受到过稷下学者的启发。与黄老学秉持不同趣味的庄子在论心的时候,同样没有脱离上述道家的传统,他对于精神层面的修炼技术的天才思考在很大程度上获得了某种突破性的效果——不过庄子所设想的那种心灵的自由,我们却需要转换视域,从生存论而非认识论的角度来加以澄清。

贯穿于所有上述内容之中,还有一个并非不重要的细节有必要再加以澄清,作为精神器官的心灵与身体、形躯之间的关系,从来都是一个相互纠结的问题,从前诸子时代一直贯穿到儒、道两家的思想当中。对于身体的态度,先秦哲学的两大主流有不同取向,儒家的对于修身的考虑,同时包括专注于内心的精神修炼和将身体包括在内的礼乐训练,但这两方面的修养最终都服务于理想人格的养成,也就是都从属于"养心"的目标,离此对身体的训练并没有独立的意义;道家则与此不同,他们对身体层面以"长生久视"为目标的养生有专门的考虑,而这些内容是仅以人的精神领域之修炼为指向的"心术"所不能覆盖的,从这个意义来讲,如果说儒家在很大程度上直接继承了较早的"身心合一"思想,在道家系统内这种"合一"的表现则稍微曲折一些,需要诉诸气与道的观念方能得到说明。

我们主张，对于先秦哲学中所见的心的问题的考察，始终应从成就理想人格、从围绕心的观念所开展的主体化过程或者说品质化的德性的内在视角去看待问题。一方面规避了人对特定行为规范的服从的外在视角，另一方面也意味着我们更多专注于考察个体层面的人格构成，而将涉及群治问题的社会政治层面的内容大体排除在研究之外。这种做法对于理解中国古人和他们的思考为什么最终成为被我们观察到的那个样子而言肯定是不完整的，但将问题限制在较为狭窄的领域或许更有助于研究的开展。除了上述这种不完整性之外，我们对于先秦道家哲学中有关心的思想的现有研究无疑也仍然遗留了大量有待解决的问题，但希望我们的尝试能为未来的思考铺平道路。

无论儒家还是道家，心的问题在他们眼中都是理解人是什么的关键所在，而此问题也绝非单纯的知识论问题，它主要是作为一个实践意义上的问题展现在改变自己的修身工夫中，这也就意味着，不是现成的主体性，而是主体化过程才是理解先秦哲学中关于心的思想的中心视角。服务于上述目的的先秦哲学，也就是罗蒂（Richard Rorty）所谓"启迪"①的哲学："启迪性的话语应当是反常的，它借助异常力量使我们脱离旧我，帮助我们成为新人。"②这种意义上的先秦哲学，当然不以建构所谓的"哲学体系"为目标，而是一种追求智慧的生存方式："把启迪哲学看作对智慧的爱的一种方式，就是把它看作防止让谈话蜕化为研究、蜕化为一种观点交换的企图。启迪哲学家永远也不能使哲学终结，但他们能有助于防止哲学走上牢靠的科学大道。"③在先秦道家的思想谱系当中，这种"启迪性"最为典型地出现在庄子有关心的思考当中，他在蝴蝶梦的隐喻

---

① 原文为"edification"，这个词在中译本中被译为"教化"，但在我们看来其不如换作"启迪"更为合适。后面引文直接将这两个词调换，不另说明。
② [美]理查德·罗蒂：《哲学与自然之镜》，李幼蒸译，第338页。
③ [美]理查德·罗蒂：《哲学与自然之镜》，李幼蒸译，第348页。

中对于自身转化的关注、对于丑怪形象的特殊效果的把握与对"卮言"的娴熟运用，可谓在先秦道家当中为如何理解围绕心观念建立主体性做出了拥有总结性意义的示范——或许对于道的理解庄子并没有超出老子或稷下黄老学，或许庄子对于心为"精舍"而致力于经由得道进而"虚室生白"的思考亦与黄老学者相比并不特殊，但他对于哲学活动的重心在于改变自己的百般强调，却比道家的先行者更迈进了一步，使我们应该如何经由道而达至逍遥境界而非道本身的特性成为思考的中心。从这个角度来看，当先秦道家的思想资源在魏晋玄学当中被重新激活，老庄的形象并列成为道家的代表似乎有其必然性，在探讨基于心灵问题而衍生出的主体化问题方面，庄子的确更能满足名士们的自恋。

回到我们的哲学史书写，面对以往讨论先秦哲学的那些不同取向，似乎不得不面对一些抉择，如何在我们展示哲学史知识的过程中摆脱以往写作范式中对于特定的"认识"观点的偏爱？从这个角度讲，重要的甚至不是先秦道家所设定的道、德本身，而是这些观念如何在人格塑造方面发挥其不可替代的作用。类似的关乎人格品质修养的内容，曾被早期儒家揭示为一种"为己之学"①，如果这种"学"的过程可在一定程度上被称为去过一种"道德生活"，那么过这种生活所要求的归根结底并不是特定的对于价值观的先行选择，而是在完善自己的实践中对于人的存在本身的领会。正如法国学者南希评价海德格尔时所言，如果道德指的是通过权威或者精心选择而固定下来的一系列行为规则和目标，那么任何哲学都不会提供这种意义上的"道德"，它本身也不会是这种意义上的"道德"。哲学并不负责规定各种规范或者价值，相反，它必须思考构成行动的东西的本质或者意义，换句话说，必须思考将行动置于不得不去选择规范或价值的地位之上的那个东西的本质或者意义。②在哲

---

① 有关看法，参见匡钊《孔子对儒家"为己之学"的奠基》，《深圳大学学报》（人文社会科学版）2012年第6期。针对早期儒家相关问题域的更全面讨论，笔者另有专书。
② 参见 [法] 让—吕克·南希（Jean-Luc Nancy）：《海德格尔的"源始伦理学"》，王志宏译，载王中江主编《新哲学》第八辑，大象出版社2008年版。

学作为一种独特的、具有不可替代性的思考活动而出现在我们中间时，作为其起源情境的那种改变自己、去过一种自己所希望的生活愿望，不但对于儒家和道家是共同的，甚至对于古代中国和古代希腊也是共同的，而所有参与上述思索的哲人均以自己的方式不断发展出种种改变自己的技术，在先秦哲学的思想世界里，我们在本研究中尝试讨论了道家趣味的专注于人自身之存在的"自身技术"——心灵之所以成为一个至关重要的观念，在于其正是这些修身工夫的根本载体。在任何文化中间，哲学最有意义的部分都是作为某种"自身技术"（techniques of the self）与"生存美学"（aesthetics of existence）而存在，在古希腊世界它表现为"作为一种生活艺术、方式或风格的古代哲学"①，在先秦道家哲学的谱系中，它便是我们所关注的那些围绕心与"心术"所展开的言说。尤为重要的是，对精神修炼意义上的"心术"的展示，为我们提供了一个哲学史书写的视角，这个视角与现代先行的研究者们一样，都看重中国哲学重工夫、重实践的一面，但与他们不同的是，我们并非设法追问某种奠基于形而上学的伦理学，而是希望表明，在起源的意义上，所谓哲学活动可能就是由一系列以改变人自己为目标的实践构成，贯穿于这种生活方式当中的种种自身技术，应被置于研究的前景。

被称为哲学的改变自己的自身技术也可被称为"自身实践"（practices of the self），对于古人这或许意味着作为真正意义上的人"在世界之中存在（being-in-the-world）的一种新方式"②，这种方式无疑不能完全缩减为精神性的，如我们在道家黄老学谱系中观察到的，身体的保存与养护也是值得关注的专门问题，但相比之下，决定着人之所以为人的部分，仍然是被表达为心的人的精神性——正如《管子》"四篇"所表明的，心为精舍，其作为道的载体体现了道对人的根本规定。对于心或者精神的传统误解，曾经有哲人概括道：

---

① Pierre Hadot, *Philosophy as a Way of Life – Spiritual Exercises from Socrates to Foucault*, p. 206.
② Pierre Hadot, *Philosophy as a Way of Life – Spiritual Exercises from Socrates to Foucault*, p. 211.

> 对精神的误解从四个方面。第一，将精神曲解为智能，这是决定性的误解。……第二，如此被曲解为智能的精神因而就沦为为其他事情服务的工具的脚色，成为既可教人也可学到的东西。……第三，一旦这种对精神的工具性曲解开动起来，那么，精神历史的力量，诗歌与创造性艺术，国家的创立与宗教都进入一种可能被有意识地培植和规划的范围内。上述这些同时被划分为许多领域。精神的世界变成了文化，而个体的人就企求在这种文化的创造和保持中达到自身的完成。……第四，对精神的最后一种曲解植基于前面所说的一些篡改中。这些篡改把精神想象为智能，把智能想象为为目的而设的工具，再把工具和产生出的产品一起想象成为文化的领域。作为为目的而设的智能的精神与作为文化的精神最终就变成了人们摆在许多其他东西旁边用来装饰的奢侈品与摆设。通过公开展示这些东西，人们可以炫耀他们并不想否弃文化，并不想成为野蛮人。①

如果说精神不是单纯的智能与工具，正如我们所见，心之官的能思并非其全部意义，汇集在精神修炼目标下的种种自身技术，从"守中""抱一"到"心斋""坐忘"等，才是更值得深思的内容，这些技术为我们勾画出了一种道家趣味的生活方式。

在结束从修身工夫、精神修炼或自身技术的角度对先秦道家谱系中的心的观念的现有讨论的时候，下面这段话大概是富于启发性的：

> 我们现在将精神的本质简略地规定如下："精神既不是空空如也的机智，也不是无拘无束的诙谐；又不是无穷无尽的知性剖析，更不是什么世界理性。精神是向着在的本质的、原始地定调了的、有所知的决断。"②

---

① ［德］海德格尔：《形而上学导论》，熊伟、王庆节译，第49页。
② ［德］海德格尔：《形而上学导论》，熊伟、王庆节译，第49页。

我们的任务便在于，在一定程度上可信地将古人从心出发的决断与努力，以普遍可理解的方式加以现代重述，这种哲学史的工作，并不包含任何一种回归古代生活或激活经典的现代价值的目的，而乐于停留在知识的局限性当中。

参考文献

一 中文著作

《十三经注疏》，中华书局1980年版。

《诸子集成》（三），中华书局1954年版。

（明）焦竑：《庄子翼》，文渊阁《四库全书》本。

（清）黄宗羲：《明儒学案》（修订本），中华书局2008年版。

（清）王夫之：《庄子解》，中华书局1985年版。

白奚：《稷下学研究——中国古代的思想自由与百家争鸣》，生活·读书·新知三联书店1998年版。

陈鼓应：《管子四篇诠释：稷下道家代表作解析》，商务印书馆2006年版。

陈鼓应：《老子注释及评介》，中华书局1984年版。

陈鼓应：《老庄新论》（修订版），商务印书馆2008年版。

陈鼓应注译：《黄帝四经今注今译——马王堆汉墓出土帛书》，商务印书馆2007年版。

陈鼓应注译：《庄子今注今译》（下），中华书局1983年版。

杜小真编选：《福柯集》，上海远东出版社2003年版。

杜正胜：《形体、精气与魂魄：中国传统对"人"认识的形成》，载黄应贵主编《人观、意义与社会》，"中央研究院"民族学研究所1993年版。

方东美：《中国哲学之精神及发展》，匡钊译，中州古籍出版社2009年版。

冯友兰:《中国哲学史新编》,人民出版社 1995 年版,第 2 册。
高亨:《杨朱学派》,载罗根泽编《古史辨》第 4 册,上海古籍出版社 1982 年版。
高明:《帛书老子校注》,中华书局 1996 年版。
郭沫若:《青铜时代》,《郭沫若全集·历史编》第 1 卷,人民出版社 1982 年版。
郭沫若:《十批判书》,人民出版社 1954 年版。
郭齐勇:《郭店楚简身心观发微》,载武汉大学中国文化研究院编《郭店楚简国际学术研讨会论文集》,湖北人民出版社 2000 年版。
胡道静主编:《十家论庄》,上海人民出版社 2004 年版。
胡孚琛:《魏晋神仙道教》,人民出版社 1989 年版。
劳思光:《新编中国哲学史》第 1 卷,广西师范大学出版社 2007 年版。
李零:《郭店楚简校读记》(增订本),北京大学出版社 2002 年版。
李零:《中国方术考》(修订本),东方出版社 2000 年版。
刘翔:《中国传统价值观诠释学》,上海三联书店 1996 年版。
马承源主编:《上海博物馆藏战国楚竹书》(七),上海古籍出版社 2008 年版。
苗力田主编:《亚里士多德全集》第三卷,中国人民大学出版社 1997 年版。
牟宗三:《中国哲学的特质》,上海古籍出版社 1997 年版。
牟宗三:《中国哲学十九讲》,上海古籍出版社 1997 年版。
牟宗三:《心体与性体》(上),上海古籍出版社 1999 年版。
庞朴:《帛书五行篇研究》,齐鲁书社 1980 年版。
钱穆:《灵魂与心》,广西师范大学出版社 2004 年版。
钱穆:《先秦诸子系年》,商务印书馆 2001 年版。
唐君毅:《中国哲学原论·原性篇》,中国社会科学出版社 2005 年版。
王中江:《简帛文明与古代思想世界》,北京大学出版社 2011 年版。
徐复观:《心的文化》,《中国思想史论集》,上海书店出版社 2004 年版。
徐复观:《中国人性论史》,华东师范大学出版社 2005 年版。

许维遹:《吕氏春秋集释》,中华书局2009年版。

杨伯峻:《春秋左传注》(修订本),中华书局1990年版。

杨国荣:《庄子的思想世界》,北京大学出版社2006年版。

杨儒宾、祝平次编:《儒学的气论与工夫论》,台北:台湾大学出版中心2005年版。

杨儒宾:《儒家身体观》,"中央研究院"中国文哲研究所2004年版。

杨儒宾主编:《中国古代思想中的气论及身体观》,巨流图书公司1997年版。

詹剑峰:《杨朱非道家论》,载《中国哲学》第七辑,生活·读书·新知三联书店1982年版。

张岱年:《中国古典哲学概念范畴要论》,中国社会科学出版社1989年版。

张立文主编:《中国哲学范畴精粹丛书·心》,中国人民大学出版社1993年版。

郑开:《德礼之间——前诸子时期的思想史》,生活·读书·新知三联书店2009年版。

朱谦之:《老子校释》,中华书局1984年版。

二 中译著作

[比利时]戴卡琳:《不利之利:早期中国文本中"利"的矛盾句》,《文史哲》2012年第2期。

[比利时]戴卡琳:《墨子和杨朱的血液在儒家的筋肉里:〈唐虞之道〉的"中道观"》,载李国章、赵昌平主编《中华文史论丛》总第八十四辑,上海古籍出版社2003年版。

[德]海德格尔:《存在与时间》,陈嘉映、王庆节译,生活·读书·新知三联书店1999年版。

[德]海德格尔:《形而上学导论》,熊伟、王庆节译,商务印书馆1996年版。

[德]汉娜·阿伦特:《精神生活·思维》,姜志辉译,江苏教育出版社2006年版。

[德]黑格尔:《精神现象学》上卷,贺麟、王玖兴译,商务印书馆1997年版。

[德]卡尔·古斯塔夫·荣格:《寻求灵魂的现代人》,赵雷译,载《未发现的自我》,国际文化出版公司2007年版。

[俄]巴赫金:《陀思妥耶夫斯基诗学问题》,白春仁、顾亚铃译,生活·读书·新知三联书店1992年版。

[法]笛卡尔:《第一哲学沉思集》,庞景仁译,商务印书馆1986年版。

[法]马塞尔·毛斯:《社会学与人类学》,佘碧平译,上海译文出版社2003年版。

[法]米歇尔·福柯:《古典时代疯狂史》,林志明译,生活·读书·新知三联书店2005年版。

[法]米歇尔·福柯:《主体解释学》,佘碧平译,上海人民出版社2005年版。

[法]米歇尔·福柯《性经验史》,佘碧平译,上海人民出版社2000年版。

[法]让—吕克·南希(Jean-Luc Nancy):《海德格尔的"源始伦理学"》,王志宏译,载王中江主编《新哲学》第八辑,大象出版社2008年版。

[法]雅克·德里达:《论精神——海德格尔与问题》,朱刚译,上海译文出版社2008年版。

[法]雅克·德里达:《书写与差异》,张宁译,生活·读书·新知三联书店2001年版。

[古希腊]柏拉图:《柏拉图全集》第2、4卷,王晓朝译,人民出版社2003年版。

[古希腊]亚里士多德:《形而上学》,吴寿彭译,商务印书馆1995年版。

[美]爱莲心:《向往心灵转化的庄子:内篇分析》,周炽成译,江苏人民出版社2004年版。

[美]郝大维、安乐哲:《通过孔子而思》,何金俐译,北京大学出版社2005年版。

[美]理查德·罗蒂:《哲学与自然之镜》,李幼蒸译,商务印书馆2003

年版。

[日] 池田知久:《池田知久简帛研究论集》,曹峰译,中华书局 2006 年版。

[日] 西嶋定生:《秦汉帝国:中国古代帝国之兴亡》,顾珊珊译,社会科学文献出版社 2017 年版。

[日] 小野泽精一、福永光司、山井涌编著:《气的思想——中国自然观和人的观念的发展》,李庆译,上海人民出版社 1990 年版。

[英] 葛瑞汉:《论道者:中国古代哲学论辩》,张海晏译,中国社会科学出版社 2003 年版。

[英] 乔纳森·巴恩斯编:《亚里士多德》(剑桥哲学研究指针 [英文版]),生活·读书·新知三联书店 2006 年版。

三 中文论文

陈鼓应:《杨朱轻物重生的思想——兼论〈杨朱篇〉非魏晋时伪托》,《江西社会科学》1990 年第 6 期。

邓联合:《"逍遥游"与自由》,《中国哲学史》,2009 年第 2 期。

冯韶、冯金源:《杨朱考补充论证》,《学术月刊》1981 年第 6 期。

冯韶:《杨朱考》,《学术月刊》1980 年第 11 期。

匡钊:《"以西释中"何以成为问题——中国哲学史现代诠释的可接受标准判定》,《江汉论坛》2019 年第 2 期。

匡钊:《〈管子〉"四篇"中的"心论"与"心术"》,《文史哲》2012 年第 3 期。

匡钊:《必死者的养生抉择——杨朱思想逻辑结构及其学派归属》,《江汉论坛》2018 年第 6 期。

匡钊:《道家"心"观念的初期形态——〈老子〉中的"心"发微》,《天津社会科学》2012 年第 4 期。

匡钊:《孔子对儒家"为己之学"的奠基》,《深圳大学学报》(人文社会科学版) 2012 年第 6 期。

匡钊:《试论〈黄帝四经〉中的心》,《中国哲学史》2010 年第 2 期。

匡钊:《中国古典学与中国哲学"接着讲"》,《深圳大学学报》(人文社会科学版)2018 年第 5 期。

匡钊:《专气、行气与食气——道家方士对"气"的不同理解及其后果》,《中国哲学史》2013 年第 2 期。

李季林:《庄子"无己"与杨朱"贵己"的比较》,《贵州社会科学》1996 年第 1 期。

李巍:《中国哲学:从方法论的观点看》,《深圳大学学报》(人文社会科学版)2018 年第 5 期。

李学勤:《〈管子·心术〉等篇的再考察》,《管子学刊》1991 年第 1 期。

刘长林、胡奂湘:《〈管子〉心学与气概念》,《管子学刊》1993 年第 4 期。

罗安宪:《中国心性论第三种形态:道家心性论》,《人文杂志》2006 年第 1 期。

饶尚宽:《杨朱论》,《新疆师范大学学报》(哲学社会科学版)2005 年第 4 期。

时国强:《先唐的魂魄观念及招魂习俗》,《山西师大学报》(社会科学版)2012 年第 1 期。

孙开太:《杨朱是庄周吗——〈杨朱考〉及其〈补充论证〉质疑》,《学术月刊》1983 年第 5 期。

王中江:《〈凡物流形〉的宇宙观、自然观和政治哲学——围绕"一"而展开的探究并兼及学派归属》,《哲学研究》2009 年第 6 期。

张岱年:《管子书中的哲学范畴》,《管子学刊》1991 年第 3 期。

郑开:《道家形而上学的理论特质》,《中国社会科学》2017 年第 11 期。

安东:《〈列子〉文本考辨及其价值研究》,硕士学位论文,曲阜师范大学,2010 年。

葛然:《杨朱及其思想学派研究》,硕士学位论文,东北师范大学,2008 年。

任明艳:《杨朱伦理思想研究》,硕士学位论文,西南大学,2015 年。

杨富军:《〈列子〉研究述列》,硕士学位论文,东北师范大学,2012 年。

杨孟晟:《〈列子〉考辨及思想研究》,硕士学位论文,南京师范大学,

2011 年。

曹峰:《〈凡物流形〉的"少彻"和"少成"——"心不勝心"章疏证》,简帛研究网站 http://www.jianbo.org/。

四　英文文献

Confucian Spirituality, Volume One and Two, Edited by Tu Weiming and Mary Evelyn Tucker, The Crossroad Publishing Company, 1996.

John Cottingham, *The Spiritual Dimension: Religion, Philosophy and Human Value*, Cambridge University Press, 2005.

Martha C. Nussbaum, *The Therapy of Desire: Theory and Practice in Hellenistic Ethics*, Princeton University Press, 1994.

Marian Hillar, *The Problem of the Soul in Aristotle's De anima*, M. Hillar and F. Prahl, eds, Contributors to the Philosophy of Humanism, Humanists of Houston, Houston, 1994.

Pierre Hadot, *Philosophy as a Way of Life – Spiritual Exercises from Socrates to Foucault*, English edition, translated by Michael Chase, Blackwell Publishers Ltd, 1995.

Tad Dunne, *Spiritual Exercises For Today – A Contemporary Presentation of the Classic Spiritual Exercises of Ignatius Loyola*, Harper San Francisco, 1991.

The Cambridge Companion to Foucault, edited by Gary Gutting, Cambridge University Press, 1994.

Ying-shih Yü, *Between the Heavenly and the Human, Confucian Spirituality*, Volume One, Edited by Tu Weiming and Mary Evelyn Tucker, The Crossroad Publishing Company.

后记：十年踪迹十年心

"十年"对于许多人来说，都具有某种标志性的意义，是杜牧的扬州梦、黄庭坚的夜雨孤灯、纳兰性德的萍踪浪迹，也是当下某流行歌手对往日恋人的追忆，对于我来说，则是修修补补地完成一本小书的漫长道路。这本小书最初的几笔，远在十年前已经写下，那时还在清华园受教，刻意退出职场的泥淖，偷得浮生中数年的光景，奢侈地享受一点儿读书的乐趣。可叹离开校园的十年，仍不免过了许久身不由己的日子，虽自忖不曾荒废学业，但进步却出人意料地十分缓慢。

这本小书关注先秦道家有关心的一些思考，此话题源于我攻读博士学位期间的研究，而书中的大部分内容均曾以独立论文的方式发表，第一章的内容，以"道家'心'观念的初期形态——《老子》中的'心'发微"为题，发表于《天津社会科学》2012年第4期；第二章的内容，以"试论《黄帝四经》中的'心'"为题，发表于《中国哲学史》2010年第2期；第三章的内容，以"《管子》'四篇'中的'心论'与'心术'"为题，发表于《文史哲》2012年第3期；第四章的部分内容，以"反常性的哲学——《庄子》中的梦、丑怪与'卮言'"为题，发表于《商丘师范学院学报》2013年第5期；第五章的内容，以"必死者的养生抉择——杨朱思想逻辑结构及其学派归属"为题，发表于《江汉论坛》2018年第10期；第七章的内容，以"专气、行气与食气——道家方士对'气'的不同理解及其后果"为题，发表于《中国哲学史》2013

年第 2 期；第八章的内容，以"心灵与魂魄——古希腊哲学与中国先秦观念的形而上学共性"为题，发表于《文史哲》2017 年第 5 期。现在回过头来重新以系统的方式将以往片段的研究整合起来，恐怕是象征意义多于实质效果——如此以一本小书来总结相关的系列讨论，只能算是对自己某个阶段的工作做个交代与了结，而不能妄想对学术大局有更多的贡献，这种无力感，或许可以部分地解释本书的成形何以奇怪地拖延了很久。眼下自己的研究兴趣已经有所转移，不过对先秦道家思想谱系内有关心问题的一些基本看法并未发生太大的改变，或者说产生新的想法，在此意义上，将旧文连缀成书，最大的受益人无疑只是自己。不过，即便不奢谈学术，退而言之，人在彀中，书有时还是不得不出的。

无论如何，本书能以现在的方式呈现，最需要感谢业师王中江先生的教导，当年若非中江师"青眼有加"，"学问"二字后来根本无从谈起，时至今日，也常常继续得到恩师的敦促与关怀，每每让我回忆起清华园论学的快乐时光。一路走来，也必须感谢我在北京大学的博士后合作导师张学智先生、中国社会科学杂志社的柯锦华先生和中国社会科学院哲学研究所的张志强先生，在探索的道路上，以上几位先生均曾在关键时刻给予我极大的帮助，至今自己还能在"哲学"的旗号下敷衍为文，离不开他们的提携与支持。还应该感谢上文提到的曾发表本书片段内容的《天津社会科学》《中国哲学史》《文史哲》《商丘师范学院学报》《江汉论坛》等杂志与曾负责编发拙文的编辑，正是经过他们的肯定，才使书中的某些观点得到接受学界同行先行检验的机会。十年来，帮助和鼓励我的师友还很多，这里恕我无法一一列举他们的名字，但他们的关心与善意永远都是我前行的动力。

本书的主题是"心"，而我仍磕磕绊绊地在中国哲学的园地里继续摸索，套用现在的高频说法也算"不忘初心"，书既然要出，恰好借此时机不揣浅陋而将这两种"心"呈现出来就正于学界同道，书中一切疏漏与谬误自然归罪于我，亦愿读者能有机会不吝赐教。

《红楼梦》里甄士隐曾经听到一首神曲，方知好就是了、了就是好，但于我而言，现在大约还远不到叫好的时候，在这种意义上，本书只是旅途中借以瞻前顾后的亭驿而已。过去一年多时间中世界范围内发生了许多出人意料的事件,从积极的角度看,这一切都在告诉我们历史远未终局,我们尚不能以"末人"的姿态面对未来。对于学术研究而言,这似乎更是福音——我们或许还有机会见证甚至参与大历史的新进程,并趁机写下自己的思考。不论前路迷茫,从个人的视角回望,硕士毕业离开兰州竟然已经有二十年之久,难免让人莫名感慨。近两年集合若干同志组织了一个"'预流'的中国哲学研究工作坊",以极为主观化的方式讨论一些具有普遍意义的基础性问题,2018年首次聚会于兰州大学,期间与友人欢饮之际曾戏为数韵,这里照录如次,权充尾声:

> 风雨江湖二十秋,今堪卮酒浇客愁;
> 别后黄河犹汹涌,尘沙何奈阻东流。
> 蹉跎未成天人策,辗转不及干王侯;
> 醉里觑得书剑在,岂虑浮云笑白头。

匡钊
2021年1月于北京